Das Residual-Income-Model

T0316954

Betriebswirtschaftliche Studien Rechnungs- und Finanzwesen, Organisation und Institution

Herausgegeben von
Prof. Dr. Dr. h.c. Wolfgang Ballwieser, München
Prof. Dr. Christoph Kuhner, Köln
Prof. Dr. Dr. h.c. Dieter Ordelheide †, Frankfurt

Band 78

Peter Lang

Frankfurt am Main · Berlin · Bern · Bruxelles · New York · Oxford · Wien

Jörg Reichert

Das Residual-
Income-Model

Eine kritische Analyse

Peter Lang

Internationaler Verlag der Wissenschaften

Bibliografische Information der Deutschen Nationalbibliothek
Die Deutsche Nationalbibliothek verzeichnet diese Publikation in
der Deutschen Nationalbibliografie; detaillierte bibliografische
Daten sind im Internet über <http://www.d-nb.de> abrufbar.

Zugl.: München, Univ., Diss., 2007

Gedruckt auf alterungsbeständigem,
säurefreiem Papier.

D 19
ISSN 1176-716X
ISBN 978-3-631-56846-0

© Peter Lang GmbH
Internationaler Verlag der Wissenschaften
Frankfurt am Main 2007
Alle Rechte vorbehalten.

Printed in Germany 1 2 3 4 5 6 7

www.peterlang.de

Geleitwort

James A. Ohlson hat es mit einem relativ einfachen Modell, woraus sich der Marktwert eines Unternehmens aus dem Buchwert des Eigenkapitals und dem Barwert künftiger Residualgewinne ergibt, zu ähnlicher Berühmtheit gebracht, wie dies Ende der fünfziger Jahre Modigliani und Miller gelungen ist. Ohne dass der Zusammenhang neu war, verstand er es, durch Anreicherung des Grundmodells um einen autoregressiven Prozeß erster Ordnung, der die Entwicklung der Residualgewinne erklären soll, und den Bezug auf Vokabeln wie vorsichtige Rechnungslegung eine Diskussion im Bereich von Rechnungswesen und Finanzen auszulösen, die ihresgleichen sucht. Zugleich lieferte er denjenigen Forschern, die seit Mitte der sechziger Jahre Rechnungslegungsdaten mit Aktienkursen oder Aktienkursrenditen korrelieren, eine theoretische Grundlage.

Die vorliegende Arbeit nimmt eine umfassende Beurteilung des Residual-Income-Model und seiner Erweiterungen vor. Zu diesem Zweck wird zum einen untersucht, ob sich die dem Modell bei der Durchführung des Impairment-Tests zugesprochenen Vorteile als haltbar erweisen. Zum anderen soll überprüft werden, inwiefern das Residual-Income-Model durch die auf stochastischen Prozessen basierenden Erweiterungen als theoretisches Gerüst von Wertrelevanzstudien geeignet ist. Eine derart umfassende Würdigung des Modells findet sich in der Literatur nicht, auch wenn die Auseinandersetzungen mit dem Ursprungsmodell von Ohlson und dessen Erweiterungen Legion sind.

Herr Dr. Reichert zeigt überzeugend, an welchen kritischen Stellen diejenigen Forscher, die die diskutierten Residualgewinnmodelle als Basis ihrer empirischen Untersuchungen nehmen, vorbei gehen (müssen). Er zeigt ferner, dass Argumente zur Vorziehenswürdigkeit des Residualgewinnmodells für Zwecke des Werthaltigkeitstests in der Rechnungslegung einem zweiten Blick nicht stand halten. Das ist angesichts der in bestimmten Bereichen geradezu euphorischen Einschätzung der Verwendbarkeit dieses Modells keine schlechte Botschaft.

Ich wünsche dem Verfasser viele Leser und die ihm gebührende Beachtung.

München, im April 2007   Wolfgang Ballwieser

Vorwort

Diese Arbeit entstand während meiner Zeit als externer Doktorand am Seminar für Rechnungswesen und Prüfung der Ludwig-Maximilians-Universität München und wurde im Wintersemester 2006/07 vom Promotionsausschuss der Fakultät für Betriebswirtschaft als Dissertation angenommen.

Zu außerordentlichem Dank bin ich meinem Doktorvater Prof. Dr. Dr. h.c. *Wolfgang Ballwieser* verpflichtet. Er hat mit zahlreichen Anregungen und konstruktiver Kritik entscheidend zum Gelingen der Arbeit beigetragen. Seine außergewöhnliche Verlässlichkeit und stete Diskussionsbereitschaft haben die Entstehung der Arbeit zudem wesentlich gefördert. Herrn Prof. Dr. *Bernd Rudolph* danke ich herzlich für die freundliche Übernahme des Korreferats

Allen wissenschaftlichen Mitarbeiterinnen und Mitarbeitern am Lehrstuhl danke ich für die gute Aufnahme und Zusammenarbeit. Herauszustellen ist Frau Dr. *Silvia Hettich*, die mich durch zahlreiche konstruktive Anmerkungen insbesondere bei der Fertigstellung der Arbeit tatkräftig unterstützt hat. Herr *Christian Wappenschmidt* ist mir bei verschiedenen größeren und kleineren Problemen mit Rat und Tat zur Seite gestanden. Den Dres. *Michael Dobler, Stephan Rosarius* und *Jörg Wiese* sowie Herrn *Raimo Reese* bin ich für ihre Ideen und stete Diskussionsbereitschaft zu Dank verpflichtet.

Meinen Eltern danke ich von ganzem Herzen dafür, dass sie mir das Studium ermöglicht haben und mir während meiner Promotion jegliche Unterstützung haben zuteil werden lassen. Zu großem Dank bin ich auch meinem Bruder *Jens* für seine jederzeit „offene Tür" in München und für sein großes Engagement bei der Korrektur der Arbeit verpflichtet.

Meine Frau *Margita* hat mir mit Geduld, Zuspruch und Vertrauen den notwendigen Rückhalt gegeben. Ihr und meinem Sohn *Philipp* ist diese Arbeit gewidmet.

München, im April 2007   Jörg Reichert

Inhaltsverzeichnis

XII

Abbildungsverzeichnis

Tabellenverzeichnis

Anhangsverzeichnis

Symbolverzeichnis

c_t	Cash-Flow der Periode t
ci_t	Investitionen in das operative Vermögen der Periode t
cr_t	Einzahlungen aus operativer Tätigkeit der Periode t
CF_t^{EK}	Cash-Flow an die Eigenkapitalgeber der Periode t
d_t, D_t	Netto-Dividendenzahlung der Periode t
dep_t	Abschreibungen der Periode t
E_t	Ertragswert der Periode t
$E_t [.]$	Erwartungswertoperator
$EBIT_t$	Operativer Gewinn vor Zinsen und Steuern (earnings before interest and tax) der Periode t
EK_t^B	Buchwert des Eigenkapitals der Periode t
f_t	Analystenschätzung der Periode t für den Unternehmensgewinn der Periode t+1
fa_t	Nettofinanzvermögen der Periode t
F	Verteilung der Residualgewinne eines Projekts
FK_t	(Markt-)Wert des Fremdkapitals der Periode t
g	Wachstumsrate der Zukunftserfolge
g_D	Wachstumsrate der zukünftigen Dividendenzahlungen
g_R	Wachstumsrate der zukünftigen Residualgewinne
G_t	Buchhalterischer Gewinn der Periode t
GK_t	Unternehmenswert (Wert des Gesamtkapitals) der Periode t
GK_t^B	Buchwert des Gesamtkapitals der Periode t
GW_t	Goodwill der Periode t
i_t	Nettozinsertrag aus dem Finanzvermögen der Periode t
m	Gewichtungsfaktor der Bewertungsgleichung
n	Laufzeit n in Jahren
n_F	Maximale Anzahl der Perioden bis zum Strategiewechsel
oa_t	Operatives Nettovermögen der Periode t
ox_t	Operativer Gewinn der Periode t
ox_t^a	Operativer Residualgewinn der Periode t
P_t	Marktwert oder Preis des Eigenkapitals der Periode t
R^2	Bestimmtheitsmaß
r	Zinssatz
r_{EK}	Eigenkapitalkostensatz
R_{EK}	Eigenkapitalkostensatz plus eins
r_f	Risikoloser Zinssatz

R_f	Risikoloser Zinssatz plus eins
R_t	Residualgewinn der Periode t
r_{WACC}	Gewogener Kapitalkostensatz
$Rbf(n,r)$	Rentenbarwertfaktor in Abhängigkeit der Laufzeit n und des Zinssatzes r
ROE_t	Buchwertbezogene Eigenkapitalrendite der Periode t
s	Unternehmenssteuersatz
S_n	Wertebereich des vom Zeitpunkt n des Strategiewechselns abhängigen Residualgewinns
$S\ddot{A}(\tilde{R}_t)$	Sicherheitsäquivalent des Residualgewinns der Periode t
$S\ddot{A}(1+\tilde{g})$	Sicherheitsäquivalent des Terms $(1+\tilde{g})$
SW_t	Substanzwert der Periode t
$\tilde{u}_t$	Residualgewinn der Periode t bei neuer Strategie
UW_t	Unternehmenswert (Wert des Eigenkapitals) in der Periode t
x_*^a	Kritisches Niveau des Residualgewinns
x_t	Buchhalterischer Gewinn der Periode t
x_{1t}	Kerngewinn der Periode t
x_{2t}	Transitorischer Gewinn der Periode t
x_t^a	Residualgewinn der Periode t
x_t^{ac}	Residualgewinn der Periode t bei alter Strategie
x_t^{as}	Residualgewinn der Periode t bei neuer Strategie
y_t	Buchwert des Eigenkapitals der Periode t
y_t^c	Buchwert des Eigenkapitals der Periode t bei alter Strategie
y_t^s	Buchwert des Eigenkapitals der Periode t bei neuer Strategie
z_t	Risikozuschlag auf den risikolosen Zinssatz der Periode t
α_i	Koeffizient der Variablen i in der Bewertungsgleichung
β_i	Koeffizient der Variablen i in der Bewertungsgleichung
γ_k	Beständigkeitsparameter der sonstigen Informationen
δ	Abschreibungsrate des operativen Vermögens
Δ	Veränderung
$\varepsilon_{k,t+1}$	Störterm der Periode t+1
θ	Einmalzahlung infolge des Strategiewechsels
κ	Parameter für die Höhe der Einzahlungen in der Periode t+1, resultierend aus Investitionen in der Periode t

λ	Beständigkeitsparameter der Einzahlungen aus operativer Tätigkeit
$v_{k,t}$	Sonstige Informationen der Periode t
π_i	Koeffizient der Variablen i in der Bewertungsgleichung
ϑ_n	Koeffizient des kritischen Niveaus des Residualgewinns in der Bewertungsgleichung
ψ_n	Koeffizient des Residualgewinns der Periode t in der Bewertungsgleichung
ρ	Wachstumsparameter (Wins plus die Wachstumsrate) der Investitionen in das operative Vermögen
τ	Periodenindex ($\tau = t+1,...,\infty$)
φ	Koeffizient des Gewinns in der Bewertungsgleichung
ω_0	Konstante in der Bewertungsgleichung
ω, ω_1, ω_2	Beständigkeitsparameter des Residualgewinns
ω_{11}, ω_{13}, ω_{23}	Beständigkeitsparameter des Residualgewinns
ω_{12}	Parameter für den Grad der vorsichtigen Rechnungslegung (Vorsichtsparameter) beim operativen Vermögen
ω_{21}	Beständigkeitsparameter des transitorischen Gewinns
ω_{22}	Wachstumsparameter (eins plus die Wachstumsrate) des operativen Vermögens

Abkürzungsverzeichnis

a. L.	am Lech
a. M.	am Main
Abs.	Absatz
Anm.	Anmerkung
AR(1)-Prozess	autoregressiver Prozess erster Ordnung
AR(4)-Prozess	autoregressiver Prozess vierter Ordnung
Art.	Artikel
Aufl.	Auflage
BO	Börsenordnung
bzw.	beziehungsweise
c. p.	ceteris paribus
CAPM	Capital Asset Pricing Model
CDAX	Composite Deutscher Aktienindex
CFD	*cash flow dynamic*
CRSP	Center for Research in Security Prices
d.	des
d. h.	das heißt
DAX	Deutscher Aktienindex
DDM	Dividenden-Diskontierungs-Modell
DRS	Deutscher Rechnungslegungsstandard
DVFA/SG	Deutsche Vereinigung für Finanzanalyse und Anlageberatung e.V./ Schmalenbach-Gesellschaft
e.V.	eingetragener Verein
EGHGB	Einführungsgesetz zum Handelsgesetzbuch
f.	folgende
F.	Framework
FAR	*financial asset relation*
Fn.	Fußnote(n)
FTE	Flow-to-Equity-Verfahren
GoB	Grundsätze ordnungsgemäßer Buchführung
GuV	Gewinn-und-Verlust-Rechnung
HGB	Handelsgesetzbuch
Hrsg.	Herausgeber
IAS	International Accounting Standards
I/B/E/S	Institutional Brokers Estimates System
IDW	Institut der Wirtschaftsprüfer in Deutschland e.V.
IFRS	International Financial Reporting Standards
Jg.	Jahrgang
Kap.	Kapitel
LIFO	Last-In-First-Out-Methode

MDAX	Midcap Deutscher Aktienindex
m.w.N.	mit weiteren Nennungen
NIR	*net interest relation*
Nr.	Nummer
OAR	*operating asset relation*
RIM	Residual-Income-Model
S.	Seite
S&P 500	Standard & Poor's 500 Index
SFAC	Statements of Financial Accounting Concepts
SFAS	Statement of Financial Accounting Standards
Sp.	Spalte(n)
u.a.	unter anderem/und andere
Verf.	Verfasser
vgl.	vergleiche
z.B.	zum Beispiel
z.T.	zum Teil

Verzeichnis der Zeitschriftenabkürzungen

AG	Die Aktiengesellschaft
ABR	Accounting and Business Research
AER	American Economic Review
AF	Accounting and Finance
AH	Accounting Horizons
AR	Accounting Review
BAR	British Accounting Review
BB	Betriebs-Berater
BFuP	Betriebswirtschaftliche Forschung und Praxis
BM	Biometrika
BuW	Betrieb und Wirtschaft
CAR	Contemporary Accounting Research
DB	Der Betrieb
DBW	Die Betriebswirtschaft
DStR	Deutsches Steuerrecht
EAR	European Accounting Review
EC	Econometrica
FAJ	Financial Analysts Journal
FB	Finanz-Betrieb
FPE	Financial Practice and Education
HBR	Harvard Business Review
IJA	International Journal of Accounting
JAAF	Journal of Accounting, Auditing and Finance
JACF	Journal of Applied Corporate Finance
JAE	Journal of Accounting and Economics
JAL	Journal of Accounting Literature
JAPP	Journal of Accounting and Public Policy
JAR	Journal of Accounting Research
JB	Journal of Business
JBFA	Journal of Business Finance and Accounting
JE	Journal of Econometrics
JFE	Journal of Financial Economics
JFQA	Journal of Financial and Quantitative Analysis
JMI	Journal of Managerial Issues
JoF	Journal of Finance
JPE	Journal of Political Economy
KoR	Zeitschrift für kapitalmarktorientierte Rechnungslegung
MAR	Management Accounting Research
MF	Managerial Finance
PR	Planning Review

QJE	Quarterly Journal of Economics
RAS	Review of Accounting Studies
RESt	Review of Economics and Statistics
RQFA	Review of Quantitative Finance and Accounting
SB	Steuern und Bilanzen
sbr	Schmalenbach Business Review
SJM	Scandinavian Journal of Management
ST	Der Schweizer Treuhänder
WD	Wirtschaftsdienst
WISU	Das Wirtschaftsstudium
WPg	Die Wirtschaftsprüfung
ZfB	Zeitschrift für Betriebswirtschaft
zfbf	Zeitschrift für betriebswirtschaftliche Forschung

I. Problemstellung

Der Bewertung von Unternehmen und Beteiligungen kommt wegen der Vielzahl von Unternehmensfusionen und -übernahmen, der zunehmenden Orientierung von Unternehmen am Shareholder Value und der Notwendigkeit, den bilanziellen Goodwill in einem Impairment-Test regelmäßig auf Abschreibungsbedarf zu überprüfen, ein hoher Grad an Aktualität zu.[1] Zur Durchführung der Bewertungen stehen verschiedene Verfahren zur Verfügung. Zu den bekanntesten gehören die auf dem Kapitalwertkalkül basierenden Discounted-Cash-Flow-Verfahren und die Ertragswertmethode.[2] Ein weiteres, in den letzten Jahren erneut diskutiertes und auf die investitionstheoretischen Überlegungen von *Preinreich*,[3] *Lücke*,[4] *Edwards/Bell*[5] und *Peasnell*[6] zurückgehendes Bewertungsverfahren stellt das Residual-Income-Model dar.[7] Danach ergibt sich der Unternehmenswert aus dem Buchwert des Eigenkapitals und dem Barwert der zukünftigen Residualgewinne.[8]

Die Verwendung stochastischer Prozesse zur Modellierung zukünftiger Residualgewinne stellt – angestoßen durch die Arbeiten von *Ohlson*[9] und *Feltham/ Ohlson*[10] – eine bedeutende Weiterentwicklung des Residual-Income-Model dar. Mit Hilfe der stochastischen Prozesse gelingt es, aufbauend auf dem Residual-

---

[1] Vgl. *Ballwieser* (Shareholder Value, 2002), Sp. 1745f.; *Drukarczyk* (Unternehmensbewertung, 2003), S. 1f.; *Ballwieser* (Unternehmensbewertung, 2004), S. 1f.; *Kuhner* (Zielsetzungen, 2005), S. 23. Es gilt als akzeptiert, dass der Unternehmenswert zweckbezogen zu bestimmen ist. Ein Überblick über die verschiedenen Zwecke findet sich z.B. bei *Moxter* (Grundsätze, 1983), S. 9-22; *Coenenberg/Schultze* (Konzeptionen, 2002), S. 599f.; *Ballwieser* (Unternehmensbewertung, 2004), S. 1.

[2] Vgl. *Drukarczyk* (Unternehmensbewertung, 2003), S. 130f.; *Ballwieser* (Unternehmensbewertung, 2004), S. 8-10.

[3] Vgl. *Preinreich* (Valuation, 1937), S. 209-226.

[4] Vgl. *Lücke* (Investitionsrechnungen, 1955), S. 313-316.

[5] Vgl. *Edwards/Bell* (Theory, 1961).

[6] Vgl. *Peasnell* (Connections, 1982), S. 362-367.

[7] Das Residual-Income-Model ist auch unter den Begriffen Residual-Income-Method, *Edwards/ Bell/Ohlson*-Modell, Discounted-Abnormal-Earnings-Valuation-Method und Abnormal-Earnings-Model bekannt. Vgl. etwa *Gebhardt/Lee/Swaminathan* (Cost of Capital, 2001), S. 140; *Coenenberg/Schultze* (Konzeptionen, 2002), S. 606; *Ballwieser* (Unternehmensbewertung, 2004), S. 186; *Palepu/Healy/Bernard* (Analysis, 2004), Kap. 7 S. 3; *Richardson/Tinaikar* (Accounting, 2004), S. 224.

[8] Vgl. *Peasnell* (Connections, 1982), S. 364f.

[9] Vgl. *Ohlson* (Valuation, 1995), S. 661-687. Zu früheren Arbeiten vgl. auch *Ohlson* (Clean Surplus, 1989), S. 165-227; *Ohlson* (Synthesis, 1990), S. 648-676.

[10] Vgl. *Feltham/Ohlson* (Valuation, 1995), S. 689-731; *Feltham/Ohlson* (Uncertainty, 1996), S. 209-234.

Income-Model, eine Verbindung zwischen Rechnungslegungsinformationen und dem Marktwert des Eigenkapitals eines Unternehmens herzustellen.

Das Residual-Income-Model lässt sich – die Einhaltung des Kongruenzprinzips vorausgesetzt[11] – aus der Ertragswertmethode und den Discounted-Cash-Flow-Verfahren herleiten.[12] Bei konsistenten Plan-Bilanzen und Plan-GuV-Rechnungen führen die Bewertungsverfahren daher zu identischen Unternehmenswerten.[13] Trotz dieser Äquivalenz wird dem Residual-Income-Model in der Literatur eine gegenüber den auf dem Kapitalwertkalkül basierenden Bewertungsverfahren bessere Eignung für den Impairment-Test nach IFRS 3 und IAS 36 sowie SFAS 141 und 142 attestiert.[14] Die Vorteile des Residual-Income-Model werden vor allem in einer Vereinfachung des Prognoseproblems,[15] einer verbesserten Transparenz der Bewertungsannahmen[16] und einer größeren Genauigkeit bei der Bestimmung von Unternehmenswerten gesehen.[17]

Die Erweiterungen des Residual-Income-Model kommen aufgrund des auf stochastischen Prozessen basierenden Bewertungskalküls für eine Anwendung im Impairment-Test nicht in Frage.[18] Stattdessen unterstützt die Literatur eine Verwendung der Bewertungsmodelle als theoretisches Fundament von Wertrelevanzstudien.[19] Diese Studien untersuchen den empirischen Zusammenhang zwi-

---

[11] Zum Kongruenzprinzip vgl. etwa *Peasnell* (Connections, 1982), S. 362; *Schildbach* (Kongruenz, 1999), S. 1813.

[12] Vgl. z.B. *Peasnell* (Connections, 1982), S. 364.

[13] Vgl. *AAA* (Goodwill, 2001), S. 169.

[14] Vgl. etwa *AAA* (Goodwill, 2001), S. 161-170; *Coenenberg/Schultze* (Konzeptionen, 2002), S. 607-609; *Schultze/Hirsch* (Controlling, 2005), S. 156-159. Im Rahmen des Impairment-Tests ist der bilanzielle Goodwill aus Kapitalkonsolidierung zumindest einmal jährlich auf Werthaltigkeit zu überprüfen, wobei regelmäßig eine Bewertung von Berichtseinheiten eines Unternehmens erforderlich wird. Vgl. *Richter* (Goodwill, 2004), S. 153f.; *Ballwieser* (Bilanzierung, 2006), S. 274f.

[15] Vgl. *Penman/Sougiannis* (Valuation, 1998), S. 376; *Hüfner* (Aktienbewertung, 2000), S. 79; *AAA* (Goodwill, 2001), S. 168; *Koch* (Verfahren, 2005), S. 81 und S. 98.

[16] Vgl. *Coenenberg/Schultze* (Konzeptionen, 2002), S. 607-609; *Schultze* (Kombinationsverfahren, 2003), S. 462; *Schultze/Hirsch* (Controlling, 2005), S. 91.

[17] Vgl. *Schultze* (Kombinationsverfahren, 2003), S. 462; *Baur* (Evidenz, 2004), S. 132; *Palepu/ Healy/Bernard* (Analysis, 2004), Kap. 7 S. 15f.

[18] Vgl. *Ballwieser* (Residualgewinnmodell, 2004), S. 62.

[19] Vgl. etwa *Ohlson* (Discussion, 1999), S. 381; *Barth/Beaver/Landsman* (Relevance, 2001), S. 91; *Beaver* (Perspectives, 2002), S. 459; *Möller/Hüfner* (Forschung, 2002), Sp. 356; *O'Hanlon/ Pope* (Link, 2002), S. 229f.; *Ballwieser* (Residualgewinnmodell, 2004), S. 62f. Wertrelevanzstudien gehören zum Feld der bilanzorientierten empirischen Kapitalmarktforschung. Für einen umfassenden Überblick über dieses Forschungsfeld vgl. *Lev* (Usefulness, 1989), S. 153-201; *Kothari* (Capital Markets, 2001), S. 105-231; *Beaver* (Perspectives, 2002), S. 453-474.

schen Börsenpreisen und Rechnungslegungsinformationen,[20] um daraus die Relevanz und Verlässlichkeit dieser Informationen für Investoren ex post zu beurteilen.[21] Den Erweiterungen des Residual-Income-Model wird aufgrund der Herstellung einer Verbindung zwischen Größen aus der Rechnungslegung und dem Marktwert des Eigenkapitals bescheinigt, eine bis dahin bei der theoretischen Fundierung von Wertrelevanzstudien bestehende Lücke zu schließen.[22] Die Vorzüge werden in einer breiten Anwendbarkeit in verschiedenen Rechnungslegungssystemen,[23] einer einfachen, aber plausiblen Modellierung bei *Ohlson* (1995),[24] einer analytischen Erweiterbarkeit des *Ohlson*-Modells (1995),[25] einer Falsifizierbarkeit der Informationsmodelle[26] und einer hohen Manipulationsresistenz bei der Modellimplementierung gesehen.[27]

Eine derart positive Einschätzung des Residual-Income-Model und seiner Erweiterungen erscheint jedoch voreilig. In der wissenschaftlichen Literatur besteht keine Einigkeit über die Vorteilhaftigkeit des Bewertungskalküls im Vergleich zu den Discounted-Cash-Flow-Verfahren und der Ertragswertmethode.[28] Unklarheit herrscht auch über die Belastbarkeit der mit den Erweiterungen des Residual-Income-Model hergestellten Beziehung zwischen Rechnungslegungsdaten und dem Marktwert des Eigenkapitals eines Unternehmens.[29]

In diese Lücke stößt die vorliegende Arbeit, deren Ziel eine umfassende Beurteilung des Residual-Income-Model und seiner Erweiterungen ist. Zu diesem Zweck soll zum einen untersucht werden, ob sich die dem Modell bei der

---

[20] Zur Definition von Wertrelevanzstudien vgl. *Barth* (Implications, 2000), S. 16; *Lo/Lys* (Gap, 2000), S. 6f.; *Barth/Beaver/Landsman* (Relevance, 2001), S. 79. Der Begriff der Wertrelevanz (*value relevance*) geht auf *Amir* zurück. Vgl. *Amir* (Information, 1993), S. 707.

[21] Vgl. *Wagenhofer/Ewert* (Unternehmensrechnung, 2003), S. 120; *Ballwieser* (Reporting, 2004), S. 68. Kritisch zur empirischen Überprüfbarkeit der Verlässlichkeit vgl. z.B. *Holthausen/Watts* (Relevance, 2001), S. 27-30.

[22] Vgl. *Barth/Beaver/Landsman* (Relevance, 2001), S. 91; *Beaver* (Perspectives, 2002), S. 459; *Dumontier/Raffournier* (Accounting, 2002), S. 129; *Möller/Hüfner* (Aktienmarkt, 2002), S. 416 und S. 430-432.

[23] Vgl. *Bernard* (Ohlson, 1995), S. 742f.; *Beaver* (Reporting, 1998), S. 78.

[24] Vgl. *Hand/Landsman* (Ohlson, 1998), S. 2; *Möller/Hüfner* (Aktienmarkt, 2002), S. 420; *Richardson/Tinaikar* (Accounting, 2004), S. 228.

[25] Vgl. *Lee* (Valuation, 1999), S. 419; *Lo/Lys* (Ohlson, 2000), S. 365; *Beaver* (Perspectives, 2002), S. 457.

[26] Vgl. *Prokop* (Bewertung , 2003), S. 179; *Stromann* (Wertrelevanz, 2003), S. 39.

[27] Vgl. *Prokop* (Bewertung, 2003), S. 179.

[28] Vgl. insbesondere *Ballwieser* (Unternehmensbewertung, 2004), S. 186-189; *Ballwieser* (Residualgewinnmodell, 2004), S. 57-59 und S. 61f.

[29] Vgl. *Streim* (Vermittlung, 2000), S. 124; *Holthausen/Watts* (Relevance, 2001), S. 59-61; *Richardson/Tinaikar* (Accounting, 2004), S. 225-237.

3

Durchführung des Impairment-Tests zugesprochenen Vorteile als haltbar erweisen. Zum anderen soll überprüft werden, inwiefern das Residual-Income-Model durch die auf stochastischen Prozessen basierenden Erweiterungen als theoretisches Gerüst von Wertrelevanzstudien geeignet ist. Eine derart umfassende Würdigung des Modells findet sich in der Literatur nicht. Bei bisherigen Arbeiten zum Residual-Income-Model stehen vor allem eine Anwendung des Modells z. B. in der Aktienbewertung[30] oder in Wertrelevanzstudien[31] sowie eine empirische Überprüfung einzelner Modellannahmen[32] im Vordergrund. Argumentative Auseinandersetzungen mit dem Residual-Income-Model beschränken sich auf einzelne Aspekte oder sind eher unkritisch gegenüber dem Modell.[33]

Um das Residual-Income-Model würdigen zu können, ist zunächst Grundlagenarbeit notwendig. Es gilt herauszuarbeiten, welche Gestalt das Bewertungskalkül des Residual-Income-Model unter verschiedenen Annahmen über die Entwicklung der zukünftigen Residualgewinne eines Unternehmens annimmt. Sinnvoll erscheint die Vorgehensweise, das Bewertungskalkül vom einfacheren Fall sicherer Erwartungen auf das Vorliegen von Unsicherheit zu übertragen. Aufbauend auf die Bewertungsgleichungen wird diskutiert, wie das Residual-Income-Model in die Verfahren der Unternehmensbewertung einzuordnen ist. Diese Einordnung ist noch umstritten.[34]

Zur Grundlagenarbeit gehört zudem eine Darstellung der Erweiterungen des Residual-Income-Model. Diese Darstellung dient zur Veranschaulichung, welche Vielfalt an Möglichkeiten besteht, um unter verschiedenen Annahmen eine Beziehung zwischen Rechnungslegungsinformationen und dem Marktwert des Eigenkapitals eines Unternehmens herzustellen. Trotz einer mittlerweile kaum mehr zu überschauenden Anzahl an analytischen Erweiterungen des Residual-

---

[30] Vgl. etwa *Booth/Loistl* (Aktienkursprognosen, 1998), S. 297-314; *Dornbusch* (Aktienanalyse, 1999), S. 111-204; *Baur* (Evidenz, 2004), S. 141-196; *Koch* (Verfahren, 2005), S. 83-124, für Arbeiten aus dem deutschsprachigen Raum.

[31] Vgl. exemplarisch *Schloemer* (Bedeutung, 2003), S. 117-192; *Stromann* (Wertrelevanz, 2003), S. 173-262; *Vorstius* (Wertrelevanz, 2004), S. 99-244, zur Vielzahl der erschienenen Arbeiten.

[32] Vgl. z.B. *Dechow/Hutton/Sloan* (Assessment, 1999), S. 1-34. Für eine ausführliche Darstellung der Studien vgl. Kapitel IV.

[33] Vgl. etwa *Beaver* (Reporting, 1998), S. 77f.; *Hüfner* (Aktienbewertung, 2000), S. 16-142; *Streim* (Vermittlung, 2000), S. 108-133; *Holthausen/Watts* (Relevance, 2001), S. 59-62; *Beaver* (Perspectives, 2002), S. 459; *Coenenberg/Schultze* (Konzeptionen, 2002), S. 597-621; *Prokop* (Bewertung, 2003), S. 137-222; *Ballwieser* (Residualgewinnmodell, 2004), S. 51-64.

[34] Vgl. *Coenenberg/Schultze* (Konzeptionen, 2002), S. 606; *Schultze* (Kombinationsverfahren, 2003), S. 459; *Ballwieser* (Residualgewinnmodell, 2004), S. 54f.

Income-Model fehlt ein derartiger Überblick in der Literatur.[35] Da sämtliche auf stochastische Prozesse zurückgreifende Erweiterungen des Residual-Income-Model zur theoretischen Fundierung von Wertrelevanzstudien in Frage kommen, ist ein Überblick über die den Bewertungskalkülen zugrunde liegenden Annahmen für eine Diskussion des Residual-Income-Model aus Sicht von Wertrelevanzstudien unabdingbar. Dies gilt umso mehr, als die Erweiterbarkeit als einer der Vorzüge des Modells angeführt wird.

Empirische Studien beschäftigen sich auf vielfältige Weise mit dem Residual-Income-Model. Für eine Würdigung des Modells relevante Untersuchungen können in vier Bereiche kategorisiert werden. Die erste Gruppe untersucht die Bedeutung von Kongruenzverstößen in Jahresabschlüssen. Eine weitere Gruppe überprüft die Prognoseeignung der den Erweiterungen des Residual-Income-Model zugrunde liegenden Informationsmodelle. Zu den beiden übrigen Gruppen gehören empirische Studien, welche das Residual-Income-Model mit anderen Bewertungsmodellen in Bezug auf die Eignung zur Erkärung und Prognose von Börsenpreisen und -renditen sowie zur Bestimmung von Unternehmenswerten vergleichen. Um aus den Untersuchungen Erkenntnisse für die Würdigung ableiten zu können, ist eine kritische Auseinandersetzung mit dem Untersuchungsdesign der empirischen Studien unerlässlich. An dieser Stelle ergänzt die vorliegende Arbeit die bisherige Literatur. Gleiches gilt in Bezug auf die Darstellung und Kategorisierung der empirischen Untersuchungen, welche bisher nur in Ansätzen zu finden ist.[36]

Die Erkenntnisse aus der Darstellung und Einordnung des Residual-Income-Model sowie aus den empirischen Untersuchungen zum Kongruenzprinzip, den Informationsmodellen und den Bewertungskalkülen bilden die Grundlage der Würdigung. Bei der kritischen Auseinandersetzung mit dem Residual-Income-Model werden zudem Anforderungen berücksichtigt, welche aus den beiden in der Literatur identifizierten Anwendungsfeldern, dem Impairment-Test und den Wertrelevanzstudien, an ein Bewertungsmodell gestellt werden.[37] Im Mittelpunkt der Würdigung steht die Einschätzung der vermeintlichen Vorzüge, welche dem Residual-Income-Model gegenüber anderen Bewertungsmodellen zugesprochen werden. Ziel ist es, zunächst aus Sicht des Impairment-Tests herauszuarbeiten, ob das Residual-Income-Model im Vergleich zur Ertragswertmethode und zu den Discounted-Cash-Flow-Verfahren das Prognose-

---

[35] Eine Ausnahme bildet die tabellarische Übersicht bei *Prokop* (Bewertung, 2003), S. 192.

[36] Vgl. *Prokop* (Bewertung, 2003), S. 191-194; *Richardson/Tinaikar* (Accounting, 2004), S. 223-255.

[37] Vgl. hierzu etwa *Beaver* (Reporting, 1998), S. 69 und S. 86; *Holthausen/Watts* (Relevance, 2001), S. 52; *Ballwieser* (Unternehmensbewertung, 2004), S. 2.

problem in der Unternehmensbewertung vereinfacht. Im Zusammenhang mit einer Anwendung im Impairment-Test soll zudem geprüft werden, ob die einer Unternehmensbewertung zugrunde liegenden Annahmen mit dem Residual-Income-Model transparenter dargestellt werden können und ob sich Unternehmenswerte im Vergleich zu anderen Bewertungsverfahren mit größerer Genauigkeit bestimmen lassen. In einem zweiten Schritt wird das Residual-Income-Model aus Sicht von Wertrelevanzstudien analysiert. Es interessiert zum einen, ob das Modell eine breite Anwendung in verschiedenen Rechnungslegungssystemen erlaubt und ob die bei der Herleitung der auf stochastischen Prozessen basierenden Erweiterungen des Residual-Income-Model getroffenen Annahmen plausibel sind. Zum anderen gilt es zu analysieren, ob die Informationsmodelle – wie verschiedentlich unterstellt[38] – falsifiziert werden können und welche Spielräume dem Anwender bei einer Modellimplementierung eröffnet werden. Mit diesem Vorgehen leistet die vorliegende Arbeit einen wichtigen Beitrag zur Beantwortung der Frage, welche Bedeutung dem Residual-Income-Model in der bereits umfangreichen Literatur zu im Impairment-Test und in Wertrelevanzstudien eingesetzten Bewertungsmodellen zukommt.

---

[38]   Vgl. *Prokop* (Bewertung , 2003), S. 179; *Stromann* (Wertrelevanz, 2003), S. 39.

II. Grundform des Residual-Income-Model

1. Grundlagen

1.1. Dividenden-Diskontierungs-Modell

Den Ausgangspunkt für die Entwicklung des Residual-Income-Model bildet das Dividenden-Diskontierungs-Modell von *Williams*[39] und *Gordon*[40]. Es basiert auf einer Übertragung des aus der Investitionstheorie bekannten Barwert- oder Gegenwartswertkonzepts in die Unternehmensbewertung.[41] Unternehmen werden hiernach als Investitionsobjekte verstanden, welche bei den Anteilseignern zu einem Mittelzufluss oder bei positiven Synergieeffekten mit bereits vorhandenen Unternehmen zu einem reduzierten Mittelabfluss führen.[42] Dementsprechend wird der Wert des Eigenkapitals eines Unternehmens als Barwert der zukünftigen Nettoausschüttungen, den Netto-Dividendenzahlungen, vom Unternehmen an die Anteilseigner definiert.[43] Unterstellt man einen unendlichen Beobachtungszeitraum und sichere Erwartungen,[44] gilt:[45]

$$(2.1) \quad UW_t = \sum_{\tau=1}^{\infty} \frac{D_{t+\tau}}{\left(1+r_f\right)^{\tau}}$$

mit: UW_t =   Unternehmenswert (Wert des Eigenkapitals) in der Periode t;[46]

       r_f =   risikoloser Zinssatz;

       D_t =   Netto-Dividendenzahlung der Periode t;

       τ =   Periodenindex ($\tau = t + 1, ..., \infty$).

---

[39]   Vgl. *Williams* (Theory, 1938), S. 55.
[40]   Vgl. *Gordon* (Earnings, 1959), S. 99-105.
[41]   Grundlegend zum Barwertkalkül vgl. etwa *Drukarczyk* (Unternehmensbewertung, 2003), S. 11-15; *Kruschwitz* (Finanzierung, 2004), S. 61-64.
[42]   Vgl. *Ballwieser* (Unternehmensbewertung, 2004), S. 8.
[43]   Vgl. *Miller/Modigliani* (Valuation, 1961), S. 419.
[44]   Als Diskontierungszinssatz der Dividendenzahlungen dient bei sicheren Erwartungen der risikolose Zinssatz. Vgl. *Ballwieser* (Unternehmensbewertung, 2004), S. 61f. Dieser stellt eine theoretische Größe dar, welche in der Realität nicht beobachtet werden kann, da es keinen Schuldner mit entsprechend „absoluter" Bonität gibt. Vgl. *Moxter* (Grundsätze, 1983), S. 146.
[45]   Vgl. *Miller/Modigliani* (Valuation, 1961), S. 419; *Ohlson* (Valuation, 1995), S. 665f.; *Feltham/Ohlson* (Valuation, 1995), S. 693f. und S. 696.
[46]   Im Folgenden werden die Begriffe Unternehmenswert und Wert des Eigenkapitals synonym verwendet.

Das Dividenden-Diskontierungs-Modell entspricht dem in Deutschland bekannten Ertragswertverfahren.[47] In der englischsprachigen Literatur kennt man das Modell auch als Flow-to-Equity-Verfahren.

1.2. Kongruenzprinzip

Als weitere Annahme für die Herleitung des Residual-Income-Model ist das Kongruenzprinzip erforderlich. Dieses auch unter dem Begriff *clean surplus relation*[48] bekannte Prinzip besagt, dass alle Eigenkapitalbewegungen, die nicht mit Anteilseignern aufgrund des Gesellschaftsverhältnisses entstehen, in der GuV erfasst werden müssen.[49] Es lässt sich wie folgt darstellen:[50]

$$(2.2) \quad G_t = EK_t^B - EK_{t-1}^B - D_t \quad \text{bzw.}$$

$$D_t = EK_{t-1}^B - EK_t^B + G_t$$

mit: G_t =   buchhalterischer Gewinn der Periode t;

         EK_t^B =   Buchwert des Eigenkapitals der Periode t.

Nach dem Kongruenzprinzip bestimmt sich der buchhalterische Gewinn der Periode t, G_t, aus dem Buchwert des Eigenkapitals zum Ende der laufenden Periode EK_t abzüglich der in der Periode anfallenden Dividendenzahlungen D_t und abzüglich des Buchwerts des Eigenkapitals zum Ende der Vorperiode EK_{t-1}.

Ist das Kongruenzprinzip erfüllt, entspricht – unabhängig von den geltenden Rechnungslegungsregeln – die Summe der Periodenerfolge über die Lebensdauer eines Unternehmens der Summe der an die Eigentümer ausgeschütteten Dividenden:[51]

$$(2.3) \quad \sum_{t=1}^{T} G_t = \sum_{t=1}^{T} D_t \ .$$

---

47   Vgl. *Ballwieser* (Unternehmensbewertung, 2004), S. 11. Teilweise wird im Dividenden-Diskontierungs-Modell ein eigenständiges Bewertungsverfahren gesehen, da dem Modell nicht – wie dem Ertragswertverfahren – eine detaillierte Unternehmens- und Ausschüttungsplanung zugrunde liege. Vgl. *Coenenberg/Schultze* (Konzeptionen, 2002), S. 603; *Schultze* (Methoden, 2003), S. 73-76.

48   Vgl. *Reichelstein* (Investment, 1997), S. 161.

49   Vgl. *Peasnell* (Connections, 1982), S. 362; *Schildbach* (Kongruenz, 1999), S. 1813.

50   Vgl. z.B. *Peasnell* (Connections, 1982), S. 362; *Ohlson* (Valuation, 1995), S. 667; *Schildbach* (Kongruenz, 1999), S. 1813; *Laux* (Kapitalmarkt, 2006), S. 459.

51   Vgl. *Franke/Hax* (Finanzwirtschaft, 2004), S. 78-80; *Ewert/Wagenhofer* (Unternehmensrechnung, 2005), S. 541; *Laux* (Anreiz, 2005), S. 92-95.

In der deutschsprachigen Literatur findet sich das Prinzip der Kongruenz (bzw. zunächst das der Kontinuität[52]) bereits bei *Schmalenbach*.[53] Seiner Definition folgend liegt Kongruenz vor, wenn die Summe der Periodenerfolge dem Totalerfolg eines Unternehmens entspricht.[54] Damit einher geht die Forderung, dass alle Eigenkapitalbewegungen, die nicht mit Anteilseignern aufgrund des Gesellschaftsverhältnisses entstehen, vollständig aber nur einmal in der GuV erfasst werden.[55] *Schmalenbachs* Verständnis von Kongruenz steht folglich in Einklang mit Gleichung (2.2).[56]

Durchbrechungen der Kongruenz liegen aus Sicht des Residual-Income-Model bereits vor, wenn Verstöße gegen Gleichung (2.2) in einer Periode t durch gegenläufige Verstöße in späteren Perioden in identischer Höhe ausgeglichen werden.[57] Grund dafür ist, dass bei diesen sogenannten temporären Verletzungen des Kongruenzprinzips[58] zusätzlich ein Ausgleich für Zinseffekte notwendig wird, um die Identität zwischen Dividenden-Diskontierungs-Modell und Residual-Income-Model zu wahren.[59]

2. Residual-Income-Model bei Sicherheit

2.1. Überblick über die Bewertungsformeln

Aus dem Dividenden-Diskontierungs-Modell nach Gleichung (2.1) in Verbindung mit dem Kongruenzprinzip nach Gleichung (2.2) lässt sich das Residual-Income-Model herleiten.[60] Überträgt man die aus der Diskussion zur Ertragswertmethode und den Discounted-Cash-Flow-Verfahren angestellten Überlegungen auf das Residual-Income-Model, lassen sich im Wesentlichen vier

---

[52]   Vgl. *Schmalenbach* (Bilanzlehre, 1919), S. 17.
[53]   Vgl. *Schmalenbach* (Bilanz, 1962), S. 65
[54]   Vgl. *Schmalenbach* (Bilanzlehre, 1919), S. 17. Als Totalerfolg wird derjenige Erfolg bezeichnet, den ein Unternehmen von der Gründung bis zur Auflösung erwirtschaftet. Vgl. *Franke/Hax* (Finanzwirtschaft, 2004), S. 80.
[55]   Vgl. *Schmalenbach* (Preispolitik, 1934), S. 114; *Deller* (Auswirkungen, 2002), S. 4 und S. 18; *Gaber* (Gewinnermittlung, 2005), S. 61f.
[56]   Vgl. *Schildbach* (Kongruenz, 1999), S. 1813.
[57]   Vgl. hierzu *Deller* (Auswirkungen, 2002), S. 18. Für eine weniger umfassende Definition von Verstößen gegen das Kongruenzprinzip vgl. *Schildbach* (Kongruenz, 1999), S. 1815.
[58]   Zum Begriff des temporären Kongruenzverstoßes vgl. *Deller* (Auswirkungen, 2002), S. 16f.
[59]   Vgl. *Ordelheide* (Kongruenzprinzip, 1998), S. 518; *Ohlson* (Valuation, 2005), S. 323.
[60]   Vgl. *Peasnell* (Connections, 1982), S. 364; *Ohlson* (Valuation, 1995), S. 666f.

Bewertungsformeln identifizieren.[61] Sie sind jeweils mit unterschiedlichen Annahmen über die Entwicklung der zukünftigen Residualgewinne eines Unternehmens verbunden.[62] Man kann

(1) periodenspezifische Residualgewinne,
(2) in jeder Periode gleich hohe Residualgewinne (konstante Residualgewinne),
(3) mit einer einheitlichen Wachstumsrate unendlich lange wachsende Residualgewinne (konstant wachsende Residualgewinne) und
(4) Residualgewinne, welche sich in einzelnen Phasen unterschiedlich entwickeln (phasenspezifische Residualgewinne),

unterscheiden. Die entsprechenden Bewertungsformeln werden im Folgenden für den Fall sicherer Erwartungen hergeleitet.

2.2. Periodenspezifische Residualgewinne

Bei einer periodenspezifischen Entwicklung der Residualgewinne lässt sich das Residual-Income-Model aus dem Dividenden-Diskontierungs-Modell und dem Kongruenzprinzip herleiten:[63]

$$UW_t = \sum_{\tau=1}^{\infty} \frac{D_{t+\tau}}{\left(1+r_f\right)^{\tau}} = \sum_{\tau=1}^{\infty} \frac{G_{t+\tau} + EK_{t+\tau-1}^{B} - EK_{t+\tau}^{B}}{\left(1+r_f\right)^{\tau}} \qquad \Leftrightarrow$$

$$UW_t = \sum_{\tau=1}^{\infty} \frac{G_{t+\tau} + \left(1+r_f\right) \cdot EK_{t+\tau-1}^{B} - r_f \cdot EK_{t+\tau-1}^{B} - EK_{t+\tau}^{B}}{\left(1+r_f\right)^{\tau}} \qquad \Leftrightarrow$$

$$UW_t = \sum_{\tau=1}^{\infty} \frac{G_{t+\tau} - r_f \cdot EK_{t+\tau-1}^{B}}{\left(1+r_f\right)^{\tau}} + \sum_{\tau=1}^{\infty} \frac{EK_{t+\tau-1}^{B}}{\left(1+r_f\right)^{\tau-1}} - \sum_{\tau=1}^{\infty} \frac{EK_{t+\tau}^{B}}{\left(1+r_f\right)^{\tau}} \qquad \Leftrightarrow$$

$$UW_t = EK_t^{B} + \sum_{\tau=1}^{\infty} \frac{G_{t+\tau} - r_f \cdot EK_{t+\tau-1}^{B}}{\left(1+r_f\right)^{\tau}} \qquad \Leftrightarrow$$

[61] Vgl. z.B. *Ballwieser* (Unternehmensbewertung, 2004), S. 60.
[62] Zu den bei der Implementierung der einzelnen Bewertungsformeln auftretenden Problemen vgl. *Ballwieser* (Unternehmensbewertung, 2004), S. 60f.
[63] Vgl. z.B. *Peasnell* (Connections, 1982), S. 364.

$$(2.4) \qquad UW_t = EK_t^B + \sum_{\tau=1}^{\infty} \frac{R_{t+\tau}}{\left(1 + r_f\right)^{\tau}}$$

mit: R_t =   Residualgewinn der Periode t.

Der Wert des Eigenkapitals eines Unternehmens lässt sich demnach aus dem Buchwert des Eigenkapitals und dem Barwert der zukünftigen Residualgewinne berechnen, wobei die Residualgewinne als buchhalterischer Gewinn der einzelnen Perioden abzüglich der Kapitalkosten auf das eingesetzte Eigenkapital der jeweiligen Vorperioden definiert sind.[64] Als Diskontierungszinssatz der zukünftigen Residualgewinne dient aufgrund der als sicher unterstellten Erwartungen der risikolose Zinssatz.[65] Der Barwert der Residualgewinne wird auch als Geschäfts- oder Firmenwert bezeichnet.[66] Abb. 1 verdeutlicht das Vorgehen bei der Bewertung mit dem Residual-Income-Model.[67]

Aus Gleichung (2.4) und Abb. 1 wird ersichtlich, dass der Wert des Eigenkapitals über dessen Buchwert liegt, wenn der Barwert der zukünftigen Residualgewinne eines Unternehmens positiv ist.[68] Zudem wird erkennbar, dass es für die Herleitung des Residual-Income-Model ausreichend ist, wenn das Kongruenzprinzip in sämtlichen zukünftigen Zeitpunkten eingehalten wird.[69] Mögliche historische Kongruenzdurchbrechungen werden, aggregiert durch den im Bewertungskalkül berücksichtigten Buchwert des Eigenkapitals, aufgefangen und sind deshalb bei einer Anwendung des Modells nicht zu bereinigen.[70]

---

[64]   Vgl. *Peasnell* (Connections, 1982), S. 364f. Gegebenenfalls sind bei der Berechnung des Unternehmenswerts zusätzlich nicht betriebsnotwendige Vermögensgegenstände zu berücksichtigen. Vgl. *Laux* (Kapitalmarkt, 2006), S. 473.

[65]   Der Sachverhalt, dass der Barwert der zukünftigen Dividenden mit dem Barwert der zukünftigen Residualgewinne plus dem gegenwärtigen Buchwert des Eigenkapitals übereinstimmt, wird auch als Barwertidentität bezeichnet. Diese gilt bei Einhaltung des Kongruenzprinzips unabhängig vom bei der Berechnung der kalkulatorischen Zinsen auf den Buchwert des Eigenkapitals zugrunde liegenden Zinssatz. Vgl. *Laux* (Kapitalmarkt, 2006), S. 462-464.

[66]   Vgl. *Bromwich/Walker* (Residual Income, 1998), S. 395.

[67]   Zu einer ähnlichen Grafik zum *economic value added* vgl. *Crasselt/Pellens/Schremper* (Konvergenz, 2000), S. 75; *Schultze/Hirsch* (Controlling, 2005), S. 55.

[68]   Vgl. *Laux* (Kapitalmarkt, 2006), S. 477.

[69]   Vgl. *Ordelheide* (Aktienanalyse, 1998), S. 512.

[70]   Vgl. *Prokop* (Bewertung, 2003), S. 155. Zu Durchbrechungen des Kongruenzprinzips in gängigen Rechnungslegungssystemen vgl. auch Kapitel VI.2.2.1.

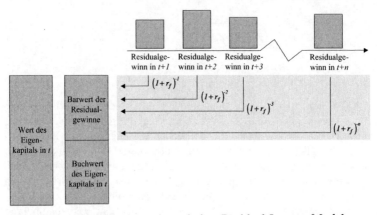

Abb. 1: Wert des Eigenkapitals nach dem Residual-Income-Model

Das dargestellte Vorgehen, bei dem der Wert des Eigenkapitals direkt bestimmt wird, bezeichnet man als Nettomethode. Daneben lässt sich das Residual-Income-Model als Bruttomethode formulieren:[71]

$$(2.5) \quad GK_t = GK_t^B + \sum_{\tau=1}^{\infty} \frac{EBIT_{t+\tau}(1-s) - r_f \cdot GK_{t+\tau-1}^B}{\left(1+r_f\right)^{\tau}}$$

mit: GK_t = Wert des Gesamtkapitals der Periode t;

GK_t^B = Buchwert des Gesamtkapitals der Periode t;

$EBIT_t$ = operativer Gewinn vor Zinsen und Steuern der Periode t;

s = Unternehmenssteuersatz.

Danach ergibt sich der Wert des Gesamtkapitals der Periode t GK_t aus dem Buchwert des Gesamtkapitals der Periode t und dem Barwert zukünftiger Übergewinne, definiert als Gewinn vor Zinsen und nach Unternehmenssteuern der Periode t $EBIT_t \cdot (1-s)$ abzüglich der Verzinsung auf den Buchwert des

---

[71] Vgl. *Ballwieser/Coenenberg/Schultze* (Unternehmensbewertung, 2002), Sp. 2427f.; *Schultze* (Methoden, 2003), S. 111f.; *Palepu/Healy/Bernard* (Analysis, 2004), Kap. 7 S. 3; *Laux* (Kapitalmarkt, 2006), S. 473-476.

Gesamtkapitals der Vorperiode. Zieht man vom Wert des Gesamtkapitals den Wert des Fremdkapitals ab, erhält man den Wert des Eigenkapitals:[72]

(2.6) $UW_t = GK_t - FK_t$

mit: FK_t = (Markt-)Wert des Fremdkapitals der Periode t.[73]

2.3. Konstante Residualgewinne

Geht man von über einen unendlichen Zeitraum in jeder Periode gleich hohen Residualgewinnen aus, vereinfacht sich die Gleichung (2.4) zu:[74]

(2.7) $UW_t = EK_t^B + \dfrac{R}{r_f}$.

Der Wert des Eigenkapitals lässt sich demnach aus dem Buchwert des Eigenkapitals und dem mit dem risikolosen Zinssatz diskontierten nachhaltigen Residualgewinn des Unternehmens berechnen.

2.4. Konstant wachsende Residualgewinne

Unterstellt man Residualgewinne, die, ausgehend vom Residualgewinn der Periode t, über einen unendlichen Zeitraum mit der Rate g konstant wachsen, resultiert daraus folgende Bewertungsformel für das Residual-Income-Model:[75]

---

[72]   Vgl. *Laux* (Kapitalmarkt, 2006), S. 473. Die weiteren Ausführungen zum Residual-Income-Model beschränken sich auf die Nettomethode, da diese die Grundlage der im nächsten Kapitel dargestellten Erweiterungen des Residual-Income-Model bildet.

[73]   Der Wert des Fremdkapitals entspricht dem Nominalwert. Vgl. hierzu *Drukarczyk* (Unternehmensbewertung, 2003), S. 230; *Ballwieser* (Unternehmensbewertung, 2004), S. 114.

[74]   Die Bewertungsformel lässt sich analog zur Ertragswertformel für eine ewige Rente herleiten. Vgl. hierzu *Prokop* (Bewertung, 2003), S. 229f.; *Ballwieser* (Unternehmensbewertung, 2004), S. 203 m.w.N.

[75]   Die Bewertungsformel geht auf die Ertragswertformel für eine sogenannte geometrisch wachsende Ertragsreihe zurück. Vgl. hierzu *Prokop* (Bewertung, 2003), S. 229f., *Ballwieser* (Unternehmensbewertung, 2004), S. 204 m.w.N.

13

$$(2.8) \quad UW_t = EK_t^B + \frac{R_{t+1}}{r_f - g}\,; \ r_f > g \,.^{[76]}$$

Bei einer Verwendung der Bewertungsgleichung ist zu beachten, dass im Vergleich zum Dividenden-Diskontierungs-Modell bei konstant wachsenden zukünftigen Dividenden eine unterschiedliche Wachstumsrate anzuwenden ist,[77] um zu identischen Unternehmenswerten zu gelangen. Dies ist darauf zurückzuführen, dass eine identische Wachstumsrate für Dividenden und Residualgewinne verschiedene Implikationen über die zukünftige Entwicklung eines Unternehmens zur Folge hat. Nachstehend wird dies anhand eines numerischen Beispiels verdeutlicht.

Der Buchwert des Eigenkapitals der Periode t, EK_t^B, betrage ebenso wie der der Periode t-1 500. Der Periodengewinn sei 100 und werde zu 100% ausgeschüttet. Ferner sei die Wachstumsrate der Dividenden g_D 2%. Für den risikolosen Zinssatz gelte r_f 10%.[78] Unter den getroffenen Annahmen resultiert für das Dividenden-Diskontierungs-Modell ein Unternehmenswert in t in Höhe von 1.275:

$$(2.9) \quad UW_t = \frac{D_{t+1}}{r_f - g_D} = \frac{102}{10\% - 2\%} = 1.275\,;^{[79]}$$

Überträgt man die Wachstumsrate ohne Anpassung auf das Residual-Income-Model $(g_R = 2\%)$, ergibt sich ein Unternehmenswert von 1.150:

$$(2.10) \quad UW_t = EK_t^B + \frac{G_{t+1} - r_f \cdot EK_t^B}{r_f - g_R} = 500 + \frac{102 - 10\% \cdot 500}{10\% - 2\%} = 1.150\,.$$

---

[76] Ohne Beschränkung der Wachstumsrate auf einen Wert kleiner dem risikolosen Zinssatz würden daraus ökonomisch nicht begründbare, unendlich große Unternehmenswerte resultieren. Vgl. *Kruschwitz* (Übungsbuch, 2002), S. 128f.

[77] Das Dividenden-Diskontierungs-Modell bei konstant wachsenden zukünftigen Dividenden bezeichnet man auch als *Gordon*-Wachstums-Modell. Vgl. *Damodaran* (Valuation, 2002), S. 323.

[78] Für ähnliche Beispiele vgl. *Plenborg* (Valuation, 2002), S. 309f.; *Prokop* (Bewertung, 2003), S. 151f.

[79] Die Bewertungsformel des Dividenden-Diskontierungs-Modells bei konstant wachsenden Dividenden findet sich z.B. bei *Damodaran* (Valuation, 2002), S. 323.

Um mit dem Residual-Income-Model zu einem ebensolchen Bewertungsergebnis zu gelangen wie mit dem Dividenden-Diskontierungs-Model, ist die Wachstumsrate der Residualgewinne deshalb wie folgt anzupassen:[80]

$$(2.11) \quad g_R = r_f - \frac{R_{t+1}}{\dfrac{D_{t+1}}{r_f - g_D} - EK_t^B} = 3,29\% .$$

Für das Beispiel bedeutet dies, dass ein Dividendenwachstum in Höhe von 2% zum gleichen Unternehmenswert führt wie ein Wachstum der Residualgewinne in Höhe von $3,29\%$:

$$(2.12) \quad UW_t = 500 + \frac{52}{10\% - 3,29\%} = 1.275 .$$

2.5. Phasenspezifische Residualgewinne

Die in den vorherigen drei Kapiteln dargestellten Bewertungsformeln des Residual-Income-Model lassen sich in unterschiedlicher Form zu Phasenmodellen zusammensetzen. Unten werden zwei der in der Literatur gängigsten Phasenmodelle vorgestellt.[81] In der ersten Variante schließt sich an eine Phase mit variablen Residualgewinnen eine zweite Phase mit unendlich lange, in gleicher Höhe anfallenden Residualgewinnen an:

$$(2.13) \quad UW_t = EK_t^B + \sum_{\tau=1}^{T} \frac{R_{t+\tau}}{\left(1 + r_f\right)^\tau} + \frac{R_{t+T+1}}{r_f \left(1 + r_f\right)^T} .$$

In der zweiten Variante folgt auf die erste Phase mit variablen Residualgewinnen eine zweite mit konstant wachsenden Residualgewinnen:

---

[80] Zur Herleitung vgl. Anhang 1. Für ein alternatives Vorgehen, bei welchem eine Anpassung der Wachstumsrate nicht notwendig ist, vgl. *Prokop* (Einsatz, 2004), S. 190. Eine weiter differenzierte Sichtweise mit unterschiedlichen Wachstumsraten für den Buchwert des Eigenkapitals und den Periodenerfolg findet sich bei *Soffer/Soffer* (Analysis, 2003), S. 290f.

[81] Vgl. hierzu *Penman/Sougiannis* (Valuation, 1998), S. 352; *Francis/Olsson/Oswald* (Accuracy, 2000), S. 53f.; *Zimmermann/Prokop* (Unternehmensbewertung, 2002), S. 273.

$$(2.14) \quad UW_t = EK_t^B + \sum_{\tau=1}^{T} \frac{R_t}{\left(1+r_f\right)^{\tau}} + \frac{R_{t+T+1}}{\left(r_f - g\right)\cdot\left(1+r_f\right)^{T}}.$$

Der zweite Summand in den beiden Gleichungen wird als Terminal Value bzw. Rest- oder Fortführungswert bezeichnet.[82]

3. Residual-Income-Model bei Unsicherheit

3.1. Risikoaverse Investoren

3.1.1. Möglichkeiten der Berücksichtigung von Unsicherheit

Können die von einem Unternehmen an die Eigentümer fließenden zukünftigen Nettozahlungen nicht mit Sicherheit antizipiert werden, spricht man in der Unternehmensbewertung von unsicheren Erwartungen.[83] Zur Bewertung unsicherer Erträge finden sich in der Literatur verschiedene Verfahren, von denen sich vor allem die Sicherheitsäquivalenzmethode und die Risikozuschlagsmethode durchgesetzt haben.[84] Beide Verfahren können nicht nur zur Bewertung von Nettozahlungen, sondern auch zur Bewertung von Perioden(residual)-gewinnen eingesetzt werden.[85] Für beide Verfahren werden zwei verschiedene Konzeptionen vorgeschlagen, von denen die erste nachstehend vorgestellt

---

[82] Vgl. *Damodaran* (Valuation, 2002), S. 303; *Schultze* (Methoden, 2003), S. 68 und S. 74.

[83] Vgl. *Drukarczyk* (Unternehmensbewertung, 2003), S. 73. Die Ursachen der Unsicherheit liegen zum einen in der Vielzahl der nicht beeinflussbaren Umweltzustände begründet, denen sich das Unternehmen ausgesetzt sieht und die nicht sicher antizipiert werden können. Zum anderen lässt sich nicht mit Sicherheit planen, welche zukünftigen Erträge aus einer Kombination von Umweltzustand und Geschäftspolitik resultieren. Vgl. *Bretzke* (Prognoseproblem, 1975), S. 87-90; *Ballwieser* (Wahl, 1981), S. 99; *Ballwieser* (Unternehmensbewertung, 2004), S. 46-52.

[84] Vgl. *Mandl/Rabel* (Einführung, 1997), S. 213; *Schwetzler* (Unsicherheit, 2000), S. 469f. Neben der Sicherheitsäquivalenzmethode und der Risikozuschlagsmethode bietet sich als weiteres Verfahren an, verschiedene Szenarien zu berechnen und diese mit Eintrittswahrscheinlichkeiten zu gewichten. Vgl. *Casey* (Unternehmensbewertung, 2000), S. 25; *Ballwieser* (Unternehmensbewertung, 2004), S. 66. Darüber hinaus wird eine Verwendung der sogenannten Risikoprofilmethode diskutiert. Vgl. hierzu *Hertz* (Risk, 1964), S. 95-106; *Mandl/Rabel* (Einführung, 1997), S. 222-225; *Drukarczyk* (Unternehmensbewertung, 2003), S. 80; *Schultze* (Methoden, 2003), S. 260.

[85] Vgl. *Laux* (Kapitalmarkt, 2006), S. 319 und S. 458.

wird:[86] (i) der Rückgriff auf die individuelle Risikoeinstellung eines Investors[87] oder (ii) der Rückgriff auf am Kapitalmarkt beobachtbare Risikoprämien.[88]

Bei Anwendung der Sicherheitsäquivalenzmethode in der ersten Konzeption gilt es zunächst, die geschätzten Wahrscheinlichkeitsverteilungen der zukünftigen Residualgewinne mit Hilfe der Risikonutzenfunktion des Investors auf Sicherheitsäquivalente zu verdichten.[89] Diese werden anschließend mit dem risikolosen Zinssatz diskontiert.[90] Ist der Investor – wie in der Unternehmensbewertung regelmäßig unterstellt[91] – risikoscheu,[92] erfolgt die Bildung des Sicherheitsäquivalents durch einen von der Intensität der Risikoaversion des Investors abhängigen Sicherheitsabschlag auf den Erwartungswert der Verteilung.[93] Deshalb wird das Verfahren auch als Risikoabschlagsmethode bezeichnet.[94]

In der Risikozuschlagsmethode werden Erwartungswerte der geschätzten Wahrscheinlichkeitsverteilungen der zukünftigen Residualgewinne mit risikoangepassten, die Opportunitätskosten der Investoren widerspiegelnden Zinsfüßen diskontiert.[95] Risikoscheue Investoren unterstellt, bedeutet dies, dass in der ersten Konzeption der Risikozuschlagsmethode die Risikoanpassung durch einen vom Grad der Risikoaversion abhängigen Zuschlag auf den risikolosen

---

[86]   Vgl. *Drukarczyk* (Unternehmensbewertung, 2003), S. 136.

[87]   Zur Nutzentheorie unter Unsicherheit vgl. z.B. *Kruschwitz* (Finanzierung, 2004), S. 85-107; *Laux* (Kapitalmarkt, 2006), S. 9-44.

[88]   Zur Bestimmung am Kapitalmarkt beobachtbaren Risikoprämen wird regelmäßig auf das Capital Asset Pricing Model (CAPM) abgestellt. Vgl. *Ballwieser* (Unternehmensbewertung, 2004), S. 89. Dieses Modell geht auf die Arbeiten von *Sharpe* (Theory, 1964), S. 422-442; *Lintner* (Valuation, 1965), S. 13-37; *Lintner* (Security Prices, 1965), S. 587-615; *Mossin* (Equilibrium, 1966), S. 768-783, zurück. Für eine Übersichtsarbeit zum CAPM vgl. auch *Rudolph* (Theorie, 1979), S. 1034-1067.

[89]   Vgl. hierzu z.B. *Magee* (Decision Trees, 1964).

[90]   Vgl. *Mandl/Rabel* (Einführung, 1997), S. 220; *Drukarczyk* (Unternehmensbewertung, 2003), S. 80; *Ballwieser* (Unternehmensbewertung, 2004), S. 66.

[91]   Aus Vereinfachungsgründen werden vereinzelt risikoneutrale Investoren unterstellt. Vgl. hierzu Kapitel II.3.2.

[92]   Zu den verschiedenen Risikoeinstellungen eines Investors vgl. z.B. *Sieben/Schildbach* (Entscheidungstheorie, 1994), S. 65-67; *Kruschwitz* (Finanzierung, 2004), S. 108-110.

[93]   Vgl. *Ballwieser* (Kalkulationszinsfuß, 1997), S. 2393; *Drukarczyk* (Unternehmensbewertung, 2003), S. 137f.; *Laux* (Kapitalmarkt, 2006), S. 21f. und S. 26f. Weitere Ausführungen zur Intensität der Risikoaversion finden sich z.B. bei *Kruschwitz* (Finanzierung, 2004), S. 111-117; *Laux* (Kapitalmarkt, 2006), S. 23f.

[94]   Vgl. *Ballwieser* (Unternehmensbewertung, 2004), S. 66; *Timmreck* (Sicherheitsäquivalente, 2006), S. 8.

[95]   Vgl. *Schwetzler* (Unsicherheit, 2000), S. 469f.; *Drukarczyk* (Unternehmensbewertung, 2003), S. 140; *Laux* (Kapitalmarkt, 2006), S. 474.

Zinssatz erfolgt.[96] Die Methode ist äquivalent mit der Sicherheitsäquivalenzmethode, wenn der Risikozuschlag entscheidungstheoretisch fundiert aus der Nutzenfunktion des Investors abgeleitet wird.[97]

3.1.2. Sicherheitsäquivalenzmethode

Die für sichere Erwartungen hergeleiteten Bewertungsformeln lassen sich bei stochastischer Unabhängigkeit der Verteilungen auf den Zustand der Unsicherheit übertragen, indem die sicheren Zukunftserfolge durch Sicherheitsäquivalente ausgetauscht werden.[98] Werden die zur Berechnung des Sicherheitsäquivalents des Residualgewinns einer Periode notwendigen kalkulatorischen Zinsen auf den Buchwert des Eigenkapitals – wie bei sicheren Erwartungen – mit dem risikolosen Zinssatz berechnet, ergibt sich für den Fall periodenspezifischer Residualgewinne folgende Bewertungsformel:[99]

$$(2.15) \quad UW_t = EK_t^B + \sum_{\tau=1}^{\infty} \frac{S\ddot{A}\left(\tilde{R}_{t+\tau}\right)}{\left(1+r_f\right)^{\tau}}$$

mit: $\quad S\ddot{A}\left(\tilde{R}_t\right) = $ Sicherheitsäquivalent des Residualgewinns der Periode t.

Entsprechend lässt sich das Residual-Income-Model bei konstanten Residualgewinnen (2.16) und bei phasenspezifischen Residualgewinnen mit Nullwachstum im Restwert (2.17) auf eine Situation unter Unsicherheit übertragen:

$$(2.16) \quad UW_t = EK_t^B + \frac{S\ddot{A}\left(\tilde{R}\right)}{r_f};$$

---

[96] Vgl. *Mandl/Rabel* (Einführung, 1997), S. 226; *Ballwieser* (Unternehmensbewertung, 2004), S. 66.

[97] Vgl. *Drukarczyk* (Unternehmensbewertung, 2003), S. 80; *Schultze* (Methoden, 2003), S. 262. Die Äquivalenz der Verfahren gilt auch für die zweite Konzeption, bei der ein Rückgriff auf am Kapitalmarkt beobachtbare Risikoprämien erfolgt.

[98] Vgl. *Schwetzler* (Unsicherheit, 2000), S. 474f.; *Ballwieser* (Unternehmensbewertung, 2004), S. 75. Von stochastisch unabhängigen Verteilungen wird gesprochen, wenn die Verteilungen einer Periode unabhängig von den in den Vorperioden realisierten Umweltzuständen sind. Vgl. *Schlittgen/Streitberg* (Zeitreihenanalyse, 2001), S. 492f.; *Wooldridge* (Econometrics, 2003), S. 701-703.

[99] Vgl. *Laux* (Kapitalmarkt, 2006), S. 487 m.w.N.

$$(2.17) \quad UW_t = EK_t^B + \sum_{\tau=1}^{T} \frac{S\ddot{A}\left(\tilde{R}_{t+\tau}\right)}{\left(1+r_f\right)^\tau} + \frac{S\ddot{A}\left(\tilde{R}_{t+T+1}\right)}{r_f \cdot \left(1+r_f\right)^T} \, .$$

Einzig die Übertragung der Formel bei konstant wachsenden Residualgewinnen erfordert zusätzliche Annahmen bezüglich der Verteilung der unsicheren Wachstumsrate und der Risikonutzenfunktion. Der Bewerter muss zum einen über eine Risikonutzenfunktion mit konstanter relativer Risikoaversionsfunktion verfügen.[100] Zum anderen müssen die zukünftigen Residualgewinne von einem deterministischen Startwert mit einer Wachstumsrate stochastisch wachsen, die in jeder Periode eine konstante Verteilung besitzt.[101] Beide Annahmen führen zu einer zusätzlichen Veränderung der Bewertungsformeln im Vergleich zu einem Zustand sicherer Erwartungen (Formeln (2.8) und (2.14)):[102]

$$(2.18) \quad UW_t = EK_t^B + \frac{S\ddot{A}\left(\tilde{R}_{t+1}\right)}{\left(1+r_f - S\ddot{A}\left(1+\tilde{g}\right)\right)} \, ;$$

$$(2.19) \quad UW_t = EK_t^B + \sum_{\tau=1}^{T} \frac{S\ddot{A}\left(\tilde{R}_{t+\tau}\right)}{\left(1+r_f\right)^\tau} + \frac{S\ddot{A}\left(\tilde{R}_{t+T+1}\right)}{\left(1+r_f - S\ddot{A}\left(1+\tilde{g}\right)\right)\cdot\left(1+r_f\right)^T}$$

mit: $S\ddot{A}\left(1+\tilde{g}\right)$ = Sicherheitsäquivalent des Terms $\left(1+\tilde{g}\right)$.

3.1.3. Risikozuschlagsmethode

Die Bewertungsformeln des Residual-Income-Model nach der Risikozuschlags-methode sind davon abhängig, wie die Verteilungen der zukünftigen Residual-gewinne einzelner Perioden miteinander verknüpft sind.[103] Da eine stochastisch unabhängige Verteilung der Residualgewinne mit weniger harten Annahmen verbunden ist als eine stochastisch abhängige Verteilung,[104] ist die folgende Dar-stellung auf die bei stochastischer Unabhängigkeit gültigen Bewertungsformeln

---

[100]   Zur relativen Risikoaversionsfunktion vgl. *Pratt* (Aversion, 1964), S. 134; *Arrow* (Aversion, 1970), S. 94.

[101]   Vgl. hierzu *Ballwieser* (Geldentwertung, 1988), S. 805-809.

[102]   Vgl. in Bezug auf die Ertragswertformel bei Unsicherheit und konstant wachsenden Erträgen im Restwert *Ballwieser* (Unternehmensbewertung, 2004), S. 76.

[103]   Vgl. *Drukarczyk* (Unternehmensbewertung, 2003), S. 340f.

[104]   Vgl. hierzu *Drukarczyk* (Unternehmensbewertung, 2003), S. 345-348; *Ballwieser* (Unternehmensbewertung, 2004), S. 79-82.

fokussiert. Ausgehend vom aus risikoangepassten Kapitalkosten berechneten Residualgewinn der Periode t,[105]

$$(2.20) \quad R_t = G_t - \left(r_f + z_t \right) \cdot EK_{t-1}^B$$

mit: z_t =   Risikozuschlag auf den risikolosen Zinssatz der Periode t,

lassen sich bei periodenspezifischen (2.21), konstanten (2.22) und phasenspezifischen Residualgewinnen mit Nullwachstum im Restwert (2.23) folgende Bewertungsformeln des Residual-Income-Model generieren:[106]

$$(2.21) \quad UW_t = EK_t^B + \sum_{\tau=1}^{\infty} \frac{E\left[\tilde{R}_{t+\tau} \right]}{\left(1 + r_f \right)^{\tau-1} \cdot \left(1 + r_f + z_\tau \right)} \; ;$$

$$(2.22) \quad UW_t = EK_t^B + \frac{E\left[\tilde{R} \right]}{r_f} \cdot \frac{\left(1 + r_f \right)}{\left(1 + r_f + z \right)} \; ;$$

$$(2.23) \quad UW_t = EK_t^B + \sum_{\tau=1}^{\infty} \frac{E\left[\tilde{R}_{t+\tau} \right]}{\left(1 + r_f \right)^{\tau-1} \cdot \left(1 + r_f + z_\tau \right)}$$

$$+ \frac{E\left[\tilde{R}_{t+T+1} \right]}{r_f} \cdot \frac{\left(1 + r_f \right)}{\left(1 + r_f + z_{t+T+1} \right)} \cdot \frac{1}{\left(1 + r_f \right)^T}$$

mit: $E\left[. \right]$ =   Erwartungswertoperator.

Zur Berechnung des Unternehmenswerts sind aufgrund der unterstellten stochastischen Unabhängigkeit der Verteilungen die zukünftigen Residualgewinne für eine Periode mit dem risikolosen Zinssatz plus dem Risikozuschlag und für $\left(\tau - 1 \right)$ Perioden ausschließlich mit dem risikolosen Zinssatz zu diskontieren.[107]

---

[105]   Vgl. *Laux* (Kapitalmarkt, 2006), S. 478.

[106]   Vgl. *Drukarczyk* (Unternehmensbewertung, 2003), S. 340-343; *Ballwieser* (Unternehmensbewertung, 2004), S. 79f. Die dortigen Überlegungen zur Ertragswertmethode werden hier auf das Residual-Income-Model übertragen.

[107]   Zu den Gründen vgl. *Drukarczyk* (Unternehmensbewertung, 2003), S. 340f.; *Ballwieser* (Unternehmensbewertung, 2004), S. 80.

3.2. Risikoneutrale Investoren

Zur Vereinfachung des Bewertungskalküls unterstellt die Literatur vereinzelt risikoneutrale anstelle von risikoscheuen Investoren.[108] Für Investoren mit einer derartigen Risikoeinstellung gilt, dass der Erwartungswert des Nutzens aus den unsicheren Zukunftserfolgen eines Unternehmens identisch ist mit dem Nutzen des Erwartungswerts der Zukunftserfolge.[109] In diesem Fall entspricht das Sicherheitsäquivalent dem Erwartungswert einer Wahrscheinlichkeitsverteilung.[110] Die Erwartungswerte der Residualgewinne können deshalb mit dem risikolosen Zinssatz diskontiert werden.[111] Die bei der Annahme risikoaverser Investoren auftretenden Probleme bei der Bestimmung des Risikozuschlags auf den risikolosen Zins entfallen. Bei periodenspezifischen (2.24), konstanten (2.25) und phasenspezifischen Residualgewinnen mit Nullwachstum im Restwert (2.26) gelten deshalb folgende Bewertungsformeln:[112]

$$(2.24) \quad UW_t = EK_t^B + \sum_{\tau=1}^{\infty} \frac{E\left[\tilde{R}_{t+\tau}\right]}{\left(1+r_f\right)^{\tau}} ;$$

$$(2.25) \quad UW_t = EK_t^B + \frac{E\left[\tilde{R}\right]}{r_f} ;$$

$$(2.26) \quad UW_t = EK_t^B + \sum_{\tau=1}^{T} \frac{E\left[\tilde{R}_{t+\tau}\right]}{\left(1+r_f\right)^{\tau}} + \frac{E\left[\tilde{R}_{t+T+1}\right]}{r_f\left(1+r_f\right)^{T}} .$$

4. Bestimmung der einzelnen Modellkomponenten

4.1. Buchwert des Eigenkapitals und zukünftige Residualgewinne

Im Residual-Income-Model ist der Unternehmenswert eine Funktion des gegenwärtigen Buchwerts des Eigenkapitals und der zukünftigen Residualgewinne

---

[108] Dies gilt insbesondere auch bei der Herleitung der Erweiterungen des Residual-Income-Model. Vgl. z.B. *Ohlson* (Valuation, 1995), S. 665f.

[109] Vgl. *Kruschwitz* (Finanzierung, 2004), S. 108. Bei risikoscheuen Investoren ist der Nutzen des Erwartungswerts größer als der Erwartungswert des Nutzens aus den unsicheren Zukunftserfolgen.

[110] Vgl. *Drukarczyk* (Unternehmensbewertung, 2003), S. 79; *Laux* (Kapitalmarkt, 2006), S. 21.

[111] Vgl. *Ohlson* (Valuation, 1995), S. 666; *Laux* (Kapitalmarkt, 2006), S. 473.

[112] Vgl. *Ohlson* (Valuation, 1995), S. 667; *Feltham/Ohlson* (Valuation, 1995), S. 698.

eines Unternehmens. Dies bedeutet jedoch nicht, dass – wie teilweise in der Literatur angenommen[113] – bei einer Anwendung des Modells auf eine Bestimmung der zukünftigen Erträge des Unternehmens verzichtet werden kann:[114] Relevant für die Berechnung des Unternehmenswerts sind die für den Eigner aus dem Unternehmen zu erwartenden Zahlungsüberschüsse (Zuflussprinzip),[115] unabhängig davon, welcher Buchwert des Eigenkapitals oder (zukünftige) Periodenerfolg in der (Plan-)Bilanz und GuV eines Unternehmens ausgewiesen wird.[116] Zu den Aufgaben des Bewerters bei der Anwendung des Residual-Income-Model gehört folglich wie bei der Ertragswertmethode und den Discounted-Cash-Flow-Verfahren eine Ertragsschätzung.[117] Das Residual-Income-Model unterscheidet sich von den beiden anderen Verfahren in Bezug auf die zu diskontierende Größe, den zukünftigen Residualgewinnen.[118] Diese lassen sich aus prognostizierten Erträgen ableiten.[119] Erfolgt die Ableitung unter den Annahmen, auf denen die Ertragsschätzung basiert, führt das Residual-Income-Model zum selben Unternehmenswert wie die Ertragswertmethode und die Discounted-Cash-Flow-Verfahren.[120]

Bei der Ertragsschätzung – wie sie folglich auch für das Residual-Income-Model zugrunde zu legen ist[121] – wird unterstellt, dass die zukünftigen Erträge sowohl von durch den Eigner nicht beeinflussbaren Umweltentwicklungen als auch durch eine vom Eigner steuerbare Geschäftspolitik des Unternehmens abhängig

---

[113] Vgl. etwa *Hüfner* (Aktienbewertung, 2000), S. 79; *Baur* (Evidenz, 2004), S. 132.
[114] Vgl. *Soffer/Soffer* (Analysis, 2003), S. 267. Die Erträge sind definiert als die dem Eigner aus dem Unternehmen zufließenden Mittel und ersparten Mittelabflüsse, bereinigt um persönliche Steuern und zusätzliche Einzahlungen in das Unternehmen durch den Eigner in Form von Kapitalerhöhungen und Einlagen. Vgl. *Ballwieser* (Unternehmensbewertung, 2004), S. 8f. und S. 46f.
[115] Vgl. *Moxter* (Grundsätze, 1983), S. 79.
[116] Vgl. *Ballwieser* (Unternehmensbewertung, 2004), S. 188. *Soffer/Soffer* (Analysis, 2003), S. 278f., weisen in diesem Zusammenhang darauf hin, dass der Unternehmenswert bei einem Wechsel der Bilanzierungsstandards trotz einem möglicherweise veränderten Buchwert des Eigenkapitals gleich bleibt, solange sich keine Änderung bei den Cash-Flows ergibt. Gleiches gilt für den zukünftigen Periodenerfolg, welcher die Grundlage für die Ableitung der Residualgewinne bildet.
[117] Vgl. auch *Laux* (Kapitalmarkt, 2006), S. 457f.
[118] Vgl. *Soffer/Soffer* (Analysis, 2003), S. 267.
[119] Vgl. *Soffer/Soffer* (Analysis, 2003), S. 267. *Laux* (Kapitalmarkt, 2006), S. 476, bezeichnet die Umformung der Erträge in Residualgewinne als tautologisch.
[120] Vgl. *Laux* (Kapitalmarkt, 2006), S. 474-476, sowie die Herleitung des Residual-Income-Model in den Kapiteln II.2. und II.3.
[121] Vgl. *Soffer/Soffer* (Analysis, 2003), S. 267.

sind.[122] Eine Prognose der Erträge setzt deshalb voraus, dass der Bewerter Wahrscheinlichkeitsurteile über das Eintreten von als möglich erachteten zukünftigen Umweltzuständen erarbeiten kann.[123] Zudem bedingt eine Ertragsschätzung, dass es dem Bewerter gelingt, mit Hilfe von Prognoseverfahren für jede Periode des Planungszeitraums die Zahlungsströme zu schätzen, welche sich aus einer Kombination von Umweltentwicklung und optimaler Geschäftspolitik ergeben.[124]

Der Bewerter hat bei Verwendung des Residual-Income-Model Annahmen zu treffen über die Länge der Periode, für die eine Detailprognose vorgenommen werden kann, sowie über die Entwicklung der Erträge des Unternehmens am Ende dieser Periode.[125] Darüber hinaus ist die zukünftige Steuerbelastung des Eigners abzuschätzen, bevor abschließend die mehrwertig prognostizierten Erträge auf Sicherheitsäquivalente oder Erwartungswerte verdichtet werden können,[126] welche es für das Residual-Income-Model in Residualgewinne zu transformieren gilt.[127]

4.2. Diskontierungsfaktoren und kalkulatorische Zinsen

In der Unternehmensbewertung kommt in den Diskontierungsfaktoren die Rendite der besten alternativen Geldverwendungsmöglichkeit zum Ausdruck.[128] Bei der Ableitung der Diskontierungsfaktoren ist – unabhängig vom gewählten Verfahren (Sicherheitsäquivalenzmethode, Risikozuschlagsmethode) – auf eine Äquivalenz zwischen Zähler (Zukunftserfolge) und Nenner (Diskontierungs-

---

[122] Vgl. *Moxter* (Grundsätze, 1983), S. 102; *Ballwieser* (Komplexitätsreduktion, 1990), S. 23. Dabei wird regelmäßig auf die optimale Geschäftspolitik eines Unternehmens abgestellt. Die Geschäftspolitik hat die Produkte und Märkte, die Forschung und Entwicklung, die Beschaffung, die Produktion, den Absatz, die Finanzierung, die Organisation und das Humankapital eines Unternehmens zum Gegenstand. Vgl. *Ballwieser* (Unternehmensbewertung, 2004), S. 14 und S. 47.

[123] Vgl. *Schmidt* (Erfolgsfaktoren, 1997), S. 36.

[124] Vgl. *Schmidt* (Erfolgsfaktoren, 1997), S. 36f. Vorschläge zur Ertragsprognose finden sich z.B. bei *Ballwieser* (Komplexitätsreduktion, 1990), S. 147-160; *Schmidt* (Erfolgsfaktoren, 1997), S. 166-290. Eine grafische Darstellung des Informationssystems zur Ermittlung des Zukunftserfolgswertes findet sich z.B. bei *Ruhwedel/Schultze* (Konzeption, 2002), S. 614. Für einen Literaturüberblick vgl. auch *Ballwieser* (Unternehmensbewertung, 2004), S. 55-59.

[125] Vgl. *Schultze* (Methoden, 2003), S. 241f.

[126] Vgl. *Drukarczyk* (Unternehmensbewertung, 2003), S. 137.

[127] Vgl. *Soffer/Soffer* (Analysis, 2003), S. 267.

[128] Vgl. *Ballwieser/Leuthier* (Grundprinzipien, 1986), S. 608; *Ballwieser* (Komplexitätsreduktion, 1990), S. 168; *Schwetzler* (Zinsen, 2002), Sp. 2183.

faktoren) zu achten.[129] Beide müssen sich in Bezug auf Währung, Laufzeit, Kapitaleinsatz, Geldwert, Risiko und Verfügbarkeit entsprechen.[130] Argumente, welche gegen eine Übertragung dieser Überlegung auf eine Bewertung mit dem Residual-Income-Model sprechen, finden sich in der Literatur bis dato nicht. Für eine weiterführende Diskussion sei deshalb auf die entsprechenden Stellen in der Literatur zur Unternehmensbewertung verwiesen.[131] Die Diskontierungsfaktoren werden im Rahmen der Berechnung der zukünftigen Residualgewinne zur Ermittlung der kalkulatorischen Zinsen auf den Buchwert des Eigenkapitals eingesetzt.[132]

5. Einordnung in die Verfahren der Unternehmensbewertung

5.1. Überblick über Methoden der Unternehmensbewertung

Die Literatur bietet vier unterschiedliche Methoden der Unternehmensbewertung:[133] (i) Gesamtbewertungsverfahren, (ii) Einzelbewertungsverfahren, (iii) Mischverfahren und (iv) Überschlagsrechnungen.

Die Gesamtbewertungsverfahren beruhen auf dem Kapitalwertkonzept der Investitionstheorie und stellen auf das Unternehmen als Bewertungseinheit ab:[134] Diskontiert werden Nettozahlungen vom Unternehmen an die Eigentümer, welche sich aus mit dem Bewertungsobjekt verbundenen erwarteten Zahlungsmittelzuflüssen und ersparten -abflüssen ergeben.[135] Im Diskontierungszinssatz kommt die interne Verzinsung der besten alternativen Geldverwendungsmöglichkeit mit vergleichbarem Risiko zum Ausdruck.[136]

---

[129]   Vgl. *Ballwieser* (Unternehmensbewertung, 2004), S. 82.
[130]   Vgl. *Ballwieser/Leuthier* (Grundprinzipien, 1986), S. 608; *Ballwieser* (Unternehmensbewertung, 2004), S. 82. Für eine Herleitung des Bewertungskalküls des Residual-Income-Model nach persönlichen Steuern vgl. z.B. *Dausend/Lenz* (Steuern, 2005), S. 719-729.
[131]   Vgl. z.B. *Moxter* (Grundsätze, 1983), S. 155-202; *Ballwieser/Leuthier* (Grundprinzipien, 1986), S. 608; *Schultze* (Methoden, 2003), S. 247-358; *Ballwieser* (Unternehmensbewertung, 2004), S. 82-102; *Wiese* (Komponenten, 2006), S. 7-184.
[132]   Vgl. *Peasnell* (Connections, 1982), S. 362-364; *Schultze* (Methoden, 2003), S. 110f.
[133]   Vgl. *Ballwieser* (Unternehmensbewertung, 2004), S. 8. Ähnliche Klassifikationen finden sich z.B. bei *Mandl/Rabel* (Einführung, 1997), S. 30; *Drukarczyk* (Unternehmensbewertung, 2003), S. 131.
[134]   Vgl. z.B. *Schultze* (Methoden, 2003), S. 89 f; *Ballwieser* (Unternehmensbewertung, 2004), S. 13. Zu den Grundlagen des Kapitalwertkonzepts vgl. auch *Kruschwitz* (Finanzierung, 2004), S. 51-84.
[135]   Vgl. *Ballwieser* (Unternehmensbewertung, 2004), S. 12f.
[136]   Vgl. *Ballwieser* (Komplexitätsreduktion, 1990), S. 168; *Schmidt* (Grundzüge, 1992), S. 68f.; *Brealey/Myers* (Finance, 2003), S. 64.

Zu den Gesamtbewertungsverfahren zählen die Ertragswertmethode und die Discounted-Cash-Flow-Verfahren, wobei die Discounted-Cash-Flow-Verfahren in das Adjusted-Present-Value-Verfahren,[137] das Free-Cash-Flow-Verfahren,[138] das Total-Cash-Flow-Verfahren und das Flow-to-Equity-Verfahren unterteilt werden können.[139] Mit dem letztgenannten Verfahren wird der Wert des Eigenkapitals direkt berechnet, da ausschließlich die den Eigentümern zustehenden Zahlungsüberschüsse mit risikoangepassten Eigenkapitalkosten diskontiert werden.[140] Man spricht deshalb auch von der Nettomethode oder dem Equity-Ansatz.[141] Das Flow-to-Equity-Verfahren entspricht in seiner Konzeption der Ertragswertmethode und dem Dividenden-Diskontierungs-Modell,[142] welches – wie in Kapitel II.2.2. erläutert – den Ausgangspunkt bei der Herleitung des Residual-Income-Model bildet.

Bei den übrigen Varianten der Discounted-Cash-Flow-Verfahren werden die den Eigentümern und Gläubigern zustehenden Nettozahlungen abgezinst.[143] Sie unterscheiden sich durch eine voneinander abweichende Berücksichtigung der Fremdfinanzierung eines Unternehmens und den daraus erwachsenden Steuervorteilen.[144] Aufgrund der Berechnung des Gesamtkapitalwerts eines Unternehmens bezeichnet man diese Vorgehensweise auch als Bruttomethode oder

---

[137]   Das Verfahren geht auf *Myers* (Investment, 1974), S. 1-25, zurück.

[138]   Das Free-Cash-Flow-Verfahren ist auch als WACC-Ansatz bekannt, da mit den gewogenen Kapitalkosten (*weighted average cost of capital*) diskontiert wird. Vgl. z.B. *Brealey/Myers* (Finance, 2003), S. 531.

[139]   Für einen detaillierten Überblick über die Discounted-Cash-Flow-Verfahren vgl. *Rappaport* (Shareholder, 1998), S. 32-49; *Hachmeister* (Maß, 2000), S. 94-101; *Damodaran* (Valuation, 2002), S. 351-422; *Brealey/Myers* (Finance, 2003), S. 523-544; *Drukarczyk* (Unternehmensbewertung, 2003), S. 199-337; *Soffer/Soffer* (Analysis, 2003), S. 186-265; *Ballwieser* (Unternehmensbewertung, 2004), S. 111-180.

[140]   Vgl. *Hachmeister* (Maß, 2000), S. 96; *Damodaran* (Valuation, 2002), S. 359; *Brealey/Myers* (Finance, 2003), S. 64. Wichtig für alle Discounted-Cash-Flow-Verfahren ist, dass die Cash-Flow-Abgrenzung und der Diskontierungsfaktor korrespondieren. Vgl. *Rappaport* (Shareholder, 1998), S. 37.

[141]   Vgl. *Hachmeister* (Maß, 2000), S. 96; *Damodaran* (Valuation, 2002), S. 385 und S. 400; *Schultze* (Methoden, 2003), S. 93; *Laux* (Kapitalmarkt, 2006), S. 312f.

[142]   Vgl. *Soffer/Soffer* (Analysis, 2003), S. 186; *Ballwieser* (Unternehmensbewertung, 2004), S. 11 und S. 111; *IDW* (Grundsätze, 2005), S. 1313. Zu einer Gegenüberstellung von Dividenden-Diskontierungs-Modell und Flow-to-Equity-Ansatz vgl. auch *Damodaran* (Valuation, 2003), S. 373-375.

[143]   Vgl. *Rappaport* (Shareholder, 1998), S. 37; *Hachmeister* (Maß, 2000), S. 100; *Damodaran* (Valuation, 2003), S. 382.

[144]   Vgl. *Hachmeister* (Maß, 2000), S. 96; *Brealey/Myers* (Finance, 2003), S. 524 und S. 536; *Soffer/Soffer* (Analysis, 2003), S. 251.

Entity-Ansatz.[145] Zum Wert des Eigenkapitals gelangt man, indem vom Wert des Gesamtkapitals der Wert des Fremdkapitals abgezogen wird.[146]

Den Einzelbewertungsverfahren werden der Liquidationswert und der Substanzwert zugerechnet.[147] Der Liquidationswert gibt den Wert an, der bei der Zerschlagung eines Unternehmens erzielt werden kann. Das Verfahren kommt typischerweise zum Einsatz, wenn ein Unternehmen nicht fortgeführt werden soll.[148] Der Substanzwert entspricht dem Betrag, der aufzuwenden ist, um ein strukturgleiches Unternehmen auf der grünen Wiese nachzubauen.[149] Man bezeichnet ihn auch als Reproduktions- oder Rekonstruktionswert.[150] Es findet eine isolierte Bewertung der einzelnen Vermögensgegenstände und Schulden statt, welche zum Substanzwert eines Unternehmens addiert werden.[151] Nimmt man die Bewertung auf Basis von bilanziellen Ansatz- und Bewertungsregeln vor, entspricht der Substanzwert dem Buchwert des Eigenkapitals.[152]

Bei den Mischverfahren handelt es sich um eine Kombination aus Einzel- und Gesamtbewertungsverfahren.[153] Sie werden deshalb auch als Kombinationsverfahren bezeichnet.[154] Zu den Mischverfahren zählen das Mittelwert- und diverse Übergewinnverfahren, wie das Stuttgarter Verfahren und das einfache Übergewinnverfahren.[155] Der Wert des Eigenkapitals ergibt sich im Mittelwertverfahren aus einem gewichteten Durchschnitt aus Substanzwert und Ertragswert. In den Übergewinnverfahren wird der Substanzwert mit zukünftigen Übergewinnen zum Wert des Eigenkapitals addiert.[156]

---

[145] Vgl. *Hachmeister* (Maß, 2000), S. 96; *Schultze* (Methoden, 2003), S. 92f.; *Laux* (Kapitalmarkt, 2006), S. 312f.

[146] Vgl. *Rappaport* (Shareholder, 1998), S. 33; *Soffer/Soffer* (Analysis, 2003), S. 211; *Ballwieser* (Unternehmensbewertung, 2004), S. 112.

[147] Vgl. *Coenenberg/Schultze* (Unternehmensbewertung, 2003), S. 601.

[148] Vgl. *Ballwieser* (Unternehmensbewertung, 2004), S. 10.

[149] Vgl. *Sieben* (Substanzwert, 1963), S. 80; *Münstermann* (Wert, 1970), S. 99-101; *Moxter* (Grundsätze, 1983), S. 41-55; *Ballwieser* (Unternehmensbewertung, 2004), S. 10. Auf eine Einbeziehung nicht bilanzierungsfähiger immaterieller Werte wird aufgrund der Schwierigkeiten bei deren Bewertung in der Regel verzichtet. Vgl. *IDW* (Grundsätze, 2000), S. 841.

[150] Vgl. *Kraus-Gründewald* (Unternehmenswert, 1995), S. 1839; *Coenenberg/Schultze* (Konzeptionen, 2002), S. 601; *Sieben/Maltry* (Grundformen, 2005), S. 379.

[151] Vgl. *Hail/Meyer* (Unternehmensbewertung, 2002), S. 576f.; *Ballwieser* (Unternehmensbewertung, 2004), S. 182.

[152] Vgl. *Schultze* (Methoden, 2003), S. 152. Andere Berechnungen des Substanzwerts sind dort ebenfalls aufgeführt.

[153] Vgl. *Mandl/Rabel* (Einführung, 1997), S. 49.

[154] Vgl. *Schultze* (Kombinationsverfahren, 2003), S. 459.

[155] Vgl. *Ballwieser* (Unternehmensbewertung, 2004), S. 184-186.

[156] Vgl. *Hail/Meyer* (Unternehmensbewertung, 2002), S. 575.

Die Überschlagsrechnungen bezeichnet man auch als Vergleichswerte oder Multiplikatormethode.[157] Der Unternehmenswert leitet sich danach aus tatsächlichen oder fiktiven Preisen für das zu bewertende oder für vergleichbare Unternehmen ab.[158] Man unterscheidet den *transaction approach*, welcher auf Preisen vergangener Transaktionen von Unternehmen oder Unternehmensanteilen basiert, und den *comparable company approach*, welcher auf Börsenpreise vergleichbarer Unternehmen und Unternehmensbeteiligungen zurückgreift.[159]

5.2.   Klassifikation des Residual-Income-Model

Die Einordnung des Residual-Income-Model in die Verfahren der Unternehmensbewertung ist in der Literatur umstritten. Es wird zwar darauf hingewiesen, dass das Modell durch die Addition des Buchwerts des Eigenkapitals und des Barwerts der zukünftigen Residualgewinne wesentliche Charakteristika eines Mischverfahrens aufweist.[160] Dessen Nachteile teile es jedoch nicht, da durch die Berücksichtigung der kalkulatorischen Zinsen bei der Berechnung der zukünftigen Residualgewinne der Unternehmenswert im Residual-Income-Model unabhängig von der Höhe des Buchwerts des Eigenkapitals zum Bewertungszeitpunkt sei.[161] Relevant für den Unternehmenswert wäre folglich ausschließlich der Barwert der zukünftigen Residualgewinne, so dass das Modell wie die Ertragswertmethode und die Discounted-Cash-Flow-Verfahren den Gesamtbewertungsverfahren zugeordnet werden könne.[162]

Gegen diese Klassifikation lässt sich anführen, dass die Bewertungsgleichung des Residual-Income-Model in wesentlichen Zügen mit der eines verfeinerten Übergewinnverfahrens übereinstimmt.[163] Für dieses gilt folgende Bewertungsgleichung:[164]

---

[157]   Vgl. *Coenenberg/Schultze* (Konzeptionen, 2002), S. 601. Ein Überblick über die Bewertungsmethode findet sich bei *Bausch* (Multiplikator, 2000), S. 448-459; *Damodaran* (Valuation, 2002), S. 453-467; *Soffer/Soffer* (Analysis, 2003), S. 383-398; *Ballwieser* (Marktdaten, 2003), S. 13-30; *Ballwieser* (Unternehmensbewertung, 2004), S. 190-198.

[158]   Vgl. *Ballwieser* (Marktorientierung, 2001), S. 24; *Ballwieser* (Marktdaten, 2003), S. 17.

[159]   Vgl. *Bausch* (Multiplikator, 2000), S. 450; *Ballwieser* (Unternehmensbewertung, 2004), S. 190-198.

[160]   Vgl. *Coenenberg/Schultze* (Konzeptionen, 2002), S. 606; *Schultze* (Kombinationsverfahren, 2003), S. 459.

[161]   Vgl. *Coenenberg/Schultze* (Konzeptionen, 2002), S. 606.

[162]   Vgl. *Coenenberg/Schultze* (Unternehmensbewertung, 2003), S. 120f.; *Schultze* (Kombinationsverfahren, 2003), S. 463.

[163]   Vgl. *Ballwieser* (Residualgewinnmodell, 2004), S. 54f.

[164]   Vgl. *Moxter* (Grundsätze, 1983), S. 57; *Fernandez* (Valuation, 2002), S. 33f.

$$(2.27) \quad UW_t = SW_t + Rbf(n,r) \cdot (E_{t+1} - SW_t \cdot r)$$

mit: E_t =   Ertragswert der Periode t;

SW_t =   Substanzwert der Periode t;

n =   Laufzeit n in Jahren;

$Rbf(n,r)$ =   Rentenbarwertfaktor in Abhängigkeit der

Laufzeit n und des Zinssatzes r.

Danach setzt sich der Unternehmenswert aus einem Substanzwert und einem abgezinsten Übergewinn zusammen.

Beim Residual-Income-Model bildet der Buchwert des Eigenkapitals die Ausgangsvariable der Bewertungsgleichung. Wird die Bewertung auf Basis von bilanziellen Ansatz- und Bewertungsregeln vorgenommen, ist der Buchwert des Eigenkapitals mit dem Substanzwert eines Unternehmens identisch.[165] Dazu addiert wird der Barwert der zukünftigen Übergewinne, welcher eine vergleichbare Komponente wie der Term $Rbf(n,r) \cdot (E_{t+1} - SW_t \cdot r)$ beim oben genannten verfeinerten Übergewinnverfahren darstellt. Das Residual-Income-Model lässt sich deshalb den Übergewinnverfahren und folglich den Mischverfahren zuordnen. Es teilt damit auch deren Nachteile.[166] Diese liegen vor allem in der Einbeziehung des Substanzwerts als eigenständige Determinante des Unternehmenswerts.[167] Dem Substanzwert wird u. a. aufgrund der fehlenden Orientierung an den zukünftigen, aus dem Unternehmen zu erwartenden Zahlungsüberschüssen eine eigene Rolle bei der Bestimmung von aussagekräftigen Unternehmenswerten abgesprochen.[168]

---

[165] Vgl. *Schultze* (Methoden, 2003), S. 152; *Ballwieser* (Residualgewinnmodell, 2004), S. 55.

[166] Vgl. *Ballwieser* (Unternehmensbewertung, 2004), S. 186; *Ballwieser* (Residualgewinnmodell, 2004), S. 55; *Easton* (Security Returns, 1999), S. 401f.

[167] Vgl. *Schultze* (Kombinationsverfahren, 2003), S. 460. Der Kritikpunkt an vielen Mischverfahren, dass der Goodwill des Unternehmens auf einen bestimmten, endlichen Zeitraum bezogen ist, trifft auf das Residual-Income-Model nicht zu. Zukünftige Residualgewinne sind im Residual-Income-Model grundsätzlich für die gesamte Lebensdauer des Unternehmens zu bestimmen.

[168] Vgl. *IDW* (Grundsätze, 2000), S. 841; *Ballwieser* (Unternehmensbewertung, 2004), S. 182; *IDW* (Grundsätze, 2005), S. 1305.

6. Fazit

Das Residual-Income-Model ist ein Bewertungsverfahren, mit welchem der Unternehmenswert aus dem Buchwert des Eigenkapitals und dem Barwert zukünftiger Residualgewinne eines Unternehmens berechnet wird. Den Ausgangspunkt für die Entwicklung des Modells bildet das Dividenden-Diskontierungs-Modell von *Williams* und *Gordon*. Als einzige zusätzliche Annahme für dessen Ableitung ist die Gültigkeit des Kongruenzprinzips erforderlich. Danach müssen sämtliche Eigenkapitalbewegungen, die nicht mit Anteilseignern aufgrund des Gesellschaftsverhältnisses entstehen, in der GuV erfasst werden.

Ähnlich wie dies von der Ertragswertmethode und den Discounted-Cash-Flow-Verfahren bekannt ist, lassen sich für das Residual-Income-Model Bewertungsformeln bei periodenspezifischen, konstanten, konstant wachsenden und phasenspezifischen zukünftigen Residualgewinnen unterscheiden. Die Bewertungsformeln können vom einfachsten Fall sicherer Erwartungen auf Unsicherheit übertragen werden. Die Konzeption des Modells hängt davon ab, (i) ob risikoaverse oder risikoneutrale Investoren unterstellt werden, (ii) ob die Herleitung über die Sicherheitsäquivalenzmethode oder die Risikozuschlagsmethode erfolgt und (iii) ob ein Rückgriff auf die individuelle Risikoeinstellung eines Investors oder auf am Kapitalmarkt beobachtbare Risikoprämien stattfindet.

Aufgrund der Zusammensetzung des Unternehmenswerts aus einer buchhalterischen Größe (Buchwert des Eigenkapitals) und diskontierten Übergewinnen (Barwert der zukünftigen Residualgewinne) lässt sich das Residual-Income-Model den Übergewinnverfahren und folglich den Mischverfahren zuordnen. Ihm haften dessen Nachteile an, die vor allem in der Einbeziehung des Substanzwerts als eigenständige Komponente des Unternehmenswerts gesehen werden.

III. Erweiterungen des Residual-Income-Model

1. Abgrenzung der Erweiterungen

Die Erweiterungen des Residual-Income-Model – wie sie im Rahmen dieser Arbeit verstanden werden – weisen eine zentrale Gemeinsamkeit auf: Die zukünftigen Residualgewinne werden in einem sogenannten Informationsmodell mit Hilfe stochastischer Prozesse aus vergangenen und gegenwärtigen Residualgewinnen und anderen Rechnungslegungsdaten extrapoliert.[169] Am häufigsten finden wie beim *Ohlson*-Modell (1995) – der zeitlich betrachtet ersten Erweiterung des Residual-Income-Model im hier verstandenen Sinn[170] – autoregressive Prozesse erster Ordnung, sogenannte AR(1)-Prozesse, Verwendung.[171] Die Literatur zur Zeitreihenanalyse kennt jedoch neben den autoregressiven Prozessen eine Vielzahl weiterer, meist komplexerer Zeitreihenmodelle, welche im Grundsatz zur Beschreibung des stochastischen Zeitreihenverhaltens der Residualgewinne im Residual-Income-Model zur Verfügung stehen.[172]

In der Berücksichtigung stochastischer Prozesse im Bewertungskalkül liegt zugleich der wesentliche Unterschied zur Grundform des Residual-Income-Model mit weitreichenden Folgen für die Eigenschaften des Bewertungskalküls. In der Grundform des Modells werden, wie in Kapitel II. gezeigt, die Zukunftserfolge auf Basis expliziter Annahmen über die zukünftige Umweltentwicklung und Geschäftspolitik des zu bewertenden Unternehmens abgeleitet. Bei den Modellerweiterungen erfolgt mit der Extrapolation der zu diskontierenden Zukunftserfolge aus Vergangenheitsdaten zugleich eine implizite Fortschreibung der Annahmen zur Umweltentwicklung und Geschäftspolitik aus der Vergangenheit in die Zukunft.[173] Eine Berücksichtigung unternehmensspezifischer Eigenheiten eines Unternehmens ist deshalb nicht in gleichem Maße wie bei der Grundform des Residual-Income-Model möglich.

---

[169] Vgl. *Beaver* (Perspectives, 2002), S. 457. Ein stochastischer Prozess ist eine Folge von Zufallsvariablen (X_t) mit diskretem oder stetigem Zeitparameter t. Vgl. *Schlittgen/Streitberg* (Zeitreihenanalyse, 2001), S. 90.

[170] Vgl. zu dieser Einschätzung z.B. *Hüfner* (Aktienbewertung, 2000), S. 50f.; *Kothari* (Capital Markets, 2001), S. 175f.; *Beaver* (Perspectives, 2002), S. 457; *Prokop* (Bewertung, 2003), S. 170; *Ballwieser* (Residualgewinnmodell, 2004), S. 59f.

[171] Ein stochastischer Prozess (X_t) wird als autoregressiver Prozess q-ter Ordnung bezeichnet, wenn er der Beziehung $X_t = \alpha_1 \cdot X_{t-1} + ... + \alpha_p \cdot X_{p-1} + \varepsilon_t$ genügt, mit ε_t als White-Noise-Prozess. Vgl. *Schlittgen/Streitberg* (Zeitreihenanalyse, 2001), S. 121.

[172] Vgl. z.B. *Schlittgen/Streitberg* (Zeitreihenanalyse, 2001), S. 90-154 und S. 436-478; *Buscher* (Zeitreihenanalyse, 2002), S. 154-203; *Franke/Härdle/Hafner* (Statistik, 2004), S. 137-272.

[173] Vgl. *Ballwieser* (Unternehmensbewertung, 2004), S. 47f.

In der Literatur findet sich eine Vielzahl von Erweiterungen des Residual-Income-Model, welche die Zukunftserfolge mit stochastischen Prozessen modellieren. Die vorliegende Arbeit beschränkt sich auf eine ausführliche Darstellung der Modelle, die eine Bewertungsgleichung auf Basis des jeweiligen Informationsmodells herleiten. Bei der Auswahl der gezeigten Modelle wird darauf geachtet, dass empirische Untersuchungen des Informationsmodells und/ oder der Bewertungsgleichung vorliegen. Die übrigen Modelle werden überblicksartig dargestellt, wobei hervorgehoben wird, inwiefern die jeweiligen Modelle die detailliert dargestellten Modelle ergänzen oder verändern. Als Bezugspunkt der Betrachtung dient das *Ohlson*-Modell (1995) als erste Erweiterung des Residual-Income-Model.

2. *Ohlson*-Modell (1995)

2.1. Darstellung

Ohlson[174] erweitert die Grundform des Residual-Income-Model durch die Einführung eines stochastischen Prozesses zur Beschreibung des Zeitreihenverhaltens zukünftiger Residualgewinne mit folgender Eigenschaft:[175]

$$(3.1) \quad \tilde{x}_{t+1}^a = \omega \cdot x_t^a + v_t + \tilde{\varepsilon}_{1,t+1};$$

$$(3.2) \quad \tilde{v}_{t+1} = \gamma \cdot v_t + \tilde{\varepsilon}_{2,t+1}$$

mit: x_t^a =   Residualgewinn der Periode t;

        v_t =   sonstige Informationen der Periode t;

        ω =   Beständigkeitsparameter des Residualgewinns;

        γ =   Beständigkeitsparameter der sonstigen Informationen;

        $\tilde{\varepsilon}_{k,t+1}$ =   Störterme der Periode t ($k = 1,2$).

Das auch als lineares Informationsmodell (*linear information dynamics*) bezeichnete Gleichungssystem basiert auf AR(1)-Prozessen. Der Residualgewinn einer Periode $t+1$ hängt vom Residualgewinn der Vorperiode, sonstigen Informationen und einem Störterm ab. Wie bei der Grundform des Residual-Income-Model ist er definiert als Differenz zwischen dem buchhalterischen Gewinn der Periode t, x_t, und der Verzinsung des Buchwerts des Eigenkapitals der Vor-

---

[174]   Vgl. *Ohlson* (Valuation, 1995).
[175]   Mit den gewählten Annahmen und Symbolen folgt der Verfasser – teilweise abweichend von Kapitel II. – der Arbeit von *Ohlson*.

periode y_{t-1}. Bei einem risikoneutralen Investor und einem risikolosen Zinssatz r_f gilt:[176]

$$(3.3) \quad x_t^a \equiv x_t - \left(R_f - 1 \right) \cdot y_{t-1}$$

mit: $R_f = 1 + r_f$.

Die sonstigen Informationen v_t umfassen sämtliche für die Bewertung eines Unternehmens relevanten und in Periode t bereits bekannten Informationen, welche nicht im Residualgewinn der Periode t enthalten sind. Sie folgen wie der zukünftige Residualgewinn einem AR(1)-Prozess. Mit der Einbeziehung der sonstigen Informationen beachtet das Modell, dass Rechnungslegungsinformationen in Form von gegenwärtigen (Residual-)Gewinnen zur Abschätzung der Entwicklung der Zukunftserfolge eines Unternehmens als nicht ausreichend erachtet werden. Eine Empfehlung, wie die sonstigen Informationen zu erheben sind, gibt *Ohlson* jedoch nicht.[177]

Die Parameter ω und γ des Informationsmodells werden exogen vorgegeben und als im Zeitablauf konstant unterstellt. Für beide Parameter gilt der Wertebereich $0 \le \omega, \gamma < 1$. Je nachhaltiger die gegenwärtigen Residualgewinne (bzw. die sonstigen Informationen) sind, desto näher liegt der Beständigkeitsparameter an der oberen Grenze des vorgegebenen Wertebereichs. Umgekehrt liegt der Parameter nahe Null, wenn davon auszugehen ist, dass die gegenwärtigen Residualgewinne (die sonstigen Informationen) weitestgehend vorübergehender Natur sind und für die Prognose der Residualgewinne (der sonstigen Informationen) deshalb kaum Relevanz besitzen.

Die Störterme $\varepsilon_{1,t+1}$ und $\varepsilon_{2,t+1}$ sind stochastisch und haben einen Erwartungswert von Null. Weitere Anforderungen an die Störterme werden nicht gestellt.[178]

Über das Informationsmodell hinaus wird angenommen, dass die Dividendenzahlungen d_t den Buchwert des Eigenkapitals in voller Höhe mindern, sich jedoch nicht auf den Gewinn der Periode auswirken:

---

[176] Vgl. *Ohlson* (Valuation, 1995), S. 667f.

[177] Vgl. hierzu jedoch *Ohlson* (Perspective, 2001), S. 112-115. Dort schlägt *Ohlson* vor, die sonstigen Informationen über Analystenschätzungen für den Unternehmensgewinn zu konkretisieren.

[178] Vgl. *Ohlson* (Valuation, 1995), S. 668.

33

$$(3.4) \quad \frac{\partial y_t}{\partial d_t} = -1;$$

$$(3.5) \quad \frac{\partial x_t}{\partial d_t} = 0.$$

Aus dem Dividenden-Diskontierungs-Modell und dem Kongruenzprinzip sowie dem linearen Informationsmodell lässt sich das Bewertungskalkül des *Ohlson*-Modells (1995) ableiten. Bei Unsicherheit bezüglich der zukünftigen Entwicklung, einem risikoneutralen Bewerter und den Annahmen der Neoklassik gilt:[179]

$$(3.6) \quad P_t = y_t + \alpha_1 \cdot x_t^a + \alpha_2 \cdot v_t$$

mit $\quad P_t$ = Marktwert oder Preis des Eigenkapitals der Periode t;[180]

$$\alpha_1 = \frac{\omega}{R_f - \omega} \geq 0;$$

$$\alpha_2 = \frac{R_f}{\left(R_f - \omega\right) \cdot \left(R_f - \gamma\right)} > 0.$$

Danach setzt sich der Marktwert des Eigenkapitals aus dem Buchwert des Eigenkapitals, dem gegenwärtigen Residualgewinn und den sonstigen, für die Prognose zukünftiger Residualgewinne relevanten Informationen zusammen. Die Gewichtungsfaktoren des gegenwärtigen Residualgewinns und der sonstigen Informationen werden mit steigenden Werten der Parameter des Informationsmodells größer.

Setzt man die Definitionen des Kongruenzprinzips und des Residualgewinns in die Bewertungsgleichung des *Ohlson*-Modells (1995) ein, ergibt sich folgende äquivalente Gleichung:[181]

---

[179] Zur Herleitung vgl. *Ohlson* (Valuation, 1995), S. 682. Der Index t bezieht sich beim Marktwert des Eigenkapitals P_t und bei dessen Buchwert y_t auf den Beginn, beim Residualgewinn x_t^a und bei den sonstigen Informationen v_t hingegen auf das Ende der Periode t.

[180] Der Marktwert oder Preis des Eigenkapitals ist ein Konstrukt, welches nicht am Markt empirisch beobachtbar ist. Vgl. hierzu *Ballwieser* (Marktorientierung, 2001), S. 22.

[181] Vgl. *Ohlson* (Valuation, 1995), S. 670.

$$(3.7) \qquad P_t = m \cdot \left(\varphi \cdot x_t - d_t \right) + \left(1 - m \right) \cdot y_t + \alpha_2 \cdot v_t$$

$$\text{mit} \qquad \varphi = \frac{R_f}{R_f - 1};$$

$$m = \left(R_f - 1 \right) \cdot \alpha_1 = \frac{\left(R_f - 1 \right) \cdot \omega}{\left(R_f - \omega \right)}.$$

Der Marktwert des Eigenkapitals lässt sich danach auch aus dem Buchwert des Eigenkapitals, dem gegenwärtigen Gewinn, den Dividendenzahlungen und den sonstigen Informationen berechnen, wobei der Gewichtungsfaktor m des um die Dividenden bereinigten Periodengewinns mit dem Beständigkeitsparameter des Residualgewinns ω steigt. Gleichzeitig sinkt der Gewichtungsfaktor des Buchwerts des Eigenkapitals mit steigender Beständigkeit des Residualgewinns.

2.2. Implikationen

Aus den bei der Formulierung des Informationsmodells und der Bewertungsgleichung des *Ohlson*-Modells (1995) getroffenen Annahmen ergeben sich verschiedene Implikationen.[182] So konvergieren die zukünftigen Residualgewinne und somit der Goodwill eines Unternehmens GW_t – definiert als Differenz zwischen Unternehmenswert und Buchwert des Eigenkapitals – im Zeitablauf gegen Null. Es gilt:[183]

$$(3.8) \qquad \lim_{t \to \infty} E_t \left[P_t - y_t \right] = \lim_{t \to \infty} E_t \left[GW_t \right] = 0.$$

Mit dieser Modellierung greift das *Ohlson*-Modell (1995) Erkenntnisse aus der Industrieökonomik auf, wonach im langfristigen Konkurrenzgleichgewicht infolge von Wettbewerbsdruck keine über den Kapitalkosten liegenden Renditen möglich sind.[184] Die Konvergenz vollzieht sich im Modell umso schneller, je näher die Beständigkeitsparameter bei Null liegen. Der Marktwert des Eigenkapitals ist im Modell langfristig ein unverzerrter Schätzer für dessen Buchwert,

---

[182]   Vgl. *Ohlson* (Valuation, 1995), S. 672-677.
[183]   Vgl. *Ohlson* (Valuation, 1995), S. 674.
[184]   Vgl. *Kothari* (Capital Markets, 2001), S. 176; *Schultze* (Kombinationsverfahren, 2003), S. 463; *Hoffmann* (Wettbewerbsvorteile, 2005), S. 324.

eine Eigenschaft, die *Ohlson* als „unverzerrte Rechnungslegung" (*unbiased accounting*) bezeichnet.[185]

Das *Ohlson*-Modell (1995) steht überdies mit dem Dividendenirrelevanztheorem in Einklang, wonach der Marktwert des Eigenkapitals in einem vollkommenen Kapitalmarkt unabhängig von der Dividendenpolitik eines Unternehmens ist.[186] Nach *Miller/Modigliani* reduziert eine zusätzliche Dividendenausschüttung in *t* um eine Einheit den Marktwert des Eigenkapitals in *t* nämlich um genau eine Einheit. Für das *Ohlson*-Modell (1995) folgt die Implikation der Dividendenirrelevanz aus der Annahme, dass die Dividendenzahlung in *t* den Buchwert des Eigenkapitals reduziert, jedoch keinen Einfluss auf den Residualgewinn und die sonstigen Informationen hat:[187]

$$(3.9) \quad \frac{\partial P_t}{\partial d_t} = \frac{\partial y_t}{\partial d_t} + \frac{\partial x_t^a}{\partial d_t} + \frac{\partial v_t}{\partial d_t} = -1 + 0 + 0 = -1.$$

Darüber hinaus resultieren aus dem *Ohlson*-Modell (1995) zahlreiche weitere Implikationen, auf die im Rahmen dieser Arbeit nicht eingegangen wird.[188]

3.   Vorsichtige Rechnungslegung

3.1.   Vergleich mit dem herkömmlichen Verständnis von Vorsicht

Feltham/Ohlson[189] erweitern das *Ohlson*-Modell (1995), indem sie den Einfluss „vorsichtiger Rechnungslegung" im Bewertungskalkül berücksichtigen. Durch diese Erweiterung soll eine Annäherung des Modells von *Ohlson* (1995) an aktuelle Rechnungslegungssysteme erreicht werden, welche die Forderung nach einem *unbiased accounting* nicht erfüllen. In den Modellen wird unterstellt, dass sich vorsichtige Rechnungslegung in einem im Durchschnitt über dem Buchwert

---

[185]   Vgl. *Ohlson* (Valuation, 1995), S. 674.
[186]   Dieses Dividendenirrelevanztheorem geht auf *Modigliani/Miller* (Cost of Capital, 1958) und *Miller/Modigliani* (Valuation, 1961) zurück. Ein Verweis auf das Theorem findet sich an verschiedenen Stellen des *Ohlson*-Modells (1995) und den in den folgenden Kapiteln dargestellten Erweiterungen des Modells.
[187]   Vgl. *Ohlson* (Valuation, 1995), S. 673.
[188]   Vgl. hierzu *Ohlson* (Valuation, 1995), S. 672-677.
[189]   Vgl. *Feltham/Ohlson* (Valuation, 1995); *Feltham/Ohlson* (Uncertainty, 1996).

liegenden Marktwert des Eigenkapitals äußert.[190] Aufgrund der zentralen Bedeutung des Terminus für die Modelle erscheint vor deren Darstellung ein Vergleich mit dem herkömmlichen Verständnis vorsichtiger Rechnungslegung in den Rechnungslegungsnormen nach HGB, US-GAAP und IFRS geboten.[191]

Die Grundsätze ordnungsgemäßer Buchführung (GoB) verlangen bei einer Bilanzierung nach HGB eine im Interesse der Eigentümer und Gläubiger vorsichtige Rechnungslegung. Dies bedeutet, dass die Rechnungslegung „keinen zu optimistischen Eindruck von der Lage des Unternehmens vermitteln [sollte; Anm. des Verf.]".[192] Diese als Vorsichtsprinzip bezeichnete Forderung wird in § 252 Abs. 1 Nr. 4 HGB kodifiziert. Inhaltlich konkretisiert wird das Vorsichtsprinzip durch das Imparitäts- und Realisationsprinzip.[193] Nach Letztgenanntem dürfen einzelgeschäftliche Gewinne erst dann ausgewiesen werden, wenn sie durch Leistungserbringung am Abschlussstichtag realisiert sind. Einzelgeschäftliche Verluste müssen hingegen nach dem Imparitätsprinzip bereits dann erfasst werden, wenn deren Eintritt am Abschlussstichtag wahrscheinlich ist.[194] Auf die Bewertung von Vermögensgegenständen und Schulden haben das Realisationsprinzip und das Imparitätsprinzip ebenfalls Auswirkungen: Sie können eine Unterbewertung von Aktiva und/oder eine Überbewertung von Passiva zur Folge haben.[195]

Das Prinzip einer vorsichtigen Bilanzierung und Bewertung ist auch in der US-amerikanischen Rechnungslegung verankert.[196] Dort ist es jedoch im Vergleich zum HGB aufgrund der zentralen Rolle der Informationsfunktion des Jahresabschlusses schwächer ausgeprägt.[197] So ist es dem Prinzip der periodengerechten Erfolgsermittlung (*accrual principle*) untergeordnet. Auch wird das Imparitäts-

---

[190] Vgl. *Feltham/Ohlson* (Valuation, 1995), S. 692; *Feltham/Ohlson* (Uncertainty, 1996), S. 211 und S. 216. Der Marktwert des Eigenkapitals ist wie bei *Ohlson* (Valuation, 1995) als nicht am Markt beobachtbares Konstrukt zu verstehen.

[191] Eine Auseinandersetzung mit vorsichtiger Rechnungslegung im *Feltham/Ohlson*-Modell (1995) findet sich auch bei *Lundholm* (Tutorial, 1995), S. 755-760.

[192] *Coenenberg* (Jahresabschluss, 2005), S. 45.

[193] Vgl. hierzu *Coenenberg* (Jahresabschluss, 2005), S. 41-44.

[194] Man spricht in diesem Zusammenhang von einer Verlustantizipation durch das Imparitätsprinzip. Vgl. *Coenenberg* (Jahresabschluss, 2005), S. 44.

[195] So ist z.B. der Ansatz von Aktiva zu Anschaffungs- bzw. Herstellungskosten anstelle des Zeitwerts häufig mit einer Unterbewertung verbunden. Vgl. z.B. *Coenenberg* (Jahresabschluss, 2005), S. 41f.

[196] Vgl. *Ballwieser* (Verhältnis, 1997), S. 53; *Schildbach* (US-GAAP, 2000), S. 196; *Watts* (Explanations, 2003), S. 207f.

[197] Vgl. *Ballwieser* (Verhältnis, 1997), S. 55; *Ballwieser* (Umstellung, 2000), S. 450-456; *Haller* (Ziele, 2000), S. 15; *Schildbach* (Ansatz, 2000), S. 101.

prinzip im Vergleich zum HGB wesentlich enger ausgelegt.[198] Ähnliches gilt für eine Rechnungslegung nach IFRS, wo dem Vorsichtsprinzip im Vergleich zum HGB ebenfalls eine geringere Bedeutung zukommt.[199] Es dient in erster Linie als Bewertungsregel bei vorhandenen Ermessensspielräumen.[200]

Ein Abweichen zwischen Marktwert und Buchwert des Eigenkapitals lässt sich unter den Rechnungslegungsstandards nach HGB, US-GAAP und IFRS jedoch aufgrund einer Orientierung an der Einzelbewertung und durch Aktivierungs-restriktionen unabhängig vom Wertansatz der Vermögensgegenstände und Schulden eines Unternehmens feststellen.[201] Für den Fall, dass die Bewertung sämtlicher identifizierbarer Vermögensgegenstände und Schulden zu Zeitwerten erfolgt, ist die Wertdifferenz auf nicht in der Rechnungslegung abgebildete Verbundeffekte und Geschäftswertfaktoren zurückzuführen.[202] Der Terminus „vorsichtige Rechnungslegung" in den Erweiterungen des Residual-Income-Model durch *Feltham/Ohlson* (1995) und (1996) ist vor diesem Hintergrund als mit dem herkömmlichen Verständnis vorsichtiger Bilanzierung in Einklang stehend zu beurteilen. Um – im Sinne einer unvorsichtigen Bilanzierung – den Marktwert des Eigenkapitals in der Bilanz abbilden zu können, wäre eine über gängige Rechnungslegungssysteme hinausgehende Bilanzierung des originären Goodwill erforderlich.[203]

---

[198]   Vgl. *Haller* (Ziele, 2000), S. 15.
[199]   Vgl. *Kahle* (Informationsversorgung, 2002), S. 98; *Kahle* (Zukunft, 2003), S. 264f.; *Pellens/Fülbier/Gassen* (Rechnungslegung, 2006), S. 110.
[200]   Vgl. IFRSf.37 sowie *Wollmert/Achleitner* (Grundlagen, 1997), S. 248.
[201]   Vgl. *Coenenberg* (Methoden, 2003), S. 168; *Pellens/Fülbier/Gassen* (Rechnungslegung, 2006), S. 902f.; *Esser* (Goodwillbilanzierung, 2005), S. 56f. Zur Orientierung an der Einzelbewertung in den untersuchten Rechnungslegungssystemen vgl. z.B. *Hayn/Graf Waldersee* (Vergleich, 2004), S. 50f. Durch den Werthaltigkeitstest des für den aus Kapitalkonsolidierung resultierenden Goodwill auf Ebene einer zahlungsmittelgenerie-renden Einheit finden sich jedoch auch Elemente einer gesamtbewertungsorientierten Konzeption der Rechnungslegung. Vgl. *Streim/Bieker/Esser* (Vermittlung, 2003), S. 464.
[202]   Vgl. *Ballwieser* (Verhältnis, 1997), S. 53; *Moxter* (Mythen, 2000), S. 2143; *Mujkanovic* (International, 2002), S. 209f. und S. 237-239; *Ballwieser* (Verhältnis, 1997), S. 53, spricht in diesem Zusammenhang von der „Unmöglichkeit, alle Güter zu identifizieren, die einen Ertragswertbeitrag liefern". Zudem bleibt oftmals unklar, ob ein Gut einen positiven oder negativen Beitrag zum Ertragswert leistet. Vgl. *Moxter* (Bilanzlehre, 1984), S. 8.
[203]   Vgl. *Moxter* (Mythen, 2000), S. 2143; *Coenenberg* (Methoden, 2003), S. 167f.; *Pellens/Fülbier/Gassen* (Rechnungslegung, 2006), S. 902-904. In der Literatur wird im Zusam-menhang mit einer den originären Goodwill umfassenden Bilanz auch der Begriff einer kapitaltheoretischen Bilanz verwendet. Vgl. *Mujkanovic* (International, 2002), S. 200f. Zu einer solchen „idealen Informationsbilanz" vgl. auch *Streim/Bieker/Esser* (Vermitt-lung, 2003), S. 470; *Streim/Esser* (Informationsvermittlung, 2003), S. 837.

3.2. *Feltham/Ohlson*-Modell (1995)

Das *Feltham/Ohlson*-Modell (1995)[204] unterstellt, dass sich vorsichtige Rechnungslegung durch einen im Durchschnitt über dem Buchwert liegenden Marktwert des Eigenkapitals äußert. Eine Einbeziehung möglicher Ursachen vorsichtiger Rechnungslegung in die Untersuchung erfolgt nicht.[205]

Das Modell basiert auf einer Trennung zwischen operativen und finanziellen Tätigkeiten eines Unternehmens:[206]

(3.10) $y_t = fa_t + oa_t$;

(3.11) $x_t = i_t + ox_t$

mit: $fa_t =$ Nettofinanzvermögen der Periode t;

   $oa_t =$ operatives Nettovermögen der Periode t;

   i_t = Nettozinsertrag aus dem Finanzvermögen der Periode t;

   $ox_t =$ operativer Gewinn der Periode t.

Beim jeweiligen Vermögen handelt es sich um eine Nettoposition aus Aktiva und Passiva.[207] Für das Finanzvermögen wird unterstellt, dass es risikolos ist und zu einem einheitlichen Soll-und-Haben-Zinssatz gehandelt wird. Die Berechnung des Zinsertrags aus dem Finanzvermögen folgt unter diesen Annahmen nachstehender, als *net interest relation* (NIR) bezeichneten Beziehung:[208]

(3.12) $i_t = (R_f - 1) \cdot fa_{t-1}$.

Die NIR unterstellt, dass aus dem Finanzvermögen kein Residualgewinn generiert werden kann, da der Zinsertrag der Verzinsung des Finanzvermögens

---

[204]   Vgl. *Feltham/Ohlson* (Valuation, 1995).

[205]   Vgl. *Feltham/Ohlson* (Valuation, 1995), S. 692. Für einen Überblick über Ursachen vorsichtiger Rechnungslegung vgl. *Stromann* (Wertrelevanz, 2003), S. 130-134; *Richardson/Tinaikar* (Accounting, 2004), S. 229.

[206]   Die hier verwendeten Symbole stimmen teilweise nicht mit denen von *Feltham/Ohlson* überein. Alternative Symbole werden verwendet, um eine Doppelbelegung von Symbolen zu vermeiden und/oder um eine Vereinheitlichung der Symbole in der vorliegenden Arbeit zu erreichen.

[207]   Auf den Begriffszusatz „Netto-" wird zugunsten der Übersichtlichkeit im weiteren Verlauf verzichtet.

[208]   Die Annahme eines risikolosen Finanzvermögens lässt sich aufheben. Vgl. *Feltham/ Ohlson* (Valuation, 1995), S. 694 und S. 727.

39

entspricht $(i_t - (R_f - 1) \cdot fa_{t-1} = 0)$. Daraus folgt, dass der Buchwert mit dem Marktwert des Finanzvermögens übereinstimmt. Das Finanzvermögen unterliegt deshalb keiner vorsichtigen Bilanzierung im Sinne des Modells.

Zur Bestimmung des Finanzvermögens einer Periode wird die *financial asset relation* (FAR) eingeführt. Danach hängt das Finanzvermögen vom Finanzvermögen der Vorperiode, dem Zinsertrag i_t, dem aus operativen Aktivitäten generierten Cash-Flow c_t und den an die Eigenkapitalgeber ausgeschütteten Dividenden d_t ab:[209]

$$(3.13) \quad fa_t = fa_{t-1} + i_t - d_t + c_t.$$

Das operative Vermögen hängt vom operativen Vermögen der Vorperiode, dem operativen Gewinn ox_t und dem an das Finanzvermögen übertragenen operativen Cash-Flow c_t ab. Die Beziehung wird als *operating asset relation* (OAR) bezeichnet:

$$(3.14) \quad oa_t = oa_{t-1} + ox_t - c_t.$$

Da das Finanzvermögen keinen Residualgewinn generiert, resultiert der Residualgewinn eines Unternehmens ausschließlich aus dem operativen Geschäft. Der Marktwert des Eigenkapitals lässt sich demnach – das Dividenden-Diskontierungs-Modell und das Kongruenzprinzip vorausgesetzt – aus dem Buchwert des Eigenkapitals und dem Barwert der zukünftigen operativen Residualgewinne ox_t^a bestimmen:[210]

$$(3.15) \quad P_t = y_t + \sum_{\tau=1}^{\infty} R_f^{-\tau} \cdot E_t \left[\widetilde{ox}_{t+\tau}^a \right]$$

mit: $\quad ox_t^a \equiv ox_t - \left(R_f - 1 \right) \cdot oa_{t-1} \quad = \quad$ operativer Residualgewinn der Periode t.

Als weitere Annahme wird zur Beschreibung des Zeitreihenverhaltens der operativen Residualgewinne ein stochastischer Prozess (Informationsmodell) mit folgenden Eigenschaften eingeführt:[211]

---

[209]   Vgl. *Feltham/Ohlson* (Valuation, 1995), S. 695.
[210]   Vgl. *Feltham/Ohlson* (Valuation, 1995), S. 698.
[211]   Vgl. *Feltham/Ohlson* (Valuation, 1995), S. 702.

(3.16) $\quad \widetilde{ox}_{t+1}^{a} = \omega_{11} \cdot ox_t^a + \omega_{12} \cdot oa_t + v_{1t} + \tilde{\varepsilon}_{1,t+1}$;

(3.17) $\quad \widetilde{oa}_{t+1} = \omega_{22} \cdot oa_t + v_{2t} + \tilde{\varepsilon}_{2,t+1}$;

(3.18) $\quad \tilde{v}_{1t+1} = \gamma_1 \cdot v_{1t} + \tilde{\varepsilon}_{3,t+1}$;

(3.19) $\quad \tilde{v}_{2t+1} = \gamma_2 \cdot v_{2t} + \tilde{\varepsilon}_{4,t+1}$

mit: $\quad \omega_{11}, \gamma_k =$ Beständigkeitsparameter der jeweiligen Größe

$\qquad\qquad\qquad$ ($k = 1,2$);

$\qquad \omega_{12} \quad =$ Vorsichtsparameter des operativen Vermögens;

$\qquad \omega_{22} \quad =$ Wachstumsparameter (eins plus die Wachstumsrate)

$\qquad\qquad\qquad$ des operativen Vermögens;

$\qquad v_{k,t} \quad =$ sonstige, für die Prognose der jeweiligen Größe

$\qquad\qquad\qquad$ relevante Informationen der Periode t ($k = 1,2$).

Die Parameter des Informationsmodells werden exogen vorgegeben und als im Zeitablauf konstant unterstellt. Die Störterme $\tilde{\varepsilon}_{k,t+1}$, $k = 1,...,4$ sind stochastisch und haben einen Erwartungswert von Null.[212]

Im Beständigkeitsparameter ω_{11} (γ_k) kommt zum Ausdruck, wie nachhaltig und folglich – aus Sicht des Modells – prognoserelevant gegenwärtige Residualgewinne (sonstige Informationen) sind. Für den Beständigkeitsparameter des Residualgewinns gilt der Wertebereich $0 \le \omega_{11} < 1$, für die der sonstigen Informationen von $|\gamma_h| < 1$ mit $k = 1,2$. Je näher der Parameter an der oberen Grenze des Wertebereichs ist, desto nachhaltiger und prognoserelevanter sind die gegenwärtigen Residualgewinne (sonstigen Informationen).

Vorsichtige Rechnungslegung spiegelt sich im *Feltham/Ohlson*-Modell (1995) in einer Unterbewertung des gegenwärtigen operativen Vermögens wider. Einen unveränderten operativen Cash-Flow unterstellt, hat dessen Unterbewertung erhöhte zukünftige operative Residualgewinne zur Folge.[213] *Feltham/Ohlson* berücksichtigen diesen Zusammenhang über den Vorsichtsparameter ω_{12}. Bei vorsichtiger Bilanzierung wird dem operativen Vermögen Relevanz für die Pro-

---

[212] Vgl. *Feltham/Ohlson* (Valuation, 1995), S. 702.

[213] Für eine Herleitung der Aussage vgl. *Feltham/Ohlson* (Valuation, 1995), S. 698 und S. 700f.; *Prokop* (Bewertung, 2003), S. 203-219, belegt die Aussage für das *Feltham/Ohlson*-Modell (1995) an einem Zahlenbeispiel.

gnose zukünftiger Residualgewinne zugesprochen. Der Vorsichtsparameter nimmt deshalb einen Wert größer Null an. Je weniger vorsichtig bilanziert wird, desto näher liegt der Parameter bei Null und desto geringer ist der Einfluss des operativen Vermögens auf die zukünftigen Residualgewinne im Informationsmodell. Liegt keine vorsichtige Rechnungslegung vor ($\omega_{12} = 0$), ist das operative Vermögen zur Prognose der zukünftigen Residualgewinne nicht relevant.[214]

Der Parameter ω_{22} erfasst das auf die Unterbewertung zurückzuführende langfristige Wachstum des operativen Vermögens. Für den Wachstumsparameter ist ein Wertebereich von $1 \le \omega_{11} < R_f$ unterstellt. Die untere Grenze ist notwendig, um auszuschließen, dass das operative Vermögen im Zeitablauf gegen Null konvergiert, was einer allmählichen Auflösung des Unternehmens gleich käme. Durch die obere Begrenzung des Wachstumsparameters bleibt der Unternehmenswert quantifizierbar. Liegt keine Unterbewertung des operativen Vermögens vor, nimmt der Parameter den Wert Eins an.[215]

Der operative Residualgewinn hängt im Informationsmodell bei vorsichtiger Rechnungslegung ($\omega_{12} > 0$) vom operativen Residualgewinn der Vorperiode, dem Buchwert des operativen Vermögens und den sonstigen, für die Prognose des zukünftigen Residualgewinns relevanten und in Periode t bereits bekannten Informationen sowie einem Störterm ab.

Der Buchwert des operativen Vermögens wird vom operativen Vermögen der Vorperiode, sonstigen Informationen und einem Störterm beeinflusst. Die sonstigen Informationen $v_{2,t}$ umfassen sämtliche, für die Prognose des operativen Vermögens relevanten und in Periode t bereits bekannten Informationen, die nicht im operativen Vermögen der Periode t enthalten sind. Die Gleichung entfällt, falls ein Unternehmen nicht vorsichtig bilanziert. Das Informationsmodell reduziert sich auf das des *Ohlson*-Modells (1995).

Aus (3.15) bis (3.19) lässt sich das *Feltham/Ohlson*-Modell (1995) ableiten:[216]

$$(3.20) \quad P_t = y_t + \alpha_1 \cdot ox_t^a + \alpha_2 \cdot oa_t + \beta_1 \cdot v_{1t} + \beta_2 \cdot v_{2t}$$

---

[214] Negative Werte sind für den Parameter ausgeschlossen.
[215] Vgl. *Feltham/Ohlson* (Valuation, 1995), S. 703f.
[216] Für eine Herleitung vgl. *Feltham/Ohlson* (Valuation, 1995), S. 723. Bei der Herleitung der Bewertungsgleichung sind die Annahmen der Neoklassik und ein risikoneutraler Bewerter unterstellt.

$$\text{mit: } \alpha_1 = \frac{\omega_{11}}{R_f - \omega_{11}}; \quad \alpha_2 = \frac{\omega_{12} \cdot R_f}{\left(R_f - \omega_{22}\right) \cdot \left(R_f - \omega_{11}\right)};$$

$$\beta_1 = \frac{R_f}{\left(R_f - \omega_{11}\right) \cdot \left(R_f - \gamma_1\right)}; \quad \beta_2 = \frac{\alpha_2}{\left(R_f - \gamma_2\right)}.$$

Demnach hängt der Marktwert des Eigenkapitals bei vorsichtiger Rechnungslegung ($\omega_{12} > 0$) vom Buchwert des Eigenkapitals, dem gegenwärtigen operativen Residualgewinn, dem gegenwärtigen operativen Vermögen und den sonstigen, für die Prognose des Residualgewinns und des operativen Vermögens relevanten Informationen ab. Liegt keine vorsichtige Rechnungslegung vor ($\omega_{12} = 0$), gilt $\alpha_2 = \beta_2 = 0$. Die Bewertungsgleichung reduziert sich auf die des *Ohlson*-Modells (1995).[217]

3.3. *Feltham/Ohlson*-Modell (1996)

Auch das *Feltham/Ohlson*-Modell (1996)[218] untersucht den Einfluss vorsichtiger Rechnungslegung auf den Marktwert des Eigenkapitals eines Unternehmens. Als einzige Ursache vorsichtiger Rechnungslegung wird die Abschreibungspolitik eines Unternehmens untersucht.[219] Darüber hinaus wird analysiert, wie sich zukünftige Investitionen mit positivem Kapitalwert auf den Marktwert des Eigenkapitals auswirken.[220]

Als Grundlage dient ein als *cash flow dynamic* (CFD) bezeichnetes Informationsmodell, welches die zukünftigen Einzahlungen aus operativer Tätigkeit cr_t und die zukünftigen Investitionen in das operative Vermögen ci_t über stochastische Prozesse mit folgenden Eigenschaften abbildet:[221]

---

[217] Vgl. Gleichung (3.6).
[218] Vgl. *Feltham/Ohlson* (Uncertainty, 1996).
[219] Vgl. *Feltham/Ohlson* (Uncertainty, 1996), S. 211 und S. 216.
[220] Die hier verwendeten Symbole stimmen teilweise nicht mit denen von *Feltham/Ohlson* überein. Alternative Symbole werden verwendet, um eine Doppelbelegung von Symbolen zu vermeiden und/oder um eine Vereinheitlichung der Symbole in der vorliegenden Arbeit zu erreichen.
[221] Das Informationsmodell wird zusätzlich um sonstige Informationen, wie sie aus den Modellen von *Ohlson* (1995) und *Feltham/Ohlson* (1995) bekannt sind, erweitert. Vgl. hierzu *Feltham/Ohlson* (Uncertainty, 1996), S. 220-222. Aus Gründen der Übersichtlichkeit wird auf deren Berücksichtigung im Rahmen dieser Arbeit verzichtet.

(3.21) $\widetilde{cr}_{t+1} = \lambda \cdot cr_t + \kappa \cdot ci_t + \widetilde{\varepsilon}_{1,t+1}$;

(3.22) $\widetilde{ci}_{t+1} = \rho \cdot ci_t + \widetilde{\varepsilon}_{2,t+2}$

mit: (i) $0 \leq \lambda < 1$; (ii) $\kappa > 0$; (iii) $0 \leq \rho < R_f$;

κ = Parameter für die Höhe der Einzahlungen in der Periode $t+1$, resultierend aus Investitionen in t;

λ = Beständigkeitsparameter der operativen Einzahlungen;

ρ = Wachstumsparameter (Eins plus die Wachstumsrate) der Investitionen in das operative Vermögen.

Die Einzahlungen aus operativer Tätigkeit einer Periode hängen von den Investitionen und Einzahlungen der Vorperiode sowie von einem Störterm ab. Die Investitionen in das operative Vermögen werden von den Investitionen der Vorperiode und einem Störterm beeinflusst. Der Saldo aus Einzahlungen und Investitionen ergibt den Cash-Flow einer Periode $(c_t \equiv cr_t - ci_t)$.[222]

Im Parameter κ kommen die aus den Investitionen der Vorperiode resultierenden Einzahlungen zum Ausdruck. Dabei wird unterstellt, dass die Einzahlungen sämtlicher Investitionen positiv sind und unendlich lange anfallen. Sie reduzieren sich jedoch in jeder Periode um den Faktor $(1-\lambda)$.[223] Der Parameter λ drückt folglich die Beständigkeit der Einzahlungen aus operativer Tätigkeit aus. Der Wachstumsparameter beschreibt, wie sich die Investitionen des Unternehmens im Vergleich zur Vorperiode verhalten. Ein Wert von $\rho > 1$ $(\rho < 1)$ bedeutet, dass die Investitionen über (unter) dem Niveau der Vorperiode liegen. Negative Investitionen werden ausgeschlossen.

Unterstellt man, dass die Dividenden in jeder Periode mit den Cash-Flows identisch sind, lässt sich das Dividenden-Diskontierungs-Modell in folgendes Discounted-Cash-Flow-Verfahren überführen:[224]

$$(3.23) \quad P_t = \sum_{\tau=1}^{\infty} R^{-\tau} \cdot E_t \left[\widetilde{c}_{t+\tau} \right].$$

---

[222] Vgl. *Feltham/Ohlson* (Uncertainty, 1996), S. 212f.

[223] Der Faktor $(1-\lambda)$ wird auch als Maß für die ökonomische Abschreibung interpretiert. Vgl. *Richardson/Tinaikar* (Accounting, 2004), S. 230. Die ökonomische Abschreibung entspricht der Differenz von Tagesgebrauchtwerten zwischen den Perioden t und $t+1$. Vgl. *Knieps/Küpper/Langen* (Abschreibungen, 2000), S. 17f.

[224] Vgl. *Feltham/Ohlson* (Uncertainty, 1996), S. 213.

Im Übrigen bestimmt sich das operative Vermögen aus dem operativen Vermögen der Vorperiode oa_t zuzüglich den Investitionen ci_{t+1} abzüglich der Abschreibungen dep_{t+1}:

$$(3.24) \quad oa_{t+1} = oa_t + ci_{t+1} - dep_{t+1}$$

mit: $\quad dep_{t+1} = (1 - \delta) \cdot oa_t$;

δ = Abschreibungsrate des operativen Vermögens.

Liegen die Abschreibungen auf das operative Vermögen über dem Rückgang der Einzahlungen aus operativer Tätigkeit $(1 - \delta > 1 - \lambda)$, unterstellt das *Feltham/Ohlson*-Modell (1996), dass das Unternehmen eine vorsichtige Abschreibungspolitik betreibt.[225]

Die Einzahlungen aus operativer Tätigkeit abzüglich der Abschreibungen auf das operative Vermögen ergeben den operativen Gewinn ox_t ($ox_t \equiv cr_t - dep_t$). Die Differenz zwischen operativem Gewinn und Verzinsung des operativen Vermögens definiert den operativen Residualgewinn ox_t^a. Es gilt $ox_t^a \equiv ox_t - (R_f - 1) \cdot oa_{t-1}$.

Aus den Gleichungen (3.21) bis (3.24) lässt sich das *Feltham/Ohlson*-Modell (1996) ableiten:[226]

$$(3.25) \quad P_t = oa_t + \alpha_1 \cdot ox_t^a + \alpha_2 \cdot oa_{t-1} + \alpha_3 \cdot ci_t$$

mit: $\quad \alpha_1 = \dfrac{\lambda}{R_f - \lambda}$; $\quad \alpha_2 = \dfrac{R_f \cdot (\lambda - \delta)}{R_f - \lambda}$;

$$\alpha_3 = \left[\frac{\kappa}{R_f - \lambda} - 1 \right] \cdot \frac{R_f}{R_f - \rho} .$$

Danach setzt sich der Marktwert des Eigenkapitals bei vorsichtiger Abschreibungspolitik $(1 - \delta > 1 - \lambda$ bzw. $\delta < \lambda)$ aus dem operativen Vermögen der laufenden Periode, dem operativen Vermögen der Vorperiode sowie dem operati-

---

[225] Vgl. *Feltham/Ohlson* (Uncertainty, 1996), S. 216.
[226] Vgl. *Feltham/Ohlson* (Uncertainty, 1996), S. 216 und S. 230. Bei der Herleitung der Bewertungsgleichung sind die Annahmen der Neoklassik und ein risikoneutraler Bewerter unterstellt.

ven Residualgewinn und den Investitionen der laufenden Periode zusammen. Liegt keine vorsichtige Abschreibungspolitik vor $\left(1-\delta=1-\lambda \text{ bzw. } \delta=\lambda\right)$, ist das operative Vermögen der Vorperiode für die Bestimmung des Marktwerts des Eigenkapitals nicht relevant, da der Gewichtungsfaktor α_2 den Wert Null annimmt.

3.4. Weitere Modelle

Eine sich auf die Überlegungen von *Feltham/Ohlson* (1995) beziehende Analyse des Zusammenhangs zwischen vorsichtiger Rechnungslegung und dem Marktwert des Eigenkapitals nimmt *Zhang* im Jahr 2000 vor.[227] Sein Bewertungskalkül basiert auf einer linearen Gewichtung von Buchwerten und diskontierten Residualgewinnen eines Unternehmens.[228] Im Unterschied zu *Feltham/Ohlson* (1995) basiert die Untersuchung jedoch nicht auf einem Informationsmodell.[229]

Feltham/Pae[230] und *Ohlson/Zhang*[231] modellieren auch den Zusammenhang zwischen vorsichtiger Rechnungslegung und Marktwert des Eigenkapitals. Die Modellstruktur orientiert sich in beiden Fällen an der des *Feltham/Ohlson*-Modells (1996), dessen Annahmen an die Realität angenähert werden sollen.[232] Zusätzlich wird bei *Feltham/Pae* unterstellt, dass das Management eines Unternehmens private Informationen über die operative Leistungsfähigkeit eines Unternehmens besitzt, welche gezielt zur Bilanzpolitik und folglich zur Beeinflussung der Investoren zukommenden Rechnungslegungsinformationen eingesetzt werden können.[233] *Ohlson/Zhang* verallgemeinern das *Feltham/Ohlson*-Modell (1996). Die Rechnungslegungspolitik eines Unternehmens, welche nicht nur auf die Abschreibungspolitik reduziert wird, und deren Auswirkung auf den Marktwert des Eigenkapitals stehen im Zentrum der Analyse.[234]

Schließlich beschäftigen sich *Pope/Wang*[235] mit dem Zusammenhang von Rechnungslegungsinformationen und Marktwert des Eigenkapitals bei vorsichtiger

---

[227]   Vgl. *Zhang* (Accounting, 2000).
[228]   Vgl. *Zhang* (Accounting, 2000), S. 138. Eine Gewichtung von Buchwerten und kapitalisierten Residualgewinnen findet sich auch bei *Penman* (Earnings, 1998), S. 291-324.
[229]   Vgl. *Zhang* (Accounting, 2000), S. 127.
[230]   Vgl. *Feltham/Pae* (Analysis, 2000), S. 199-220.
[231]   Vgl. *Ohlson/Zhang* (Accounting, 1998), S. 85-111.
[232]   Vgl. *Feltham/Pae* (Analysis, 2000), S. 199.
[233]   Ob sich aus diesem Modell über das *Feltham/Ohlson*-Modell (1996) hinausgehende Erkenntnisse ableiten lassen, ist in der Literatur umstritten. Vgl. *Sunder* (Discussion, 2000), S. 221f.
[234]   Vgl. *Ohlson/Zhang* (Accounting, 1998), S. 86f.
[235]   Vgl. *Pope/Wang* (Earnings, 2005).

Rechnungslegung. Darüber hinaus untersuchen sie die Prognose- und Wertrelevanz unterschiedlicher Gewinnkomponenten, die Gegenstand der im folgenden Kapitel dargestellten Modelle sind.[236]

4. Transitorische Gewinnkomponenten

4.1. *Ohlson*-Modell (1999)

Ausgangspunkt für das Modell von *Ohlson* (1999)[237] bildet die Überlegung, dass – abweichend vom *Ohlson*-Modell (1995) – nicht der gesamte Periodenerfolg für die Bewertung eines Unternehmens relevant ist.[238] Das *Ohlson*-Modell (1995) wird deshalb durch eine Zerlegung der Gewinngröße x_t in sogenannte transitorische Gewinne (*transitory earnings*) und Kerngewinne (*core earnings*) erweitert:[239]

$$(3.26) \quad x_t = x_{1t} + x_{2t}$$

mit: x_{1t} =   Kerngewinn der Periode t;

x_{2t} =   transitorischer Gewinn der Periode t.

Mit den transitorischen Gewinnen werden drei Eigenschaften verbunden. (i) Transitorische Gewinne sind nicht vorhersagbar. Zukünftige transitorische Gewinne lassen sich deshalb nicht aus gegenwärtigen ableiten. (ii) Gegenwärtige transitorische Gewinne haben keinen Einfluss auf die Prognose des zukünftigen Residualgewinns eines Unternehmens. (iii) Transitorische Gewinne sind als Information zur Bestimmung von Unternehmenswerten nicht relevant.[240] Die Kerngewinne eines Unternehmens werden im Gegensatz dazu negativ abgegrenzt. Unter sie werden die Gewinne subsumiert, die sich nicht mit den drei Merkmalen charakterisieren lassen.

---

[236]   Vgl. *Pope/Wang* (Earnings, 2005), S. 387f.

[237]   Vgl. *Ohlson* (Earnings, 1999).

[238]   Ein Überblick über die Bedeutung transitorischer Gewinne in diesem Zusammenhang findet sich auch bei *Beaver* (Discussion, 1999), S. 163-165.

[239]   Vgl. *Ohlson* (Earnings, 1999), S. 147. Die hier verwendeten Symbole stimmen teilweise nicht mit denen von *Ohlson* überein. Alternative Symbole werden verwendet, um eine Doppelbelegung von Symbolen zu vermeiden und/oder um eine Vereinheitlichung der Symbole in der vorliegenden Arbeit zu erreichen.

[240]   Vgl. *Ohlson* (Earnings, 1999), S. 145. Als Beispiele für transitorische Gewinne werden (unrealisierte) Gewinne/Verluste aus Währungsumrechnungen und bestimmten marktgängigen Wertpapieren genannt.

Zur Beschreibung des Zeitreihenverhaltens des Residualgewinns eines Unternehmens x_t^a und des transitorischen Gewinns x_{2t} wird folgendes, auf AR(1)-Prozessen basierendes lineares Informationsmodell formuliert:[241]

$$(3.27) \quad \tilde{x}_{t+1}^a = \omega_{11} \cdot x_t^a + \omega_{13} \cdot x_{2t}^a + \tilde{\varepsilon}_{1,t+1};$$

$$(3.28) \quad \tilde{x}_{2t+1} = \omega_{23} \cdot x_{2t} + \tilde{\varepsilon}_{2,t+1}$$

mit: $\quad \omega_{11}, \omega_{13}, \omega_{23}$ = Parameter für die Beständigkeit der jeweiligen Gewinngröße.

Der Residualgewinn einer Periode hängt demnach vom Residualgewinn der Vorperiode, dem transitorischen Gewinn der Vorperiode und einem stochastischen Störterm ab. Der transitorische Gewinn ist unabhängig vom gegenwärtigen Residualgewinn, wird jedoch vom transitorischen Gewinn der Vorperiode und einem stochastischen Störterm beeinflusst. Die Parameter des Informationsmodells werden exogen vorgegeben und als im Zeitablauf konstant unterstellt. Es gilt der Wertebereich $0 \le \omega_{11}, \omega_{13}, \omega_{23} < 1$. Die Störterme $\tilde{\varepsilon}_{k,t+1}$, $k = 1,2$ sind stochastisch und haben einen Erwartungswert von Null.[242]

Aus dem Dividenden-Diskontierungs-Modell und dem Kongruenzprinzip sowie dem linearen Informationsmodell lässt sich das Bewertungskalkül des *Ohlson*-Modells (1999) ableiten:[243]

$$(3.29) \quad P_t = y_t + \alpha_1 \cdot x_t^a + \alpha_2 \cdot x_{2t}$$

mit: $\quad \alpha_1 = \dfrac{\omega_{11}}{R_{EK} - \omega_{11}}; \qquad \alpha_2 = \dfrac{\omega_{13} R_{EK}}{(R_{EK} - \omega_{11}) \cdot (R_{EK} - \omega_{23})};$

$$R_{EK} = 1 + r_{EK}.$$

---

[241] Vgl. *Ohlson* (Earnings, 1999), S. 148. Das Informationsmodell wird zusätzlich um sonstige Informationen, wie sie aus den Modellen von *Ohlson* (1995) und *Feltham/ Ohlson* (1995) bekannt sind, erweitert. Vgl. hierzu *Ohlson* (Earnings, 1999), S. 155-157. Aus Gründen der Übersichtlichkeit wird auf deren Berücksichtigung im Rahmen dieser Arbeit verzichtet.

[242] Der Wertebereich für die Beständigkeitsparameter ist nicht explizit vorgegeben, lässt sich jedoch aus dem *Ohlson*-Modell (1995) auf das *Ohlson*-Modell (1999) aufgrund der engen Verwandtschaft der Modelle übertragen.

[243] Vgl. *Ohlson* (Earnings, 1999), S. 150f. Bei der Herleitung der Bewertungsgleichung sind die Annahmen der Neoklassik unterstellt.

Danach setzt sich der Marktwert des Eigenkapitals aus dem Buchwert des Eigenkapitals, dem gegenwärtigen Residualgewinn und dem gegenwärtigen transitorischen Gewinn zusammen, wobei die Gewichtungsfaktoren des Residualgewinns und des transitorischen Gewinns von den Parametern des Informationsmodells abhängen.

Die Eigenschaften des transitorischen Gewinns lassen sich im *Ohlson*-Modell (1999) wie folgt abbilden. Ist eine Gewinnkomponente unvorhersehbar (Eigenschaft [i]), erfordert dies, dass der Beständigkeitsparameter ω_{23} den Wert Null annimmt. In diesem Fall bestimmt der Störterm allein den zukünftigen transitorischen Gewinn.[244]

Die in den Residualgewinnen enthaltenen transitorischen Gewinne sind für die Prognose künftiger Residualgewinne irrelevant (Eigenschaft [ii]), wenn $\omega_{11} + \omega_{13} = 0$ gilt. Mit $x_{lt}^a \equiv x_{lt} - r_{EK} \cdot y_{t-1}$ reduziert sich das Informationsmodell zu:[245]

$$(3.30) \quad \tilde{x}_{t+1}^a = \omega_{11} \cdot (\, x_{lt} - r_{EK} \cdot y_{t-1}\,) = \omega_{11} \cdot x_{lt}^a.$$

Schließlich sind transitorische Gewinne als Information für die Bestimmung von Unternehmenswerten irrelevant (Eigenschaft [iii]), wenn $\alpha_1 + \alpha_2 = 0$ gilt. Unter dieser Bedingung reduziert sich die Bewertungsgleichung des *Ohlson*-Modells (1999) auf:[246]

$$(3.31) \quad P_t = y_t + \alpha_1 \cdot x_t^a.$$

4.2. Weitere Modelle

Stark untersucht ausgehend von einer Arbeit von *Ohlson* ebenfalls Bedingungen für die Irrelevanz einzelner Gewinnkomponenten bei der Prognose zukünftiger Residualgewinne und bei der Bestimmung von Unternehmenswerten.[247] Dazu teilt er wie *Ohlson* (1999) den Unternehmensgewinn in transitorische Gewinne und Kerngewinne auf. Im Vergleich zum *Ohlson*-Modell (1999) ist das lineare

---

[244] Vgl. *Ohlson* (Earnings, 1999), S. 148.
[245] Vgl. *Ohlson* (Earnings, 1999), S. 149f.
[246] Vgl. *Ohlson* (Earnings, 1999), S. 150f. Weitere Fälle zur Modellierung der Wertirrelevanz der transitorischen Gewinne werden von *Ohlson* als nicht plausibel erachtet.
[247] Vgl. *Stark* (Relationship, 1997), S. 220.

Informationsmodell jedoch um zwei Gleichungen zur Bestimmung des zukünftigen Buchwerts des Eigenkapitals und der zukünftigen Netto-Dividendenzahlungen erweitert.[248] Die aus den *Ohlson*-Modellen (1995) und (1999) bekannten sonstigen Informationen werden vernachlässigt. Ein weiterer Unterschied zum Modell von *Ohlson* (1999) besteht darin, dass die transitorische Gewinnkomponente prognostiziert werden kann.

Das Modell von *Stark* (1997) bildet den Ausgangspunkt für das Modell von *Pope/Wang*.[249] Wie bei *Stark* umfasst das Informationsmodell vier Gleichungen, mit denen neben den zukünftigen Kerngewinnen und transitorischen Gewinnen der Buchwert des Eigenkapitals und die Netto-Dividendenzahlungen prognostiziert werden. Sonstige Informationen werden vernachlässigt.[250] Der Schwerpunkt der Arbeit liegt auf der Analyse von Bedingungen für die Prognoseirrelevanz und Wertirrelevanz einzelner Gewinnkomponenten.[251]

Pope/Wang[252] nehmen zudem in einer späteren Arbeit ebenfalls die wesentlichen Elemente des *Stark*-Modells (1997) auf, beschäftigen sich jedoch auch mit dem Zusammenhang von Rechnungslegungsinformationen und dem Marktwert des Eigenkapitals bei vorsichtiger Rechnungslegung,[253] so dass eine Klassifikation unter den in Kapitel III.3. dargestellten Modellen ebenso möglich ist.

5. Autoregressive Prozesse höherer Ordnung: *Callen/Morel*-Modell (2001)

Callen/Morel[254] ersetzen den im linearen Informationsmodell von *Ohlson* (1995) verankerten AR(1)-Prozess durch einen AR(2)-Prozess. Darüber hinaus finden die sonstigen, zum Bewertungszeitpunkt zur Verfügung stehenden wertrelevanten Informationen nicht explizit als Variable Eingang in das Informationsmodell, sondern werden implizit über eine Konstante bei der Prognose der zukünftigen Residualgewinne berücksichtigt.[255] Infolgedessen entfällt die bei *Ohlson* (1995)

---

[248]   Vgl. *Stark* (Relationship, 1997), S. 221f.
[249]   Vgl. *Pope/Wang* (Relevance, 2000).
[250]   Vgl. *Pope/Wang* (Relevance, 2000), S. 4f.
[251]   Vgl. *Pope/Wang* (Relevance, 2000), S. 1 und S. 7-10.
[252]   Vgl. *Pope/Wang* (Earnings, 2005).
[253]   Vgl. *Pope/Wang* (Earnings, 2005), S. 387f.
[254]   Vgl. *Callen/Morel* (Valuation, 2001).
[255]   Mit dieser Vorgehensweise soll die bei der empirischen Implementierung des *Ohlson*-Modells (1995) auftretende Schwierigkeit der Konkretisierung der sonstigen Informationen umgangen werden. Vgl. *Callen/Morel* (Valuation, 2001), S. 193.

zur Bestimmung der zukünftigen sonstigen Informationen gedachte Gleichung im Informationsmodell. Es lautet:[256]

$$(3.32) \quad \tilde{x}_{t+1}^a = \omega_0 + \omega_1 \cdot x_t^a + \omega_2 \cdot x_{t-1}^a + \tilde{\varepsilon}_{t+1}$$

mit: $\quad \omega_0 \quad = \quad$ Konstante der Bewertungsgleichung;

$\quad \omega_k \quad = \quad$ Beständigkeitsparameter des Residualgewinns

$\quad \quad \quad \quad \quad (k = 1,2);$

$\quad x_{t-1}^a \quad = \quad$ Residualgewinn der Periode $t\text{-}1$.

Der Residualgewinn einer Periode berechnet sich danach aus einer Konstante, dem Residualgewinn der beiden vorangegangenen Perioden und einem stochastischen Störterm. Die Beständigkeitsparameter der Residualgewinne werden exogen vorgegeben und als im Zeitablauf konstant unterstellt. Für beide Parameter gilt der Wertebereich $0 \leq \omega_k < 1$ mit $k = 1,2$. Der Störterm $\tilde{\varepsilon}_{t+1}$ ist stochastisch und hat einen Erwartungswert von Null.[257]

Aus dem Dividenden-Diskontierungs-Modell und dem Kongruenzprinzip sowie dem linearen Informationsmodell lässt sich das Bewertungskalkül des *Callen/Morel*-Modells (2001) ableiten:[258]

$$(3.33) \quad P_t = y_t + \alpha_0 + \alpha_1 \cdot x_{t-1}^a + \alpha_2 \cdot x_t^a$$

mit: $\quad \alpha_0 = \dfrac{R_f^2 \cdot \omega_0}{\left(R_f^2 - \omega_1 \cdot R_f - \omega_2\right) \cdot \left(R_f - 1\right)}; \quad \alpha_1 = \dfrac{R_f \cdot \omega_2}{\left(R_f^2 - \omega_1 \cdot R_f - \omega_2\right)};$

$$\alpha_2 = \dfrac{R_f \cdot \omega_1 + \omega_2}{\left(R_f^2 - \omega_1 \cdot R_f - \omega_2\right)}.$$

Danach ergibt sich der Marktwert des Eigenkapitals aus dem Buchwert des Eigenkapitals, einem Absolutterm sowie den Residualgewinnen der Perioden t und $t\text{-}1$. Der Absolutterm und die Gewichtungsfaktoren der Residualgewinne

---

[256] Vgl. *Callen/Morel* (Valuation, 2001), S. 193.

[257] Der Wertebereich für die Beständigkeitsparameter ist nicht explizit vorgegeben, lässt sich jedoch aus dem *Ohlson*-Modell (1995) auf das *Callen/Morel*-Modell (2001) aufgrund der engen Verwandtschaft der Modelle übertragen.

[258] Vgl. *Callen/Morel* (Valuation, 2001), S. 194 und S. 200-202. Bei der Herleitung der Bewertungsgleichung sind die Annahmen der Neoklassik und ein risikoneutraler Bewerter unterstellt.

setzen sich aus dem risikolosen Zins und den Parametern des Informations-modells zusammen.

Ist der Beständigkeitsparameter $\omega_2 = 0$, reduziert sich das Informationsmodell auf einen AR(1)-Prozess. Die Bewertungsgleichung vereinfacht sich zu:[259]

$$(3.34) \quad P_t = y_t + \alpha_0 + \alpha_2 \cdot x_t^a.$$

6. Nichtlinearitäten

6.1. Yee-Modell (2000)

Yee[260] unterstellt, dass ein aus einem Projekt bestehendes Unternehmen die Option hat, zukünftig seine Strategie anzupassen.[261] Im Unterschied zum *Ohlson*-Modell (1995) sieht das Informationsmodell deshalb in jeder zukünf-tigen Periode die Möglichkeit eines Strategiewechsels vor, der zu einer Anpas-sung des zukünftigen Residualgewinns führt.[262] Sonstige Informationen und die stochastischen Störterme werden vernachlässigt.[263] Es gilt:[264]

$$(3.35) \quad x_{t+1}^a = \begin{cases} x_{t+1}^{ac} \equiv \omega \cdot x_t^a & \text{falls kein Strategiewechsel} \\ x_{t+1}^{as} \equiv \tilde{u} & \text{falls Strategiewechsel} \end{cases}$$

mit: x_t^{ac} = Residualgewinn der Periode t bei alter Strategie;

        x_t^{as} = Residualgewinn der Periode t bei neuer Strategie.

---

[259] Vgl. *Callen/Morel* (Valuation, 2001), S. 202. Die Gleichung erinnert an die des *Ohlson*-Modells (1995), wobei die Konstante α_0 die sonstigen Informationen ersetzt. Vgl. auch Gleichung (3.6).

[260] Vgl. *Yee* (Opportunities, 2000).

[261] Der Strategiewechsel ist mit der Wahl eines neuen Projektes verbunden. Die Idee der Einbeziehung einer Anpassungsoption geht auf eine empirische Arbeit von *Burgstahler/Dichev* zurück. Optionen zum effizienteren Einsatz von Ressourcen werden z.B. in der Liquidierung, in Spin-offs, in Desinvestitionen, in Akquisitionen oder in einer Neu-besetzung des Vorstands gesehen. Vgl. *Burgstahler/Dichev* (Adaption, 1997), S. 188.

[262] Zur grafischen Veranschaulichung des Entscheidungsproblems vgl. *Yee* (Opportunities, 2000), S. 237.

[263] Die Einbeziehung der sonstigen Informationen und der Störterme führt zu einem we-sentlich komplexeren Bewertungsmodell. Vgl. *Yee* (Opportunities, 2000), S. 244 Fn. 20.

[264] Die hier verwendeten Symbole stimmen teilweise nicht mit denen von *Yee* überein. Alternative Symbole werden verwendet, um eine Doppelbelegung von Symbolen zu vermeiden und/oder um eine Vereinheitlichung der Symbole in der vorliegenden Arbeit zu erreichen.

Falls kein Strategiewechsel vorgenommen wird, bestimmt sich der Residualgewinn einer Periode t danach aus dem Residualgewinn der Vorperiode und dem Beständigkeitsparameter des Residualgewinns, wobei für den Beständigkeitsparameter der Wertebereich $0 < \omega < 1$ gilt. Bei Strategiewechsel nimmt der Residualgewinn einer Periode t einen Wert u aus der Verteilung der Residualgewinne des neuen Projekts F an. Dieser Wert ist annahmegemäß stationär und unabhängig vom vergangenen Residualgewinn und Buchwert des Eigenkapitals.[265]

Weiterhin wird unterstellt, dass der Strategiewechsel im Unternehmen vollzogen wird, sobald der Residualgewinn unter ein kritisches Niveau x_*^a sinkt.[266] Der Zeitpunkt des Wechsels hängt vom Residualgewinn zum Bewertungszeitpunkt, vom extern vorgegebenen Beständigkeitsparameter und von der Verteilung der Residualgewinne des neuen Projekts ab. Aufgrund des AR(1)-Prozesses, mit dem die gegenwärtigen Residualgewinne bei Beibehaltung der alten Strategie im Informationsmodell fortgeschrieben werden, ist die Anzahl der Perioden bis zum Unterschreiten des kritischen Niveaus endlich. Maximal vergehen n_F Perioden, bis die Strategie gewechselt wird.[267]

Durch die Modifikation des Informationsmodells wird eine Anpassung des Kongruenzprinzips notwendig. Unterstellt man, dass der Strategiewechsel zusätzlich mit einer Einmalzahlung verbunden ist, gilt:[268]

$$(3.36) \quad y_{t+1} = \begin{cases} y_{t+1}^c \equiv y_t + \omega \cdot x_t^a - d_{t+1} & \text{falls kein Strategiewechsel} \\ y_{t+1}^s \equiv y_t + \tilde{u} - \theta - d_{t+1} & \text{falls Strategiewechsel} \end{cases}$$

mit: y_t^c = Buchwert des Eigenkapitals der Periode t bei alter

Strategie;

y_t^s = Buchwert des Eigenkapitals der Periode t bei neuer

Strategie;

θ = Einmalzahlung infolge des Strategiewechsels.

Aus dem Dividenden-Diskontierungs-Modell, dem erweiterten Kongruenzprinzip und dem Informationsmodell lässt sich das Bewertungskalkül des *Yee*-Modells (2001) ableiten:[269]

---

[265] Zu weiteren Eigenschaften des Residualgewinns bei einem Strategiewechsel vgl. *Yee* (Opportunities, 2000), S. 239f.

[266] Die Vorgehensweise zur Bestimmung des kritischen Niveaus des Residualgewinns findet sich bei *Yee* (Opportunities, 2000), S. 243.

[267] Vgl. *Yee* (Opportunities, 2000), S. 243f. n_F ist als ganze Zahl definiert.

[268] Vgl. *Yee* (Opportunities, 2000), S. 239.

$$(3.37) \quad P_t = y_t + \left(\frac{\omega}{R_f - \omega} \right) \cdot \begin{cases} \vartheta_0 \cdot x_*^a + \psi_0 \cdot x_t^a & \text{falls } x_t^a \in S_0 \\ \vartheta_1 \cdot x_*^a + \psi_1 \cdot x_t^a & \text{falls } x_t^a \in S_1 \\ \vartheta_2 \cdot x_*^a + \psi_2 \cdot x_t^a & \text{falls } x_t^a \in S_2 \\ \vdots \\ \vartheta_{n_F} \cdot x_*^a + \psi_{n_F} \cdot x_t^a & \text{falls } x_t^a \in S_{n_F} \end{cases}$$

mit: $\quad \vartheta_n = \left(\dfrac{R_f - \omega}{R_f - 1} \right) \cdot R_f^{-n}; \quad \psi_n = 1 - \left(\dfrac{\omega}{R_f} \right)^n;$

S_n = Wertebereich des vom Zeitpunkt n des Strategiewechsels abhängigen Residualgewinns.[270]

Der Marktwert des Eigenkapitals hängt danach vom Buchwert des Eigenkapitals, dem gegenwärtigen Residualgewinn und dem Residualgewinn, der als kritisches Niveau für den Strategiewechsel festgelegt wird, ab. Die Gewichtungsfaktoren der Residualgewinne setzen sich neben dem risikolosen Zins und dem Beständigkeitsparameter aus der Anzahl der Perioden zusammen, die bis zu einem Strategiewechsel vergehen.

Aufgrund der Anpassungsoption des Unternehmens resultiert im Unterschied zum *Ohlson*-Modell (1995) eine Bewertungsfunktion, die konvex und nicht linear vom gegenwärtigen Residualgewinn abhängig ist.[271]

6.2. Weitere Modelle

Biddle/Chen/Zhang[272] nehmen an, dass die zukünftigen Residualgewinne nicht nur von den gegenwärtigen Residualgewinnen, sondern auch von den zukünftigen Investitionen und Desinvestitionen eines Unternehmens beeinflusst werden. Das zukünftige Investitionsvolumen (Desinvestitionsvolumen) hängt im Modell von der gegenwärtigen Profitabilität – gemessen als Differenz zwischen der Eigenkapitalrendite und den Eigenkapitalkosten – und den vorhandenen Investitionsmöglichkeiten (Desinvestitionsmöglichkeiten) eines Unternehmens

---

[269] Vgl. *Yee* (Opportunities, 2000), S. 241-244 und S. 259-262. Bei der Herleitung der Bewertungsgleichung sind die Annahmen der Neoklassik und ein risikoneutraler Bewerter unterstellt.

[270] Zur Herleitung des Wertebereichs vgl. *Yee* (Opportunities, 2000), S. 244.

[271] Vgl. *Yee* (Opportunities, 2000), S. 232f.

[272] Vgl. *Biddle/Chen/Zhang* (Capital, 2001).

ab.[273] Es wird angenommen, dass die zukünftigen Investitionen (Desinvestitionen) eines Unternehmens positiv (negativ) mit der Profitabilität und den zur Verfügung stehenden Investitionsmöglichkeiten korreliert sind. Sonstige Informationen werden nicht berücksichtigt. Es resultiert ein Informationsmodell, bei dem die zukünftigen Residualgewinne konvex von den gegenwärtigen Residualgewinnen eines Unternehmens abhängen. Eine Bewertungsgleichung wird nicht abgeleitet.[274]

Ashton/Cooke/Tippett[275] folgen dem Ansatz von *Yee* und berücksichtigen eine Option zur Anpassung der zukünftigen Unternehmensstrategie.[276] Zudem hält das Informationsmodell an den sonstigen Informationen fest.[277] Es resultiert eine Bewertungsgleichung, bei der der Wert des Eigenkapitals ebenfalls konvex vom gegenwärtigen Residualgewinn eines Unternehmens abhängig ist.[278] Das Modell wird von *Ashton/Cooke/Tippett/Wang* erweitert, indem Kongruenzverstöße im Informationsmodell berücksichtigt werden.[279]

Eine Option zur Anpassung der zukünftigen Unternehmensstrategie beziehen auch *Zhang*[280] und *Chen/Zhang*[281] in ein Bewertungsmodell ein. Allerdings findet in beiden Fällen keine explizite Überleitung des Modells in das Residual-Income-Model statt.

7. Sonstige Erweiterungen

Zahlreiche weitere Arbeiten nehmen Modifikationen am *Ohlson*-Modell (1995) und an den *Feltham/Ohlson*-Modellen (1995) und (1996) vor. *Ohlson* erweitert 2001 sein Modell aus dem Jahr 1995, indem er die Variable für sonstige

---

[273] Vgl. *Biddle/Chen/Zhang* (Capital, 2001), S. 232. Im Unterschied zum *Yee*-Modell (2000) sehen *Biddle/Chen/Zhang* Investitionen und Desinvestitionen nicht nur bei zu geringer Profitabilität eines Unternehmens vor.

[274] Zur formalen Beschreibung des Informationsmodells vgl. *Biddle/Chen/Zhang* (Capital, 2001), S. 256-261.

[275] Vgl. *Ashton/Cooke/Tippett* (Theorem, 2003).

[276] Das *Ashton/Cooke/Tippet*-Modell (2003) greift ferner auf aus der Bewertung von Realoptionen bekannte Modelle zurück. Vgl. hierzu *Dixit* (Uncertainty, 1989), S. 620-638; *Dixit/Pindyck* (Investment, 1994), S. 185f.

[277] Vgl. *Ashton/Cooke/Tippett* (Theorem, 2003), S. 418.

[278] Vgl. hierzu auch die Grafik bei *Ashton/Cooke/Tippet* (Theorem, 2003), S. 416.

[279] Vgl. *Ashton/Cooke/Tippett/Wang* (Dirty Surplus, 2004), S. 277-299.

[280] Vgl. *Zhang* (Investment Decisions, 2000), S. 271-295.

[281] Vgl. *Chen/Zhang* (Investment, 2003), S. 397-428.

Informationen durch Analystenprognosen der Periode t für den (Residual-) Gewinn der Periode $t+1$ konkretisiert.[282] Es wird unterstellt, dass

$$(3.38) \quad v_t = \left(f_t - \left(R_f - 1 \right) \cdot y_t \right) - \omega \cdot x_t^a$$

mit: f_t = Analystenschätzung in t für den Gewinn in $t+1$

gilt.[283] In ähnlicher Weise erweitern *Liu/Ohlson* das lineare Informationsmodell von *Feltham/Ohlson* (1995).[284] *Begley/Feltham* integrieren in das Informationsmodell von *Feltham/Ohlson* (1996) Analystenprognosen für zwei Perioden anstelle der Variablen für sonstige Informationen.[285]

Darüber hinaus beschäftigen sich verschiedene Arbeiten mit der Auflösung der Annahmen der Neoklassik im Bewertungskalkül. *Ohlson*[286] und *Kwon*[287] beziehen z.B. asymmetrische Informationen und *moral hazard* in das *Ohlson*-Modell (1995) ein.[288] Gegenstand der Arbeiten von *Harris/Kemsley*[289] und *Collins/ Kemsley*[290] ist die Berücksichtigung einer Dividendenbesteuerung bei *Ohlson* (1995). Auf die Ableitung eines Informationsmodells wird jedoch verzichtet. *Feltham/Ohlson*[291] erweitern das *Ohlson*-Modell (1995), indem sie anstelle von Risikoneutralität und einer flachen Zinsstrukturkurve risikoaverse Bewerter und stochastische Zinssätze im Bewertungskalkül integrieren.[292] *Ang/Liu*[293] bauen auf dieser Arbeit auf und berücksichtigen stochastische Zinssätze und risikoaverse Bewerter im *Feltham/Ohlson*-Modell (1995).[294] Eine Einbindung stochastischer Zinssätze in das Bewertungskalkül von *Ohlson* (1995) findet sich auch bei *Gode/Ohlson*.[295]

---

[282] Vgl. *Ohlson* (Perspective, 2001).
[283] Vgl. *Ohlson* (Perspective, 2001), S. 112f.
[284] Vgl. *Liu/Ohlson* (Implications, 2001), S. 321-331.
[285] Vgl. *Begley/Feltham* (Relation, 2002), S. 1-48, hier S. 1.
[286] Vgl. *Ohlson* (Moral Hazard, 1999), S. 525-540.
[287] Vgl. *Kwon* (Information, 2001), S. 387-395.
[288] Zu Informationsasymmetrie und *moral hazard* vgl. auch *Akerlof* (Market, 1970), S. 488-500; *Arrow* (Economics, 1985), S. 37-51; *Franke/Hax* (Finanzwirtschaft, 2004), S. 420-428.
[289] Vgl. *Harris/Kemsley* (Taxation, 1999), S. 275-291.
[290] Vgl. *Collins/Kemsley* (Dividend Taxes, 2000), S. 405-427.
[291] Vgl. *Feltham/Ohlson* (Risk, 1999).
[292] Vgl. *Feltham/Ohlson* (Risk, 1999), S. 165-183. Zur Behandlung risikoaverser Bewerter in der Unternehmensbewertung vgl. auch Kapitel II.3.1.
[293] Vgl. *Ang/Liu* (Valuation, 2001).
[294] Vgl. *Ang/Liu* (Valuation, 2001), S. 397-425.
[295] Vgl. *Gode/Ohlson* (Interest Rates, 2004), S. 419-441.

Eine Anpassung des *Ohlson*-Modells (1995) zur Anwendung in Rechnungslegungssystemen, die der Forderung nach einem Clean-Surplus-Accounting nicht genügen, nehmen *Hess/Lüders* vor.[296]

Walker/Wang berücksichtigen im Informationsmodell von *Ohlson* (1995) zusätzlich den Kostenvorteil eines Unternehmens im Vergleich zum Wettbewerb, da sie davon ausgehen, dass der Buchwert des Eigenkapitals und der Residualgewinn nicht ausreichend sind, um die Zukunftserfolge eines Unternehmens zu bestimmen.[297] Das *Feltham/Ohlson*-Modell (1996) wird um zwei Variablen für den Umsatz und den operativen Aufwand eines Unternehmens ergänzt.[298]

8. Fazit

Ohlson erweitert im Jahr 1995 das Residual-Income-Model, indem er in einem linearen Informationsmodell zukünftige Residualgewinne aus dem gegenwärtigen Residualgewinn und sonstigen Informationen mit Hilfe eines AR(1)-Prozesses prognostiziert. Aus dem Informationsmodell, dem Dividenden-Diskontierungs-Modell und dem Kongruenzprinzip lässt sich die Bewertungsgleichung des *Ohlson*-Modells (1995) ableiten. Danach setzt sich der Marktwert des Eigenkapitals aus dem Buchwert des Eigenkapitals, dem gegenwärtigen Residualgewinn und den sonstigen, für die Prognose zukünftiger Residualgewinne relevanten Informationen zusammen. Aufgrund der bei der Herleitung des Modells getroffenen Annahmen konvergieren die zukünftigen Residualgewinne eines Unternehmens im Zeitablauf gegen Null. Der Marktwert des Eigenkapitals ist deshalb im *Ohlson*-Modell (1995) langfristig ein unverzerrter Schätzer für dessen Buchwert (*unbiased accounting*).

Die restriktiven Annahmen des Modells werden von zahlreichen analytischen Arbeiten adressiert. Die bis jetzt erfolgten Weiterentwicklungen lassen sich in fünf Kategorien unterteilen: Modelle,

(1) welche vorsichtige Rechnungslegung im Bewertungskalkül berücksichtigen,
(2) welche den Periodenerfolg in verschiedene Komponenten mit unterschiedlicher Prognoserelevanz aufspalten,
(3) welche autoregressive Prozesse höherer Ordnung in das Informationsmodell einbeziehen,

---

[296] Vgl. *Hess/Lüders* (Compensation, 2001), S. 1-20.
[297] Vgl. *Walker/Wang* (Profitability, 2003), S. 238f.
[298] Vgl. *Walker/Wang* (Profitability, 2003), S. 241f.

(4) welche ein nichtlineares Informationsmodell und/oder eine nichtlineare Bewertungsfunktion mit Hilfe einer Option zur Anpassung der zukünftigen Unternehmensstrategie generieren und

(5) welche sonstige Modifikationen am *Ohlson*-Modell (1995) wie z. B. eine Auflösung der Annahmen der Neoklassik vornehmen.

Inwiefern diese Modelle im Vergleich zum *Ohlson*-Modell (1995) eine bessere Abbildung der Realität erlauben, lässt sich ex ante nicht ohne Weiteres beurteilen. Klarheit bezüglich der Leistungsfähigkeit der Modelle sollen deshalb empirische Untersuchungen der Informationsmodelle und Bewertungsgleichungen bringen, welche im folgenden Kapitel dargestellt werden.

IV.   Empirische Studien

1.   Fragestellungen im Überblick

Die empirische Forschung hat sich in vielfältiger Weise mit dem Residual-Income-Model auseinandergesetzt. Dabei lassen sich vier unterschiedliche Kategorien an empirischen Studien identifizieren, aus denen Erkenntnisse über die Validität der mit dem Residual-Income-Model verbundenen Annahmen und über die Leistungsfähigkeit des Modells im Vergleich zu anderen für Wertrelevanzstudien und den Impairment-Test zur Verfügung stehender Modelle gewonnen werden können: (i) Studien zum Kongruenzprinzip, (ii) Studien zum Informationsmodell, (iii) Studien zur Erklärung und Prognose von Börsenpreisen und -renditen sowie (iv) Studien zum Vergleich unterschiedlicher Bewertungsmodelle.

Eine Untersuchung verschiedener Rechnungslegungssysteme auf Verletzungen des Kongruenzprinzips erfolgt in Studien der Kategorie (i). Die Verletzungen werden in der Regel als Abweichungen zwischen verschiedenen, aus der GuV ermittelten Erfolgsgrößen und einer mit dem Kongruenzprinzip konformen, in der Regel aus der Bilanz konstruierten Erfolgsgröße bestimmt.

Studien zum Informationsmodell (Kategorie [ii]) beziehen sich auf Erweiterungen des Residual-Income-Model. Sie untersuchen, inwieweit die für die Parameter des Informationsmodells definierten Wertebereiche einer empirischen Überprüfung standhalten und ob zukünftige Residualgewinne mit dem jeweiligen Informationsmodell zuverlässig geschätzt werden können.

Ein Vergleich von in Wertrelevanzstudien eingesetzten Modellen – dazu gehören neben den Erweiterungen des Residual-Income-Model das unendliche Rentenmodell und das Bilanzmodell[299] – bezüglich ihrer Eignung, Börsenpreise

---

[299]   Vgl. *Easton* (Security Returns, 1999), S. 401f.; *Barth* (Implications, 2000), S. 11-14; *Holthausen/Watts* (Relevance, 2001), S. 52-63. Im ewigen Rentenmodell resultiert der Marktwert des Eigenkapitals eines Unternehmens aus einer nachhaltigen Gewinngröße, welche mit einem risikoangepassten Eigenkapitalkostensatz diskontiert wird. Vgl. *Miller/Modigliani* (Cost of Capital, 1966), S. 337. Aufgrund der Diskontierung einer Gewinngröße wird das Modell auch als Gewinnkapitalisierungsmodell bezeichnet. Vgl. etwa *Dornbusch* (Aktienanalyse, 1999), S. 53-55; *Kothari* (Capital Markets, 2001), S. 175. Nach dem Bilanzmodell bestimmt sich der Marktwert oder Preis des Eigenkapitals eines Unternehmens als Differenz der Marktwerte der Vermögensgegenstände und der Schulden. Vgl. *Barth* (Implications, 2000), S. 12. Das Bilanzmodell wird in den Studien häufig durch den Buchwert des Eigenkapitals konkretisiert. Beide Modelle lassen sich aus dem *Ohlson*-Modell (1995) herleiten. Vgl. *Dechow/Hutton/Sloan* (Assessment, 1999), S. 9f.

und -renditen zu erklären und zu prognostizieren, erfolgt in Studien der Kategorie (iii). Darin findet zum einen eine Gegenüberstellung von mit den Modellen berechneten Marktwerten und Börsenpreisen statt. Als Gütemaße, aus denen auf die Überlegenheit einzelner Modelle geschlossen wird, dienen vor allem relative und absolute Schätzfehler.[300] Zum anderen regressieren einige Studien die Inputvariablen auf Börsenpreise. Aus den Regressionskoeffizienten der einzelnen Variablen werden Rückschlüsse auf die Eignung der verschiedenen Bewertungsmodelle für Wertrelevanzstudien gezogen.[301]

Mit der Grundform des Residual-Income-Model, den Discounted-Cash-Flow-Verfahren und dem Dividenden-Diskontierungs-Modell vergleichen Studien zu Kategorie (iv) Bewertungsverfahren, welche in Zusammenhang mit dem Impairment-Test diskutiert werden.[302] Sie sind ähnlich aufgebaut wie die Studien zu Kategorie (iii). Aus dem Vergleich zwischen Unternehmenswert und Börsenpreis werden jedoch Rückschlüsse über Vorteile bei der praktischen Unternehmensbewertung von – unter konsistenten Annahmen – ineinander überführbaren Bewertungsmodellen gezogen.

2.   Studien zum Kongruenzprinzip

2.1.   Studie von *Lo/Lys* (2000)

Lo/Lys[303] untersuchen nach US-GAAP erstellte Abschlüsse auf Verletzungen des Kongruenzprinzips.[304] Der Untersuchungszeitraum der Studie umfasst die Jahre 1962 bis 1997. Die Stichprobe enthält circa 150.000 Firmenjahre. Die Autoren ermitteln zunächst für die Erfolgsgrößen *net income, income before extraordinary items* und *income before extraordinary and special items* die absolute Abweichung zum *comprehensive income* – definiert als Veränderung der Gewinnrücklagen, bereinigt um Dividenden auf Vorzugs- und Stammaktien. Die sich ergebende Differenz der jeweiligen Erfolgsgröße und dem *compre-*

---

[300]   Zu den Gütemaßen vgl. *Hüttner* (Prognoseverfahren, 1986), S. 257-261; *Wooldridge* (Econometrics, 2003), S. 622.

[301]   Vgl. *Möller/Hüfner* (Aktienmarkt, 2002), S. 431.

[302]   Vgl. z.B. *AAA* (Goodwill, 2001), S. 161-170; *Coenenberg/Schultze* (Unternehmensbewertung, 2002), S. 607-609.

[303]   Vgl. *Lo/Lys* (Ohlson, 2000).

[304]   Vgl. *Lo/Lys* (Ohlson, 2000), S. 341-343. Unklar ist, ob es sich die verwendeten Daten aus Konzern- oder Jahresabschlüssen entnommen werden. Eine Übersicht über mögliche Kongruenzverstöße in den Rechnungslegungsnormen nach HGB, US-GAAP und IFRS findet sich in Kapitel VI.2.2.1.

hensive income wird als Dirty-Surplus bezeichnet. Anschließend findet eine Skalierung des Dirty-Surplus mit drei Größen statt:

(1)   dem als Referenzmaßstab dienenden *comprehensive income,*
(2)   dem Buchwert des Eigenkapitals und
(3)   der Bilanzsumme.

Aus dem resultierenden relativen Dirty-Surplus ziehen *Lo/Lys* Rückschlüsse auf die Erfüllung des Kongruenzprinzips bei einer Bilanzierung nach US-GAAP.[305]

Die Ergebnisse der Untersuchung zeigen für alle drei untersuchten Erfolgsmaße ein erhebliches Dirty-Surplus. Die höchsten Verstöße werden für das *income before extraordinary and special items* gemessen. Skaliert mit dem *comprehensive income* beläuft sich das relative Dirty-Surplus im Median auf 9,00%. Das arithmetische Mittel beträgt 28,65%, was auf große Unterschiede zwischen den in der Grundgesamtheit enthaltenen Unternehmen hindeutet.[306] Die Ergebnisse sind bei einer Skalierung mit dem Buchwert des Eigenkapitals ähnlich. Eine Skalierung mit der Bilanzsumme führt zu geringeren Prozentzahlen. Das *net income* weist im Median ein relatives Dirty-Surplus von 0,40% bei Skalierung mit dem *comprehensive income* auf. Das arithmetische Mittel beträgt 15,71%. Bei Skalierung mit dem Buchwert des Eigenkapitals (der Bilanzsumme) beläuft sich das Dirty-Surplus auf 0,06% (0,02%) im Median. Das arithmetische Mittel beträgt 3,58% (1,47%). Das relative Dirty-Surplus des *income before extraordinary items* bewegt sich zwischen den beiden Extremen des *net income* und des *income before extraordinary and special items.*[307]

2.2.   Studie von *Zimmermann/Prokop* (2002)

Angestoßen durch die Arbeit von *Lo/Lys* untersuchen *Zimmermann/Prokop*[308] verschiedene Erfolgsgrößen aus Konzernabschlüssen von Unternehmen des DAX 30 und MDAX auf Verletzungen des Kongruenzprinzips. Der Untersuchungszeitraum umfasst die Jahre 1990 bis 2000. In der Stichprobe finden sich alle Unternehmen, welche am 31.12.2001 Teil des jeweiligen Index waren und über die für den gesamten Untersuchungszeitraum Konzernabschlussinformationen vorliegen.

---

[305]   Vgl. *Lo/Lys* (Ohlson, 2000), S. 342f.

[306]   Zu beachten ist, dass bei der Berechnung des arithmetischen Mittels die einzelnen relativen Abweichungen bis zu einer maximalen Höhe von 100% berücksichtigt werden. Höhere Abweichungen werden auf 100% reduziert.

[307]   Vgl. *Lo/Lys* (Ohlson, 2000), S. 343.

[308]   Vgl. *Zimmermann/Prokop* (Unternehmensbewertung, 2003).

Der mit dem Kongruenzprinzip konforme Gewinn wird aus den um Kapitalerhöhungen bereinigten Dividendenzahlungen und der Differenz der Buchwerte
des Eigenkapitals bestimmt. Das Dirty-Surplus ergibt sich als Unterschiedsbetrag zwischen diesem Konstrukt und dem Jahresüberschuss oder dem um
Unternehmenssteuern und außerordentliche Aufwendungen und Erträge bereinigten Ergebnis der gewöhnlichen Geschäftstätigkeit. Zur Skalierung des Dirty-
Surplus verwenden *Zimmermann/Prokop* den aus der Bilanz konstruierten
Clean-Surplus-Gewinn und den Buchwert des Eigenkapitals.[309]

Die Ergebnisse zeigen erhebliche Verletzungen des Kongruenzprinzips für die
beiden untersuchten Erfolgsmaße. Der Jahresüberschuss weist im Median bei
Skalierung mit dem Clean-Surplus-Gewinn ein relatives Dirty-Surplus von
57,12% auf. Das angepasste arithmetische Mittel beläuft sich auf 55,82%.[310] Bei
Skalierung mit dem Buchwert des Eigenkapitals resultiert ein relatives Dirty-
Surplus von 5,45% für den Median und 9,64% für das arithmetische Mittel. Zu
einer geringfügigen Veränderung der Ergebnisse kommt es bei Verwendung des
um Steuern und außerordentliche Aufwendungen und Erträge bereinigten Ergebnisses der gewöhnlichen Geschäftstätigkeit anstelle des Jahresüberschusses.[311]

Teilt man – um die Veränderung des Dirty-Surplus im Zeitablauf zu untersuchen
– den Untersuchungszeitraum in zwei Perioden (1990 bis 1995 und 1996 bis
2000), wird erkennbar, dass sich in der zweiten Periode das Dirty-Surplus beider
Erfolgsmaße bei Standardisierung mit dem Clean-Surplus-Gewinn verringert.
Das arithmetische Mittel sinkt beim Jahresüberschuss von 59,85% auf 50,97%
und beim Median von 63,14% auf 42,87%. Beim Gewinn vor außerordentlichen
Aufwendungen und Erträgen lässt sich ein Absinken des arithmetischen Mittels
von 62,01% auf 52,23% und beim Median von 65,05% auf 45,75% beobachten.
Inwieweit das auf einen systematischen Rückgang des Dirty-Surplus hindeutet,
ist jedoch fraglich. So findet bei Skalierung des Dirty-Surplus mit dem
Buchwert des Eigenkapitals für beide Erfolgsmaße ein Anstieg des arithmetischen Mittels von der ersten zur zweiten Periode statt. Außerdem zeigt eine
Analyse des Dirty-Surplus einzelner Jahre, dass im Jahr 2000 ein ähnlich hohes
relatives Dirty-Surplus beobachtet werden kann wie im Jahr mit dem höchsten
Dirty-Surplus (1990).[312]

---

[309] Vgl. *Zimmermann/Prokop* (Unternehmensbewertung, 2003), S. 138.
[310] Wie in der Arbeit von *Lo/Lys* werden die Einzelabweichungen auf maximal 100%
begrenzt. Eliminiert man stattdessen die 2% der Beobachtungen mit den größten
Abweichungen, führt dies zu einer deutlichen Erhöhung des arithmetischen Mittels, was
auf starke Schwankungen des Dirty-Surplus in der Grundgesamtheit hindeutet. Vgl.
Zimmermann/Prokop (Unternehmensbewertung, 2003), S. 139 Fn. 36.
[311] Vgl. *Zimmermann/Prokop* (Unternehmensbewertung, 2003), S. 139.
[312] Vgl. *Zimmermann/Prokop* (Unternehmensbewertung, 2003), S. 139f.

In Bezug auf eine Unterscheidung zwischen den Unternehmen des DAX 30 und des MDAX zeigt sich, dass die im DAX 30 notierten Unternehmen für beide Erfolgsmaße sowohl bei Skalierung mit dem Clean-Surplus-Gewinn als auch mit dem Buchwert des Eigenkapitals ein niedrigeres relatives Dirty-Surplus aufweisen. Ob das auf eine höhere Anzahl internationaler Abschlüsse der DAX-30-Unternehmen in der zweiten Hälfte der 1990er Jahre zurückzuführen ist, wie von *Zimmermann/Prokop* vermutet, darf angesichts der Tatsache, dass die Unternehmen des DAX 30 bereits für die Periode von 1990 bis 1995 ein niedrigeres relatives Dirty-Surplus aufweisen, bezweifelt werden.[313] Fundiertere Aussagen über das Dirty-Surplus in unterschiedlichen Rechnungslegungssystemen sind mit der Studie nicht möglich.

2.3. Studie von Isidro/O'Hanlon/Young (2004)

Im Gegensatz zu *Lo/Lys* und *Zimmermann/Prokop*, die sich auf ein Rechnungslegungssystem (US-GAAP) bzw. die in den Indices eines Landes enthaltenen Unternehmen (DAX 30 und MDAX) unabhängig vom gewählten Rechnungslegungssystem fokussieren, führen *Isidro/O'Hanlon/Young*[314] eine mehrere Rechnungslegungssysteme und Länder umfassende Studie zum Kongruenzprinzip durch. Untersucht werden nach deutschen, französischen, englischen und US-amerikanischen Rechnungslegungsnormen erstellte Konzernabschlüsse.[315] Ziel der Untersuchung ist es, verschiedene Rechnungslegungssysteme bezüglich der Höhe von in der Bilanzierungspraxis auftretender Verletzungen des Kongruenzprinzips zu vergleichen, um daraus Rückschlüsse über die Eignung der jeweiligen Rechnungslegungsnormen als Grundlage des Residual-Income-Model zu ziehen.[316]

Zunächst wird ein mit dem Kongruenzprinzip konformer Gewinn aus der Veränderung des Buchwerts des Eigenkapitals und den Dividendenzahlungen nach Kapitalerhöhungen/-herabsetzungen berechnet. Das Dirty-Surplus ergibt sich aus diesem Clean-Surplus-Gewinn durch Subtraktion des *net income* (bzw. des Jahresüberschusses). Anschließend erfolgt eine Skalierung des Dirty-Surplus mit dem *net income* (Jahresüberschuss) und der Marktkapitalisierung. Darüber hinaus untersuchen *Isidro/O'Hanlon/Young,* welche Rechnungslegungsstandards das Dirty-Surplus verursachen. Analysiert werden Fehlerberichtigungen, Firmenwertabschreibungen, Neubewertungen, Durchbrechungen des Kongruenzprinzips in Folge der Bilanzierung von Unternehmenszusammen-

---

[313] Vgl. *Zimmermann/Prokop* (Unternehmensbewertung, 2003), S. 141.
[314] Vgl. *Isidro/O'Hanlon/Young* (Dirty Surplus, 2004).
[315] Vgl. *Isidro/O'Hanlon/Young* (Dirty Surplus, 2004), S. 383.
[316] Vgl. *Isidro/O'Hanlon/Young* (Dirty Surplus, 2004), S. 383f.

schlüssen (*merger accounting*) sowie sonstige Verstöße, unter die z. B. Währungsumrechnungsdifferenzen fallen.[317]

Der Untersuchungszeitraum umfasst die Jahre 1993 bis 2001. Erhoben werden zunächst alle Unternehmen eines Landes, welche nach den jeweiligen nationalen Rechnungslegungsstandards bilanzieren und in den Datenbanken Compustat (USA) und Datastream (übrige Länder) enthalten sind. Um die Vergleichbarkeit der Teilstichproben für die verschiedenen Rechnungslegungssysteme zu erhöhen, ordnet die Studie sämtliche Unternehmen eines Landes vier Branchen zu, welche wiederum in vier Größenklassen eingeteilt werden. Aus jeder Größenklasse in jeder Branche werden anschließend fünf Unternehmen zufällig ausgesucht, so dass die gesamte Stichprobe je 80 nach deutschen, französischen, englischen und US-amerikanischen Rechnungslegungsnormen bilanzierende Unternehmen enthält.[318]

Die Ergebnisse zeigen erhebliche Verletzungen des Kongruenzprinzips bei einer Bilanzierung nach deutschen, französischen und englischen Rechnungslegungsnormen. Bei Skalierung mit dem *net income* weisen deutsche Konzernabschlüsse im arithmetischen Mittel ein relatives Dirty-Surplus von 32%, französische von 26% und englische von 12% aus. Das Dirty-Surplus für US-amerikanische Unternehmen ist im arithmetischen Mittel aufgrund eines Ausreißers verzerrt.[319] Ein Median der Durchbrechungen wird bei Skalierung mit dem *net income* nicht angegeben. Als mit Abstand wichtigster Verursacher des Dirty-Surplus wird die Firmenwertabschreibung identifiziert. Die anderen, einzeln untersuchten Durchbrechungen des Kongruenzprinzips spielen hingegen in der Bilanzierungspraxis deutscher, französischer und englischer Unternehmen eine untergeordnete Rolle.[320]

Bei Skalierung des Dirty-Surplus mit der Marktkapitalisierung zeigen die nach HGB erstellten Konzernabschlüsse ebenfalls das höchste Dirty-Surplus. Es beträgt 0,97% im Vergleich zu 0,59% bei französischen und 0,96% bei englischen Abschlüssen. Wiederum erweist sich die Goodwillabschreibung als wesentliche Komponente des Dirty-Surplus. Der ebenfalls angegebene Median des relativen Dirty-Surplus liegt jeweils unter 0,01%.[321]

---

[317] Die Durchbrechungen in Folge des *merger accounting* betreffen nur eine Rechnungslegung nach US-GAAP und UK-GAAP. Vgl. hierzu *Isidro/O'Hanlon/Young* (Dirty Surplus, 2004), S. 383f. und S. 388.

[318] Genauere Angaben, wie die zufällige Auswahl erfolgt, werden nicht gemacht. Vgl. *Isidro/O'Hanlon/Young* (Dirty Surplus, 2004), S. 388.

[319] Vgl. *Isidro/O'Hanlon/Young* (Dirty Surplus, 2004), S. 390 Fn. 14 und S. 396f.

[320] Vgl. *Isidro/O'Hanlon/Young* (Dirty Surplus, 2004), S. 396f.

[321] Vgl. *Isidro/O'Hanlon/Young* (Dirty Surplus, 2004), S. 396f.

2.4.   Weitere Studien

Haller/Schloßgangl[322] untersuchen ergebnisneutral erfasste Nettovermögensänderungen bei einer Bilanzierung nach IAS. Die Stichprobe setzt sich aus 62 Unternehmen des Prime Market und Standard Market (beide Wiener Börse) sowie des DAX und MDAX (beide Deutsche Börse) zusammen. Untersucht wird der Konzernabschluss des Geschäftsjahres 2001.[323]

Die Ergebnisse zeigen, dass sich bei 13% der Unternehmen die ergebnisneutral erfasste Nettovermögensänderung (Dirty-Surplus) auf mehr als 50% des Periodenergebnisses beläuft.[324] Bei 55% der Unternehmen beträgt der direkt im Eigenkapital erfasste Erfolgsanteil hingegen weniger als 10%.[325] In der untersuchten Stichprobe kommt es außerdem regelmäßig zu einer Rückführung der erfolgsneutralen Nettovermögensänderung zum Realisationszeitpunkt. Aus den Konzernabschlüssen nicht erkennbar ist jedoch in der Mehrzahl der Fälle der Zeitpunkt der Rückführung.[326]

Von Keitz[327] analysiert die Eigenkapitalveränderungsrechnung und damit verbunden erfolgsneutrale Eigenkapitalverrechnungen von 300 IFRS-Konzernabschlüssen deutscher Unternehmen aus den Jahren 2001 bis 2003.[328] Aus den Ergebnissen ist erkennbar, dass im Jahr 2003 87% der Unternehmen Erträge und/oder Aufwendungen direkt im Eigenkapital erfasst haben. Erfolgsneutral verrechnet werden z.B. in 85% der Abschlüsse Währungsumrechnungen und in 51% Marktwertänderungen von im Umlaufvermögen gehaltenen Finanzinstrumenten.[329] Es fällt auf, dass der Ausweis der Durchbrechungen des Kongruenzprinzips nicht einheitlich erfolgt. Die Mehrzahl der Unternehmen weist aus der Währungsumrechnung resultierende Eigenkapitalveränderungen separat aus. Jedoch stellen 13 von 85 Unternehmen die erfolgsneutralen Währungsdifferenzen nicht einzeln dar.[330] Eine Untersuchung der Höhe des Dirty-Surplus erfolgt nicht.

---

[322]   Vgl. *Haller/Schloßgangl* (Notwendigkeit, 2003).
[323]   Vgl. *Haller/Schloßgangl* (Notwendigkeit, 2003), S. 321. Die Daten wurden zum 30.9.2002 erhoben.
[324]   Das Periodenergebnis wird bei einer Bilanzierung nach IAS auch als *net profit or loss* bezeichnet.
[325]   Vgl. *Haller/Schloßgangl* (Notwendigkeit, 2003), S. 322.
[326]   Vgl. *Haller/Schloßgangl* (Notwendigkeit, 2003), S. 323f.
[327]   Vgl. *von Keitz* (Praxis, 2005).
[328]   Die Eigenkapitalveränderungsrechnung stellt nach IAS 1 einen Pflichtbestandteil eines IFRS-Abschlusses dar.
[329]   Vgl. *von Keitz* (Praxis, 2005), S. 217.
[330]   Vgl. *von Keitz* (Praxis, 2005), S. 218f.

2.5. Kritik

An den dargestellten empirischen Studien lässt sich zunächst als Kritik anbringen, dass Erfolgsgrößen auf Verletzungen des Kongruenzprinzips untersucht werden, welche für eine Anwendung im Residual-Income-Model von vornherein ausscheiden. So bezieht sich das Dirty-Surplus in einigen Studien auf den operativen Gewinn vor außerordentlichen Aufwendungen und Erträgen, eine Erfolgsgröße, die, um die nachhaltige operative Leistungsfähigkeit eines Unternehmens besser beurteilen zu können, einzelne Erfolgskomponenten – entgegen den Forderungen des Residual-Income-Model[331] – nicht berücksichtigt.[332]

Anlass für Kritik bietet darüber hinaus die Messung des Dirty-Surplus über Zeiträume von bis zu 36 Jahren. Das am Ende der Untersuchungsperiode beobachtbare Dirty-Surplus einer Erfolgsgröße kann bei zwischenzeitlich erfolgten Neuerungen in den untersuchten Rechnungslegungssystemen signifikant vom Durchschnittswert über den gesamten Untersuchungszeitraum abweichen.[333] Die Messung des Dirty-Surplus über derart lange Zeiträume führt folglich zu wenig aussagekräftigen Ergebnissen bezüglich in der aktuellen Bilanzierungspraxis vorhandener Verletzungen des Kongruenzprinzips. Aussagen über die Verwendbarkeit aktueller Rechnungslegungsinformationen im Residual-Income-Model lassen sich nur bedingt gewinnen.

Ferner lassen sich die Studien, welche das *comprehensive income* als Schätzung für den Clean-Surplus-Gewinn verwenden,[334] beanstanden. Das *comprehensive income* weist Eigenkapitalbewegungen, welche nicht auf Entnahmen und/oder Einlagen der Investoren zurückzuführen sind, nicht vollständig aus. So werden z.B. *prior period adjustments* direkt mit einem Eigenkapitalkonto verrechnet.[335]

---

[331] Vgl. hierzu *Stark* (Relationship, 1997), S. 224-226; *Myers* (Discussion, 2000), S. 333; *Zimmermann/Prokop* (Unternehmensbewertung, 2003), S. 136.

[332] Vgl. *Penman* (Financial Statement, 2004), S. 383 und S. 391-396.

[333] Zu nennen ist in diesem Zusammenhang z.B. die Goodwill-Bilanzierung bei einer Rechnungslegung nach HGB. Gemäß DRS 4.27 ist seit dem Jahr 2000 der bei einem Anteilserwerb aus der Kapitalkonsolidierung verbleibende aktivische Unterschiedsbetrag stets als Geschäfts- oder Firmenwert zu aktivieren und nicht mehr direkt mit den Konzernrücklagen zu verrechnen. In diesem Zusammenhang vgl. auch die Studien von *Krämling* (Goodwill, 1998), S. 118-120; *Küting* (Firmenwert, 2000), S. 97-106, welche die Behandlung des Firmenwerts bei einer Bilanzierung nach HGB zum Gegenstand haben.

[334] Vgl. etwa *Lo/Lys* (Ohlson, 2000), S. 342f.

[335] Vgl. hierzu *Schildbach* (Kongruenz, 1999), S. 1819.

Das *comprehensive income* ist folglich als Referenzgröße von empirischen Untersuchungen zum Kongruenzprinzip ungeeignet.[336]

Schließlich lässt sich gegen Studien Einspruch erheben, die das Dirty-Surplus verschiedener Rechnungslegungssysteme aggregiert bestimmen. So untersuchen *Zimmermann/Prokop* die Abschlüsse von im DAX notierten Unternehmen, welche im zugrunde gelegten Untersuchungszeitraum nicht nur nach HGB, sondern auch nach IAS und US-GAAP bilanzieren.[337] Eine Aussage, welches Rechnungslegungssystem am ehesten der Forderung nach einem Clean-Surplus-Accounting nachkommt, lässt sich auf Basis solcher Stichproben nicht treffen. Aus Sicht des Residual-Income-Model aussagekräftiger ist eine Unterscheidung der Stichprobe nach Rechnungslegungssystemen, um die jeweilige Höhe der Verstöße gegen das Kongruenzprinzip besser beurteilen zu können.[338]

3. Studien zum Informationsmodell

3.1. Lineares Informationsmodell von *Ohlson* (1995)

3.1.1. Studie von Dechow/Hutton/Sloan (1999)

Die Studie von *Dechow/Hutton/Sloan*[339] überprüft die Annahmen und die Prognosegüte des Informationsmodells von *Ohlson* (1995) sowie die Fähigkeit des Bewertungskalküls, Börsenpreise und -renditen zu erklären und zu prognostizieren.[340] Die folgenden Ausführungen sind auf die Analysen zum Informationsmodell begrenzt. Eine Darstellung des zweiten Schwerpunkts erfolgt in Kapitel IV.4.1.2.

Zunächst untersuchen *Dechow/Hutton/Sloan*, inwieweit das Zeitreihenverhalten der Residualgewinne durch das Informationsmodell beschrieben werden kann.

---

[336] Vgl. *Livinat* (Discussion, 2000), S. 368; *Zimmermann/Prokop* (Unternehmensbewertung, 2003), S. 138.

[337] *Zimmermann/Prokop* wählen dieses Vorgehen, um einen ausreichend großen Stichprobenumfang zu erreichen. Vgl. *Zimmermann/Prokop* (Unternehmensbewertung, 2003), S. 134.

[338] Vgl. *Ordelheide* (Aktienanalyse, 1998), S. 512. Diese Vorgehensweise wählen z.B. *Isidro/O'Hanlon/Young* (Dirty Surplus, 2004), die verschiedene Rechnungslegungssysteme auf Durchbrechungen des Kongruenzprinzips untersuchen.

[339] Vgl. *Dechow/Hutton/Sloan* (Assessment, 1999).

[340] Die Studie gehört zu den bedeutendsten empirischen Arbeiten zum *Ohlson*-Modell (1995). Dies zeigt sich auch darin, dass spätere empirische Untersuchungen die Studie mit neuen Daten replizieren. Vgl. z.B. *McCrae/Nilsson* (Specifications, 2001), S. 315-341; *Prokop* (Bewertung, 2003), S. 182-191.

Dazu werden die Beständigkeitsparameter des Informationsmodells empirisch bestimmt und mit den von *Ohlson* vorgegebenen Wertebereichen verglichen. Zudem wird der Erklärungsgehalt – gemessen durch das Bestimmtheitsmaß – des im Informationsmodell verankerten AR(1)-Prozesses dem Erklärungsgehalt von autoregressiven Prozessen bis zur einschließlich vierten Ordnung zur Beschreibung des Zeitreihenverhaltens der Residualgewinne gegenübergestellt.

Darüber hinaus testet die Untersuchung, inwieweit eine Prognose von Residualgewinnen mit dem Informationsmodell zu Prognosefehlern führt. Dabei findet eine Unterscheidung von zwei Szenarien statt, mit und ohne Berücksichtigung sonstiger Informationen. Die Beurteilung erfolgt anhand der drei Fehlermaße mittlere Abweichung, mittlere absolute Abweichung und mittlere quadratische Abweichung.[341] Die Prognosefehler der einzelnen Schätzungen werden mit der Marktkapitalisierung standardisiert.[342]

Die Untersuchungen erfordern als Inputfaktoren Daten für die Variablen Buchwert des Eigenkapitals, Gewinn und sonstige Informationen sowie für die Parameter Beständigkeit des Residualgewinns, Beständigkeit der sonstigen Informationen sowie für den Diskontierungsfaktor und die Marktkapitalisierung.[343] Die Studie beschränkt sich auf US-amerikanische Daten. Sie basiert auf einer Stichprobe von 50.133 Firmenjahren. Der Buchwert des Eigenkapitals und der Gewinn werden ab dem Jahr 1950 aus Compustat entnommen. Für den Gewinn wird die Position *earnings before extraordinary items and discontinued operations* verwendet. Die zum Ende des ersten Monats nach Veröffentlichung des Jahresabschlusses erhobene Marktkapitalisierung stammt aus der Datenbank CRSP. Zur Konkretisierung der sonstigen Informationen wird auf I/B/E/S-Analystenschätzungen für den Gewinn zurückgegriffen.

Zur Bestimmung der Beständigkeitsparameter wird eine Regression auf Basis von Querschnittsdaten für jedes Jahr ab 1950 durchgeführt. In einer anschließenden Zeitreihenregression erfolgt die Berechnung der bei der Implementierung des linearen Informationsmodells zu verwendenden Parameter aus den für die einzelnen Jahre ermittelten Werten. Dabei standardisieren *Dechow/ Hutton/Sloan* die Ausgangsdaten mit der Marktkapitalisierung der Unternehmen. Aufgrund der Modellierung der sonstigen Informationen entsteht ein Zirkularitätsproblem, da der Beständigkeitsparameter der Residualgewinne einerseits für

---

[341] Die herangezogenen Fehlermaße basieren auf dem Prognosefehler, die als Differenz zwischen prognostiziertem dem Wert und der Realisation einer Zufallsvariablen gemessen wird. Vgl. *Hüttner* (Prognoseverfahren, 1986), S. 261; *Wooldridge* (Econometrics, 2003), S. 622.

[342] Vgl. *Dechow/Hutton/Sloan* (Assessment, 1999), S. 17.

[343] Vgl. *Dechow/Hutton/Sloan* (Assessment, 1999), S. 6f.

die Bestimmung der sonstigen Informationen benötigt wird und andererseits die sonstigen Informationen zur Berechnung der Beständigkeit der Residualgewinne erforderlich sind.[344] Als risikoangepasste Kapitalkosten werden einheitlich 12% angesetzt.[345] Durch die Wahl risikoangepasster Kapitalkosten findet implizit eine Anpassung des *Ohlson*-Modells (1995) an risikoaverse Bewerter statt.

Die Tests zu den Parametern des linearen Informationsmodells ergeben für die aus der kombinierten Querschnitts- und Zeitreihenregression bestimmte Beständigkeit der Residualgewinne einen Wert von 0,62 bei einem Bestimmtheitsmaß von 34%. Der Beständigkeitsparameter ist mit einem *t*-Wert von 138,31 signifikant auf dem 1%-Niveau.

Für die sonstigen Informationen resultiert eine im Vergleich zum Residualgewinn um fast 50% geringere Beständigkeit in Höhe von 0,32 bei einem Bestimmtheitsmaß von 8%. Die Ergebnisse sind ebenfalls signifikant. Damit liegen die Regressionskoeffizienten für die Residualgewinne und für die sonstigen Informationen im von *Ohlson* vorgegebenen Wertebereich der Parameter.[346] Die fast 50% geringere Höhe der Beständigkeit hat zur Folge, dass im Informationsmodell die sonstigen Informationen im Vergleich zu den Residualgewinnen mit annähernd doppelter Geschwindigkeit gegen Null konvergieren.[347]

Der Vergleich des AR(1)-Prozesses mit autoregressiven Prozessen höherer Ordnung zeigt, dass durch die Berücksichtigung von mehr als eine Periode zurückliegender Residualgewinne keine deutlich bessere Approximation ihres Zeitreihenverhaltens möglich ist. Bei Implementierung eines AR(4)-Prozesses resultiert ein Bestimmtheitsmaß von 35% anstelle der 34% bei Verwendung eines AR(1)-Prozesses.[348] Statistische Signifikanz besitzen darüber hinaus nur

---

[344] Zu dessen Lösung vgl. *Dechow/Hutton/Sloan* (Assessment, 1999), S. 15f.

[345] Vgl. *Dechow/Hutton/Sloan* (Assessment, 1999), S. 14.

[346] *McCrae/Nilsson* und *Prokop* bestätigen diese Ergebnisse für den schwedischen bzw. deutschen Aktienmarkt. Vgl. *McCrae/Nilsson* (Specifications, 2001), S. 328-331; *Prokop* (Bewertung, 2003), S. 189f.

[347] Vgl. *Dechow/Hutton/Sloan* (Assessment, 1999), S. 16-21.

[348] Zu anderen Ergebnissen gelangen *Bar-Yosef/Callen/Livnat, Morel* und *Biddle/Chen/Zhang*. Erstere zeigen, dass ein autoregressiver Prozess höherer Ordnung zur Prognose zukünftiger Residualgewinne besser geeignet ist als ein AR(1)-Prozess. *Morel* schließt aus ihrer Analyse, dass ein AR(2)-Prozess optimal ist. Und *Biddle/Chen/Zhang* vermuten nichtlineare Zusammenhänge zwischen den Residualgewinnen. Vgl. *Bar-Yosef/Callen/Livnat* (Ohlson, 1996), S. 207f.; *Morel* (Specification, 1999), S. 153-158; *Biddle/Chen/Zhang* (Capital, 2001), S. 252. Die Studien werden im weiteren Verlauf der Arbeit detaillierter dargestellt.

die Regressionskoeffizienten der ersten beiden Lags,[349] welche in den autoregressiven Prozess einbezogen werden.[350]

Die Ergebnisse zur Überprüfung der Prognoseeignung des Informationsmodells
ohne sonstige Informationen zeigen bei Verwendung der aus historischen Daten
bestimmten Beständigkeit eine Überschätzung der zukünftigen Residualgewinne. Eine leichte Verbesserung der Ergebnisse wird bei Verwendung der auf
Basis der Kennzahlen des Rechnungswesens bestimmten Beständigkeit erzielt.
Die mittlere Abweichung verringert sich von -0,008 auf -0,006. Residualgewinne auf Basis von Analystenschätzungen führen zu einem deutlich höheren
durchschnittlichen Schätzfehler. Er beläuft sich auf -0,032. Analystenschätzungen für den Unternehmensgewinn liegen folglich regelmäßig über den ex
post tatsächlich beobachtbaren Gewinnen.[351] Die Genauigkeit der Prognose –
gemessen durch die mittlere absolute Abweichung – ist jedoch bei den
Analystenschätzungen mit 0,052 am besten. Für die aus historischen Daten der
Residualgewinne bestimmte Beständigkeit ergibt sich eine mittlere absolute
Abweichung von 0,077 und für die aus den Kennzahlen des Rechnungswesens
abgeleitete Beständigkeit von 0,076.[352]

3.1.2. Studie von *Morel* (2003)

Morel[353] testet das Informationsmodell und die Bewertungsgleichung des
Ohlson-Modells (1995). Motivation der Untersuchung sind Schwachstellen
früherer Studien zum *Ohlson*-Modell (1995) von *Dechow/Hutton/Sloan*[354] und
Myers[355]. Diese werden vor allem bei der Bestimmung der Kapitalkosten und
der Parameter des Informationsmodells ausgemacht.[356] Die Studie umfasst drei
unterschiedliche Analysen. Zunächst werden die Parameter des Informationsmodells und die Koeffizienten der Bewertungsgleichung mit einem linearen Regressionsmodell auf Basis von Zeitreihendaten bestimmt. Anschließend werden
die Koeffizienten und die Parameter in zwei weiteren Analysen ebenfalls auf

---

[349] Ein Lag gibt den zeitlichen Abstand zweier Zufallsvariablen zueinander an. Vgl.
      Poddig/Dichtl/Petersmeier (Statistik, 2003), S. 98.
[350] Vgl. *Dechow/Hutton/Sloan* (Assessment, 1999), S. 16f.
[351] Vgl. *Dechow/Hutton/Sloan* (Assessment, 1999), S. 21f.
[352] Eine gleiche Reihenfolge zwischen den Beständigkeitsparametern ergibt sich bei Ver-
      wendung der mittleren quadratischen Abweichung. Vgl. *Dechow/Hutton/Sloan*
      (Assessment, 1999), S. 21f.
[353] Vgl. *Morel* (Ohlson, 2003).
[354] Vgl. *Dechow/Hutton/Sloan* (Assessment, 1999), S. 1-34. Die Studie wird in Kapitel
      IV.3.1.1 besprochen.
[355] Vgl. *Myers* (Valuation, 1999), S. 1-28. Die Studie wird in Kapitel IV.3.1.3. besprochen.
[356] Vgl. *Morel* (Ohlson, 2003), S. 1341-1345.

Basis von Zeitreihendaten, jedoch mit einer nichtlinearen Regression ermittelt.[357] Die beiden letztgenannten Analysen unterscheiden sich dadurch, dass der Parameter und die Risikoprämie separat (Analyse 2) bzw. simultan (Analyse 3) für das Informationsmodell und die Bewertungsgleichung geschätzt werden.[358]

Die sonstigen Informationen werden bei der Implementierung des *Ohlson*-Modells (1995) nicht konkretisiert, sondern über eine Konstante im Informationsmodell und der Bewertungsgleichung berücksichtigt.[359] Das *Ohlson*-Modell (1995) wird umgeformt und in Abhängigkeit von Gewinnen anstelle von Residualgewinnen formuliert, um eine simultane Bestimmung der Parameter des Informationsmodells und der Bewertungsgleichung vornehmen zu können.[360] Weiter werden im Zeitablauf variable Diskontierungsfaktoren verwendet, welche sich aus im Zeitablauf variablen risikolosen Zinssätzen und einer firmenspezifischen Risikoprämie zusammensetzen. Die Risikoprämie bleibt wie die Parameter des Informationsmodells im Zeitablauf konstant.[361]

Der Untersuchungszeitraum umfasst die Jahre 1962 bis 1996. Untersucht werden mit Ausnahme von Banken alle in Compustat enthaltenen Unternehmen, für die die benötigten Daten in mindestens 25 von 34 Jahren des Untersuchungszeitraums vorhanden sind.[362] Firmen mit negativem Buchwert des Eigenkapitals werden ausgeschlossen. Als Gewinngröße werden die *earnings per share before extraordinary items and discontinued operations* verwendet. Die Stichprobe umfasst 735 Unternehmen. Der Buchwert des Eigenkapitals und die Erfolgsgröße werden mit dem Buchwert der Vermögensgegenstände skaliert, um eine verbesserte Stationarität der Datenreihen zu erreichen.[363]

---

[357] Eine nichtlineare Regression ist sinnvoll, wenn zwischen den Variablen des Informationsmodells bzw. der Bewertungsgleichung ein nichtlinearer Zusammenhang besteht, welcher nicht transformiert werden kann. In diesem Fall führt eine lineare Regression zu unplausiblen Ergebnissen. Vgl. *Kähler* (Regressionsanalyse, 2002), S. 90f.; *Morel* (Ohlson, 2003), S. 1349 und S. 1351.

[358] Vgl. *Morel* (Ohlson, 2003), S. 1348f.

[359] Vgl. *Morel* (Ohlson, 2003), S. 1346-1349. Dieses Vorgehen wählt auch *Myers*. Vgl. die Gleichungen V_1 bis V_3 bei *Myers* (Valuation, 1999), S. 8-11.

[360] Für die resultierenden Gleichungen vgl. *Morel* (Ohlson, 2003), S. 1347.

[361] Vgl. *Morel* (Ohlson, 2003), S. 1347.

[362] Die erhobenen Daten enthalten den Gewinn, den Buchwert des Eigenkapitals, Verbindlichkeiten, die Anzahl der emittierten Aktien, einen Anpassungsfaktor für Aktiensplits und Dividendenzahlungen sowie den Aktienkurs drei Monate nach dem jeweiligen Bilanzstichtag. Vgl. *Morel* (Ohlson, 2003), S. 1349.

[363] Vgl. *Morel* (Ohlson, 2003), S. 1349f. Dieses Vorgehen wird

Die Ergebnisse der nichtlinearen Regression bei separater Schätzung der Parameter deuten auf eine Inkonsistenz des *Ohlson*-Modells (1995) hin.[364] Der Beständigkeitsparameter des Gewinns liegt für den Durchschnitt der Stichprobe und Schätzung über das lineare Informationsmodell bei 0,38 und für die Schätzung über die Bewertungsgleichung bei 0,80.[365] Die Schätzungen sind signifikant auf dem 5%-Niveau (Informationsmodell) bzw. 1%-Niveau (Bewertungsgleichung) und liegen innerhalb des vorgegebenen Wertebereichs. Die über das lineare Informationsmodell bestimmte Beständigkeit der Gewinne unterscheidet sich jedoch von der aus der Bewertungsgleichung abgeleiteten.[366] Für die Risikoprämie im Informationsmodell und in der Bewertungsgleichung kann im Durchschnitt der Stichprobe keine Signifikanz nachgewiesen werden. Lediglich 45% (18%) der Unternehmen der Stichprobe weisen eine auf dem 5%-Niveau signifikante Risikoprämie bei Schätzung mit dem Informationsmodell (der Bewertungsgleichung) auf. Im Durchschnitt der Stichprobe nicht signifikante Resultate ergeben sich ebenfalls für die Konstante, welche anstelle der sonstigen Informationen in das *Ohlson*-Modell (1995) aufgenommen wird.[367]

Die Ergebnisse des dritten Tests, in welchem der Beständigkeitsparameter des Gewinns und die Diskontierungsfaktoren für das Informationsmodell und die Bewertungsgleichung simultan ermittelt werden, lassen ebenfalls auf eine Inkonsistenz des *Ohlson*-Modells (1995) schließen. Der Beständigkeitsparameter des Gewinns bewegt sich je nach gewähltem Schätzverfahren zwischen 0,72 und 0,79 und damit im vorgegebenen Wertebereich. Dagegen ergibt sich bei den meisten Unternehmen der Stichprobe keine statistisch signifikante Risikoprämie.[368]

Ein Ausschluss nichtstationärer Zeitreihen in einem Sensitivitätstest reduziert die Stichprobe auf 184 Unternehmen. Die erneute Durchführung der Tests führt zu keiner Veränderung der gewonnenen Aussagen.[369]

---

[364] Die Ergebnisse zur linearen Regression werden aufgrund von Verzerrungen nicht aufgeführt. Vgl. hierzu *Morel* (Ohlson, 2003), S. 1351.

[365] Mit der nichtlinearen Regression können der Beständigkeitsparameter des Gewinns und die Diskontierungsfaktoren direkt aus den Regressionsergebnissen zur Bewertungsgleichung abgelesen werden. Sie sind nicht wie bei der linearen Regression implizit in den Koeffizienten der Bewertungsgleichung enthalten. Vgl. *Morel* (Ohlson, 2003), S. 1352.

[366] *Morel* weist dies mit Hilfe eines Signifikanztests nach. Vgl. *Morel* (Ohlson, 2003), S. 1354.

[367] Vgl. *Morel* (Ohlson, 2003), S. 1352-1355.

[368] Vgl. *Morel* (Ohlson, 2003), S. 1355f.

[369] Vgl. *Morel* (Ohlson, 2003), S. 1357f.

3.1.3. Weitere Studien

Hand/Landsman[370] untersuchen das Informationsmodell von *Ohlson* (1995) anhand einer Stichprobe von 105.510 Firmenjahren von in Compustat enthaltenen Unternehmen aus dem Zeitraum von 1974 bis 1996.[371] Die Studie legt besonderes Augenmerk auf die Untersuchung der Bedeutung der sonstigen Informationen, für welche zwei Szenarien untersucht werden. Sie werden zunächst vernachlässigt und anschließend durch Dividendenzahlungen eines Unternehmens konkretisiert.[372] Das Regressionsmodell berücksichtigt außerdem neben dem Residualgewinn in t einen Achsenabschnitt und den Residualgewinn in $t-1$.[373]

Aus den Ergebnissen ist ersichtlich, dass der Residualgewinn in t ($t-1$) bei Vernachlässigung der sonstigen Informationen einen Regressionskoeffizienten von 0,55 (0,04) aufweist und folglich im von *Ohlson* (1995) vorgegebenen Wertebereich liegt. Das Bestimmtheitsmaß der Regression beläuft sich auf 0,32. Durch Einbeziehung der Dividendenzahlungen eines Unternehmens als sonstige Informationen steigt das Bestimmtheitsmaß auf 0,4, wobei sich die Regressionskoeffizienten des Residualgewinns in t und in $t-1$ kaum verändern. Die Dividenden weisen einen Koeffizienten von 0,29 auf.[374]

Myers[375] untersucht das Informationsmodell von *Ohlson* (1995) mit Zeitreihendaten, ohne sonstige Informationen zu berücksichtigen. Um durch ausgelassene Variablen induzierten Verzerrungen der Untersuchungsergebnisse vorzubeugen, umfasst das Regressionsmodell neben dem Residualgewinn in t und einem Störterm zusätzlich einen Achsenabschnitt.[376] Die Stichprobe beläuft sich auf 44.980 Firmenjahre von in Compustat enthaltenen Unternehmen aus dem Zeitraum von 1975 bis 1996. Aus der Untersuchung resultiert ein mit dem *Ohlson*-Modell (1995) konformer Koeffizient des Residualgewinns von 0,23 im Median. Der Achsenabschnitt ist im Median negativ, was darauf zurückgeführt

---

[370]   Vgl. *Hand/Landsman* (Ohlson, 1998).

[371]   Vgl. *Hand/Landsman* (Ohlson, 1998), S. 11f.

[372]   Analystenschätzungen für den Unternehmensgewinn werden u.a. deshalb nicht verwendet, um die Stichprobe nicht reduzieren zu müssen. Vgl. *Hand/Landsman* (Ohlson, 1998), S. 13.

[373]   Die Autoren selbst sehen die Regressionsgleichung als Test des Informationsmodells von *Ohlson* (1995) bei rationalen Erwartungen der Marktteilnehmer. Eine Herleitung des Regressionsmodells aus dem Informationsmodell erfolgt jedoch nicht. Vgl. *Hand/Landsman* (Ohlson, 1998), S. 21f.

[374]   Vgl. *Hand/Landsman* (Ohlson, 1998), S. 21-22 und S. 37.

[375]   Vgl. *Myers* (Valuation, 1999).

[376]   Vgl. *Myers* (Valuation, 1999), S. 8.

wird, dass die Mehrzahl der untersuchten Unternehmen nicht in der Lage ist, die Kapitalkosten zu erwirtschaften.[377]

McCrae/Nilsson[378] konzentrieren sich bei ihrer Analyse des Informationsmodells von *Ohlson* (1995) auf schwedische Unternehmen und folgen im Untersuchungsdesign der Studie von *Dechow/Hutton/Sloan*. Die Stichprobe stammt aus den Jahren 1987 bis 1997 und umfasst 1.339 Firmenjahre.[379]

Die Ergebnisse bei Vernachlässigung der sonstigen Informationen bestätigen den Wertebereich für den Parameter des Residualgewinns. Er beläuft sich auf 0,523 bei einem t-Wert von 23,02. Das adjustierte Bestimmtheitsmaß der Regression beträgt 0,293. Fügt man weitere Lags im Informationsmodell hinzu, resultiert keine wesentliche Verbesserung der Erklärungskraft. Bei einem AR(2)-Prozess steigt das adjustierte Bestimmtheitsmaß auf 0,303 an, beim AR(3)-Prozess sinkt es auf 0,290. Darüber hinaus sind die Regressionskoeffizienten der beiden zusätzlichen historischen Residualgewinne nicht signifikant. Der AR(1)-Prozess ist den autoregressiven Prozessen höherer Ordnung deshalb überlegen. Der Achsenabschnitt ist wie in der Studie von *Myers* für alle drei Regressionsmodelle negativ.[380]

Der Beständigkeitsparameter der Analystenschätzungen ist ebenfalls im vorgegebenen Wertebereich (0,436 bei einem t-Wert von 21,583). Das adjustierte Bestimmtheitsmaß des AR(1)-Prozesses der sonstigen Informationen beträgt 0,307.[381] Ferner lässt sich erkennen, dass das Informationsmodell von *Ohlson* (1995) bei Einbeziehung von Analystenschätzungen zu einer genaueren Prognose der zukünftigen Residualgewinne führt. Der mittlere absolute Fehler sinkt von 0,102 auf 0,090. Allerdings sind die Analystenschätzungen im Durchschnitt zu optimistisch.[382]

Prokop[383] überträgt das Untersuchungsdesign von *Dechow/Hutton/Slaon* auf den deutschen Aktienmarkt. Die Stichprobe enthält 740 Firmenjahre aus dem Zeitraum von 1988 bis 2001. Die Studie bestätigt die Beständigkeitsparameter des Residualgewinns und der sonstigen Informationen in Bezug auf den von *Ohlson* (1995) vorgegebenen Wertebereich. Bei Skalierung mit dem Buchwert des Eigenkapitals liegt der Beständigkeitsparameter des Residualgewinns (der

---

[377]   Vgl. *Myers* (Valuation, 1999), S. 16f.
[378]   Vgl. *McCrae/Nilsson* (Specifications, 2001).
[379]   Vgl. *McCrae/Nilsson* (Specifications, 2001), S. 326f.
[380]   Vgl. *McCrae/Nilsson* (Specifications, 2001), S. 328f.
[381]   Vgl. *McCrae/Nilsson* (Specifications, 2001), S. 330f.
[382]   Vgl. *McCrae/Nilsson* (Specifications, 2001), S. 331f.
[383]   Vgl. *Prokop* (Bewertung, 2003).

sonstigen Informationen) bei 0,50 (0,35). Die Beständigkeit des Residualgewinns liegt für deutsche Unternehmen folglich unter der für schwedische (Studie von *McCrae/Nilsson*) und US-amerikanische Unternehmen (Studie von *Dechow/Hutton/Sloan*) berechneten. Das adjustierte Bestimmtheitsmaß beläuft sich auf 0,24 bei den Residualgewinnen und auf 0,19 bei den sonstigen Informationen.

Weitere Studien zum Informationsmodell von *Ohlson* (1995) stammen z. B. von *Gregory/Saleh/Tucker*[384] und *Callen/Morel*[385]. Da diese zu ähnlichen Ergebnissen kommen wie die aufgeführten Untersuchungen, werden die Arbeiten nicht vorgestellt.[386]

3.2. Lineares Informationsmodell von *Feltham/Ohlson* (1995)

3.2.1. Studie von *Stromann* (2003)

Stromann[387] untersucht die Wertrelevanz deutscher und US-amerikanischer Rechnungslegungsinformationen mit Hilfe des *Feltham/Ohlson*-Modells (1995). Eine Voraussetzung für die Beantwortung von Forschungsfragen zur Wertrelevanz von Rechnungslegungsdaten ist die Gültigkeit des Informationsmodells, welche deshalb ebenfalls überprüft wird.[388] Die Studie beschränkt sich diesbezüglich auf eine Schätzung der Parameter des Informationsmodells. Es wird untersucht, ob die Schätzungen innerhalb der vorgegebenen Wertebereiche liegen. Die Berechnung erfolgt getrennt für deutsche und amerikanische Unternehmen. Die Parameter werden außerdem in beiden Ländern branchenspezifisch geschätzt.[389] Die Ableitung der sonstigen Informationen erfolgt nach einem Vorschlag von *Liu/Ohlson*[390] aus Analystenschätzungen für den Unternehmensgewinn und für die einjährige Earnings-Per-Share-Wachstumsrate.[391]

---

[384]   Vgl. *Gregory/Saleh/Tucker* (Ohlson, 2005), S. 487-534.
[385]   *Callen/Morel* replizieren die Studie von *Myers*, nehmen jedoch eine Skalierung der Daten mit der Bilanzsumme vor, um zu stationären Zeitreihen zu gelangen. Vgl. *Callen/Morel* (Valuation, 2001), S. 191-203, hier: S. 196.
[386]   Darüber hinaus gibt es Studien, die sich unabhängig von den Erweiterungen des Residual-Income-Model mit der Beständigkeit von Gewinnen auseinandersetzen. Vgl. hierzu z.B. *Kormendi/Lipe* (Persistence, 1987), S. 323-345.
[387]   Vgl. *Stroman* (Wertrelevanz, 2003).
[388]   Vgl. *Stromann* (Wertrelevanz, 2003), S. 173f.
[389]   Vgl. *Stromann* (Wertrelevanz, 2003), S. 163-167.
[390]   Vgl. *Liu/Ohlson* (Implications, 2000), S. 325 und S. 328.
[391]   Vgl. *Stromann* (Wertrelevanz, 2003), S. 193f.

Analog der Studie von *Dechow/Hutton/Sloan* entsteht bei der Bestimmung der Parameter des Informationsmodells ein Zirkularitätsproblem. Deshalb vernachlässigt die Studie zunächst die sonstigen Informationen. Die sich ergebenden Schätzungen werden anschließend als Startwert für die Bestimmung der Parameter bei Einbeziehung der sonstigen Informationen verwendet. Sämtliche Regressionen werden als gepoolte Zeitreihen- und Querschnittsanalysen durchgeführt, wobei die Regressionsmodelle jeweils um eine Konstante ergänzt und sämtliche Daten mit der Marktkapitalisierung aus der Vorperiode standardisiert werden.[392]

Die Stichprobe besteht aus 346 Unternehmen des Composite Deutscher Aktienindex (CDAX) und 407 Unternehmen des Standard & Poor's 500 Index (S&P 500), welche in 19 (CDAX) bzw. 13 (S&P 500) Branchen unterteilt werden.[393] Der Untersuchungszeitraum umfasst die Jahre 1989 bis 2000 für die CDAX-Unternehmen und die Jahre 1987 bis 2000 für die Unternehmen des S&P 500. Der operative Gewinn abzüglich des mit dem Zinssatz einer Staatsanleihe mit einjähriger Laufzeit verzinsten operativen Vermögens der Vorperiode ergibt den operativen Residualgewinn.[394] Aus der fünften Wurzel der fünfjährigen Earnings-Per-Share-Wachstumsrate bestimmt sich das einjährige Gewinnwachstum.[395] Die Marktkapitalisierung wird ab dem Ende des ersten Monats nach Geschäftsjahresende für fünf Monate erhoben. Als Diskontierungszinssatz dient ein jährlich angepasster risikoloser Zinssatz.[396]

Die Ergebnisse zeigen, dass bei Berücksichtigung der sonstigen Informationen der Beständigkeitsparameter der Residualgewinne ω_{11}, der Vorsichtsparameter ω_{12} sowie der Beständigkeitsparameter der sonstigen Informationen γ_1 mit statistisch signifikanten Werten von 0,550 sowie 0,045 und 0,028 für die Teilgesamtheit der S&P-500-Unternehmen innerhalb der vom Modell vorgegebenen Wertebereiche liegen. Dies gilt nicht für die CDAX-Unternehmen; der

---

[392] Vgl. *Stromann* (Wertrelevanz, 2003), S. 196f. Zur gepoolten Zeitreihen- und Querschnittsanalyse vgl. *Wooldridge* (Econometrics, 2003), S. 427-432.

[393] Die Bilanz- und GuV-Daten werden aus Datastream, die Gewinnschätzungen aus I/B/E/S entnommen. Banken und Versicherungen werden nicht berücksichtigt. Vgl. *Stromann* (Wertrelevanz, 2003), S. 182f.

[394] Der operative Gewinn umfasst in der Untersuchung das Betriebsergebnis, das sonstige betriebliche Ergebnis und das Zinsergebnis.

[395] Vgl. *Stromann* (Wertrelevanz, 2003), S. 194.

[396] Die Ableitung erfolgt für deutsche Unternehmen aus der Rendite einer Bundesanleihe mit einjähriger Restlaufzeit und für US-amerikanische Unternehmen aus der Rendite einer *treasury bill* mit ebenfalls einjähriger Restlaufzeit. Unklar bleibt, weshalb auf die Berücksichtigung einer Risikoprämie verzichtet wird, obwohl die Analyse von risikoaversen Investoren ausgeht. Vgl. *Stromann* (Wertrelevanz, 2003), S. 190; *Dornbusch* (Aktienanalyse, 1999), S. 116.

Vorsichtsparameter und der Beständigkeitsparameter der sonstigen Informationen besitzen keine Signifikanz.[397] Der Wachstumsparameter ω_{2I} liegt für beide Teilgesamtheiten außerhalb des Wertebereichs. Der zweite Beständigkeitsparameter der sonstigen Informationen γ_2 ist zudem für die S&P-500- und die CDAX-Unternehmen nicht signifikant.[398]

Die Analyse der branchenspezifischen Ergebnisse zeigt bei Berücksichtigung der sonstigen Informationen, dass mit Ausnahme der Konsumgüterhersteller in Deutschland die Beständigkeitsparameter der Residualgewinne aller Branchen in beiden Ländern innerhalb des definierten Wertebereichs liegen. Hingegen weisen nur drei amerikanische Branchen einen signifikanten Vorsichtsparameter auf, wobei einer davon negativ ist. Die Werte für alle übrigen Branchen sind nicht signifikant. Ähnliches gilt für die Beständigkeit der sonstigen Informationen; lediglich vier amerikanische und zwei deutsche Branchen weisen signifikante Parameter auf. Der Wachstumsparameter liegt für keine der untersuchten Branchen im vorgegebenen Wertebereich. Eine Vernachlässigung der sonstigen Informationen führt zu keiner wesentlichen Veränderung der Ergebnisse.[399]

3.2.2. Weitere Studien

Myers[400] analysiert das Informationsmodell von *Feltham/Ohlson* (1995) mit Zeitreihendaten anhand einer Stichprobe von 44.980 Firmenjahren aus dem Zeitraum 1975 bis 1996.[401] Für die sonstigen Informationen werden zwei Szenarien untersucht. Sie werden zunächst vernachlässigt und anschließend für den Residualgewinn über den Auftragsbestand eines Unternehmens konkretisiert. Sonstige, für die Prognose des zukünftigen Buchwerts des Eigenkapitals relevante Informationen werden generell vernachlässigt. In die Regressionsgleichungen wird über das Informationsmodell hinaus jeweils ein Achsenabschnitt aufgenommen.[402] Die Beständigkeitsparameter des Residualgewinns befinden sich im vorgegebenen Wertebereich (0,04 bei Vernachlässigung der sonstigen Informationen und 0,17 bei Berücksichtigung des Auftragsbestands).[403] Hinge-

---

[397] Vgl. *Stromann* (Wertrelevanz, 2003), S. 218f.
[398] Vgl. *Stromann* (Wertrelevanz, 2003), S. 229f.
[399] Vgl. *Stromann* (Wertrelevanz, 2003), S. 218f. und S. 229f.
[400] Vgl. *Myers* (Valuation, 1999).
[401] Vgl. *Myers* (Valuation, 1999), S. 14f.
[402] Vgl. *Myers* (Valuation, 1999), S. 8f. und S. 11.
[403] Allerdings ist der Beständigkeitsparameter für mindestens 20% der Unternehmen in der Stichprobe negativ.

gen ist der Parameter für vorsichtige Rechnungslegung in beiden Szenarien im Median negativ und folglich außerhalb des Wertebereichs.[404]

Callen/Segal[405] überprüfen die Parameter des Informationsmodells von *Feltham/Ohlson* (1995) auf eine Einhaltung der Wertebereiche.[406] Da es bei Einbeziehung der sonstigen Informationen bei der Bestimmung verschiedener Parameter des Informationsmodells zu einem Zirkularitätsproblem kommt,[407] beschränkt sich die Studie auf die Ermittlung der Beständigkeitsparameter des Residualgewinns und der sonstigen, für die Prognose zukünftiger Residualgewinne relevanten Informationen. Diese werden über Analystenschätzungen für den Unternehmensgewinn konkretisiert. Die Stichprobe enthält 49.131 Firmenjahre aus dem Zeitraum von 1990 bis 2001.[408] Aufgrund einer Abhängigkeit zwischen den beiden untersuchten Beständigkeitsparametern berechnen *Callen/Segal* für beide Parameter aus Zeitreihendaten zwei Werte, wobei die Beständigkeit des Residualgewinns in einem der beiden Fälle innerhalb des vorgegebenen Wertebereichs liegt.[409]

Stober[410] erzielt ähnliche Ergebnisse wie *Myers* und *Callen/Segal*. So ist der Beständigkeitsparameter der Residualgewinne innerhalb und der Vorsichtsparameter für einen Großteil der Stichprobe außerhalb des Wertebereichs.[411] Des Weiteren überprüfen *Choi/O'Hanlon/Pope*[412] ein eng an *Feltham/Ohlson* (1995) angelehntes Informationsmodell. Aufgrund der Modifikation des Modells werden die Ergebnisse jedoch nicht dargestellt.[413]

3.3. Lineares Informationsmodell von *Feltham/Ohlson* (1996)

3.3.1. Studie von *Ahmed/Morton/Schaefer* (2000)

Zielsetzung der Untersuchung von *Ahmed/Morton/Schaefer*[414] ist es zu analysieren, ob die Konsequenzen vorsichtiger Rechnungslegung im *Feltham/Ohlson*-Modell (1996) richtig abgebildet werden. Die Studie basiert auf einer

---

[404] Vgl. *Myers* (Valuation, 1999), S. 19 und S. 21.
[405] Vgl. *Callen/Segal* (Tests, 2005).
[406] Vgl. *Callen/Segal* (Tests, 2005), S. 418.
[407] Vgl. hierzu auch *Stromann* (Wertrelevanz, 2003), S. 197.
[408] Vgl. *Callen/Segal* (Tests, 2005), S. 412.
[409] Vgl. *Callen/Segal* (Tests, 2005), S. 418f.
[410] Vgl. *Stober* (Tests, 1996).
[411] Vgl. *Stober* (Tests, 1996), S. 30f.
[412] Vgl. *Choi/O'Hanlon/Pope* (Accounting, 2005).
[413] Vgl. *Choi/O'Hanlon/Pope* (Accounting, 2005), S. 1-41.
[414] Vgl. *Ahmed/Morton/Schaefer* (Feltham, 2000).

Umformung des Informationsmodells von *Feltham/Ohlson* (1996).[415] Die Stichprobe besteht aus 1.074 Unternehmen, deren Jahresabschlussdaten in mindestens 15 aufeinanderfolgenden Jahren im Zeitraum von 1979 bis 1997 vorhanden sind.[416] Die Schätzung des Goodwill erfolgt als Differenz zwischen der Börsenkapitalisierung und dem Buchwert des Eigenkapitals eines Unternehmens. Die Investitionen in das operative Vermögen werden als Veränderung des operativen Vermögens im Geschäftsjahr zuzüglich der Abschreibungen berechnet. Anschließend findet eine Skalierung aller Daten mit der Anzahl der Aktien statt. Als Diskontierungsfaktor dient der Zinssatz einer einjährigen Staatsanleihe plus eines einheitlichen Risikozuschlags von 4%.[417] Durch die Wahl risikoangepasster Kapitalkosten wird das *Feltham/Ohlson*-Modell (1996) implizit an risikoaverse Bewerter angepasst.

Zunächst findet eine unternehmensspezifische Schätzung der Parameter des linearen Informationsmodells mit Zeitreihendaten statt. In einer weiteren Zeitreihenregression bestimmen *Ahmed/Morton/Schaefer* den Gewichtungsfaktor des operativen Vermögens der Bewertungsgleichung.[418] Dazu wird der aus Börsenpreis und Buchwert des Eigenkapitals geschätzte Goodwill als abhängige Variable auf die Residualgewinne, das operative Vermögen und die Investitionsauszahlungen regressiert.[419] Anschließend testet die Studie die aus dem *Feltham/Ohlson*-Modell (1996) abgeleitete Hypothese, dass die Gewichtung des operativen Vermögens in der Bewertungsgleichung vom Ausmaß vorsichtiger Rechnungslegung abhängt.[420] Zu diesem Zweck wird der Gewichtungsfaktor auf den zuvor bestimmten Vorsichtsparameter und auf weitere Maßgrößen für vorsichtige Rechnungslegung regressiert (Querschnittsregression). Abschließend geht die Untersuchung der Frage nach, ob das lineare Informationsmodell vorsichtige Rechnungslegung richtig abbildet. Dazu wird mit einer Querschnittsregression überprüft, ob sich der aus dem linearen Informationsmodell

---

[415]   Die Umformung geht auf *Myers* zurück. Das umgeformte Informationsmodell dient zur Prognose von Residualgewinnen anstelle von Einzahlungen und Investitionen wie ursprünglich von *Feltham/Ohlson* vorgesehen. Zur Herleitung vgl. *Myers* (Valuation, 1999), S. 9f.

[416]   Die Daten werden aus der Datenbank Compustat erhoben. Banken und Unternehmen mit negativem Eigenkapital werden ausgeschlossen.

[417]   Vgl. *Ahmed/Morton/Schaefer* (Feltham, 2000), S. 276-278.

[418]   Die Bewertungsgleichung von *Feltham/Ohlson* (1996) wird umgeformt. Bestimmt wird der Goodwill anstelle des Marktwerts des Eigenkapitals.

[419]   Zusätzlich wird ein Szenario mit aus Analystenschätzungen für den Unternehmensgewinn abgeleiteten sonstigen Informationen gerechnet. Vgl. *Ahmed/Morton/Schaefer* (Feltham 2000), S. 283f.

[420]   Zur Ableitung der Hypothese vgl. *Ahmed/Morton/Schaefer* (Feltham, 2000), S. 275.

geschätzte Vorsichtsparameter aus den Maßgrößen für vorsichtige Rechnungslegung erklären lässt.[421]

Als erste Maßgröße vorsichtiger Rechnungslegung dient die Abschreibungsrate – gemessen als Verhältnisgröße von Abschreibungen des Geschäftsjahres und Anlagevermögen des Unternehmens.[422] Weitere Schätzer für vorsichtige Rechnungslegung sind die Verhältnisgrößen Forschungs- und Entwicklungsaufwendungen zu Umsatz und Werbeaufwendungen zu Umsatz.[423] Zuletzt werden zwei mit der Bilanzierung von Vorräten in Zusammenhang stehende Maßgrößen bestimmt. Die erste stellt eine Dummy-Variable dar.[424] Sie nimmt den Wert Eins an, wenn ein Unternehmen in mehr als der Hälfte der untersuchten Jahre Vorräte nach der Last-In-First-Out-Methode (LIFO-Methode) bewertet und wenn es über Vorräte in Höhe von mindestens 10% der Bilanzsumme verfügt.[425] Sind diese Voraussetzungen nicht erfüllt, nimmt die Variable den Wert Null an. Die zweite Maßgröße ist der Quotient aus mit der LIFO-Methode bewerteten Vorräten und dem operativen Vermögen.[426]

Die Beständigkeit der Residualgewinne ist mit 0,47 im Durchschnitt positiv. Dies entspricht den Anforderungen des linearen Informationsmodells an den Beständigkeitsparameter. Eine Verletzung der Annahmen des Informationsmodells liegt dagegen beim Vorsichtsparameter vor. 611 von 1.074 Unternehmen weisen einen negativen Wert auf, welcher im Durchschnitt bei –0,04 liegt.[427] Die Gewichtungsfaktoren des operativen Vermögens sind sowohl bei Berücksichtigung als auch bei Vernachlässigung der sonstigen Informationen positiv.[428] Das *Feltham/Ohlson*-Modell (1996) wird daher bezüglich der Gewichtung des operativen Vermögens nicht verworfen. Dessen Bedeutung zur Erklärung von Börsenpreisen fällt jedoch bei Einbeziehung der Analystenschätzungen als sonstige Informationen in der Bewertungsgleichung (Regressionskoeffizient von

---

[421] Vgl. *Ahmed/Morton/Schaefer* (Feltham, 2000), S. 275f.

[422] In einem Sensitivitätstest wird der Quotient aus kumulierten Abschreibungen und Anlagevermögen angesetzt.

[423] In einem Sensitivitätstest wird der Umsatz durch den Buchwert des Eigenkapitals ersetzt.

[424] Vgl. hierzu *Wooldridge* (Econometrics, 2003), S. 218f.

[425] Die LIFO-Methode wird für den Fall steigender Rohstoffpreise als Indikator vorsichtiger Bilanzierung erachtet.

[426] Vgl. *Ahmed/Morton/Schaefer* (Feltham, 2000), S. 279. Für weitere Ansätze zur Messung vorsichtiger Rechnungslegung vgl. z.B. *Basu* (Conservatism, 1997), S. 11-25; *Beaver/Ryan* (Biases, 2000), S. 133-140.

[427] Ein angepasstes lineares Informationsmodell, bei dem zwei weitere Lags für das operative Vermögen einbezogen werden, liefert ebenfalls einen negativen Vorsichtsparameter.

[428] Die Koeffizienten sind jedoch deutlich niedriger als die der operativen Gewinne.

0,37) im Vergleich zur Vernachlässigung der sonstigen Informationen (Regressionskoeffizient von 0,53).[429]

Die Regression der jeweiligen Maßgrößen für vorsichtige Rechnungslegung mit den beiden Gewichtungsfaktoren des operativen Vermögens ergibt für alle Maßgrößen Koeffizienten, welche mit Ausnahme des LIFO-Koeffizienten statistisch signifikant sind (5%-Niveau) und das prognostizierte Vorzeichen aufweisen.[430] Bei gemeinsamer Regression der Maßgrößen mit den Gewichtungsfaktoren sinken die Regressionskoeffizienten. Außerdem verschlechtert sich deren statistische Signifikanz z.T. erheblich. So sind der Koeffizient der Abschreibungsrate mit und ohne Berücksichtigung der sonstigen Informationen und der Koeffizient der LIFO-Bilanzierung bei Vernachlässigung der sonstigen Informationen statistisch nicht mehr signifikant.[431]

Fügt man den Vorsichtsparameter als weitere Variable des Regressionsmodells hinzu, steigt das adjustierte Bestimmtheitsmaß in beiden untersuchten Szenarien an.[432] Daneben ist der Koeffizient des Vorsichtsparameters bei Vernachlässigung der sonstigen Informationen positiv und statistisch signifikant. Im Szenario mit Berücksichtigung von Analystenschätzungen als sonstige Informationen kann statistische Signifikanz jedoch nicht nachgewiesen werden. Gleiches gilt für die Regressionsrechnung mit dem Vorsichtsparameter als einzige unabhängige Variable.[433]

Die Regressionsrechnungen zum Vorsichtsparameter ergeben, dass dieser nicht in der Lage ist, die Wirkung vorsichtiger Rechnungslegung zuverlässig abzubilden. Das adjustierte Bestimmtheitsmaß beträgt bei Einbeziehung von allen erhobenen Maßgrößen für vorsichtige Rechnungslegung lediglich 8%; die Koeffizienten für die Abschreibungsrate und für die Verhältnisgröße aus Forschungs- und Entwicklungsaufwendungen zum Umsatz sind darüber hinaus statistisch nicht signifikant.[434] Die Ergebnisse zeigen weiterhin einen negativen Achsenabschnitt des Regressionsmodells. Dies deutet an, dass es neben den

---

[429] Vgl. *Ahmed/Morton/Schaefer* (Feltham, 2000), S. 283-285.
[430] In jedes der Regressionsmodelle fließen neben den Maßgrößen für vorsichtige Rechnungslegung der Beständigkeitsparameter der Residualgewinne und eine Kontrollvariable für die Größe des Unternehmens ein. Vgl. *Ahmed/Morton/Schaefer* (Feltham, 2000), S. 286.
[431] Vgl. *Ahmed/Morton/Schaefer* (Feltham, 2000), S. 286f.
[432] Zum adjustierten Bestimmtheitsmaß vgl. *Backhaus/Erichson/Plinke/Weiber* (Analysemethoden, 2006), S. 68.
[433] Vgl. *Ahmed/Morton/Schaefer* (Feltham, 2000), S. 286f.
[434] Eine Verbesserung der Ergebnisse wird bei Untersuchung der Unternehmen mit hoher Profitabilität erreicht. Vgl. *Ahmed/Morton/Schaefer* (Feltham, 2000), S. 288f.

betrachteten Maßgrößen weitere Variablen zur Erklärung des Vorsichtsparameters gibt.[435]

3.3.2. Weitere Studien

Myers[436] untersucht das Informationsmodell von *Feltham/Ohlson* (1996) mit Zeitreihendaten. Die Gleichungen des Informationsmodells werden umgeformt, um Residualgewinne und den Buchwert des Eigenkapitals prognostizieren zu können. Sonstige Informationen finden in der Studie keine Berücksichtigung.[437] Die Stichprobe umfasst 44.980 Firmenjahre von in Compustat enthaltenen Unternehmen aus dem Zeitraum von 1975 bis 1996. Die Untersuchung bestätigt die Beständigkeit des Residualgewinns, welche sich im Median auf 0,167 beläuft. Ebenso Bestätigung findet der Parameter der Abschreibungen, wohingegen der Parameter für vorsichtige Rechnungslegung entgegen der Modellannahmen negativ ist (Median von –0,062).[438]

Weitere empirische Untersuchungen des *Feltham/Ohlson*-Modells (1996) stammen etwa von *Begley/Feltham*[439] und *Easton/Pae*[440]. Neue Erkenntnisse zum Informationsmodell lassen sich aus den Ergebnissen nicht ableiten, so dass auf deren Darstellung verzichtet wird.

3.4. Lineares Informationsmodell von *Ohlson* (1999)

3.4.1. Studie von *Barth/Beaver/Hand/Landsman* (1999)

Barth/Beaver/Hand/Landsman[441] vergleichen periodisierte Erfolgsgrößen und Cash-Flows in Bezug auf deren Informationsgehalt bei der Prognose von zukünftigen Residualgewinnen. Zur theoretischen Untermauerung wird auf das Informationsmodell von *Ohlson* (1999) zurückgegriffen, welches zugleich auf eine Einhaltung der Wertebereiche der Parameter untersucht wird.[442] Die

---

[435]   Vgl. *Easton* (Security Returns, 1999), S. 402.
[436]   Vgl. *Myers* (Valuation, 1999).
[437]   Vgl. *Myers* (Valuation, 1999), S. 10.
[438]   Vgl. *Myers* (Valuation, 1999), S. 20f.
[439]   Vgl. *Begley/Feltham* (Relation, 2002), 1-48.
[440]   Vgl. *Easton/Pae* (Conservatism, 2004), S. 495-521.
[441]   Vgl. *Barth/Beaver/Hand/Landsman* (Equity Values, 1999).
[442]   Nicht Gegenstand der Untersuchung ist die Frage, inwiefern mit dem Informationsmodell von *Ohlson* (1999) zukünftige Residualgewinne zuverlässig prognostiziert werden können.

Stichprobe umfasst 15.405 Firmenjahre aus der Datenbank Compustat, welche für den Zeitraum von 1987 bis 1996 erhoben werden.[443]

Der Residualgewinn von *Ohlson* (1999) x_t^a wird über den *income before extraordinary items and discontinued operations* und Eigenkapitalkosten von 12% auf den Buchwert des Eigenkapitals konkretisiert. Als *transitory (residual) earnings* x_{2t}^a setzt die Studie zum einen *accruals* – definiert als Differenz zwischen der genannten Erfolgsgröße und dem operativen Cash-Flow – und zum anderen den operativen Cash-Flow eines Unternehmens an. Der aus dem *income before extraordinary items and discontinued operations* berechnete Residualgewinn in *t+1* bildet die abhängige Variable der Regressionsgleichung.[444] Als sonstige Information dient der Buchwert des Eigenkapitals in *t*. Eine Skalierung der Variablen wird nicht vorgenommen.

Die Variable der zweiten Gleichung des Informationsmodells, welche zur Bestimmung der zukünftigen *transitory earnings* dient, wird durch die *accruals* oder den operativen Cash-Flow und den Buchwert des Eigenkapitals als sonstige Informationen konkretisiert. In der dritten, zur Bestimmung der zukünftigen sonstigen Informationen verwendeten Gleichung findet der Buchwert des Eigenkapitals Eingang. Sämtliche Regressionen werden als Querschnittsanalysen für 14 verschiedene Industriezweige durchgeführt, wobei die drei Regressionsmodelle um eine Konstante ergänzt werden.[445]

Die Regressionsrechnungen führen bei Verwendung der *accruals* als *transitory earnings* über die gesamte Stichprobe im Median zu einem Beständigkeitsparameter des Residualgewinns von 0,62. Die industriespezifischen Beständigkeitsparameter liegen zwischen 0,27 für die Textil- und Druckindustrie und 0,94 für die pharmazeutische Industrie. Die Verwendung von Cash-Flows zur Konkretisierung der *transitory earnings* führt bis auf eine Ausnahme (Bergbau und Bauindustrie) zu im Vergleich mit den *accruals* niedrigeren, jedoch nach wie vor positiven Beständigkeitsparametern.[446]

Der Parameter der *accruals* (2. Gleichung des Informationsmodells) ist mit –0,5 im Median der Stichprobe negativ. Dagegen ergibt sich bei Verwendung von Cash-Flows als *transitory earnings* ein positiver Parameter. Der Parameter des Buchwerts des Eigenkapitals (3. Gleichung des Informationsmodells) ist in

---

[443] Vgl. *Barth/Beaver/Hand/Landsman* (Equity Values, 1999), S. 210f.
[444] Vgl. *Barth/Beaver/Hand/Landsman* (Equity Values, 1999), S. 207 und S. 210.
[445] Vgl. *Barth/Beaver/Hand/Landsman* (Equity Values, 1999), S. 210.
[446] Vgl. *Barth/Beaver/Hand/Landsman* (Equity Values, 1999), S. 211-213.

beiden Szenarien durchweg negativ.[447] Die Ergebnisse stehen nicht im Widerspruch zum *Ohlson*-Modell (1999), da dort kein Wertebereich für den Parameter der *transitory earnings* vorgegeben wird.[448]

3.4.2. Weitere Studien

Barth/Beaver/Hand/Landsman[449] verfeinern das Untersuchungsdesign ihrer eigenen, im vorherigen Kapitel dargestellten Studie in einer weiteren Arbeit zum *Ohlson*-Modell (1999).[450] Die Studie untersucht vor allem die Komponenten der aus dem Informationsmodell von *Ohlson* (1999) bekannten *transitory earnings*, welche im Vergleich zur früheren Studie zusätzlich unterteilt werden.[451] Die Untersuchung basiert auf 17.601 Firmenjahren aus dem Zeitraum 1987 bis 2001. Das Informationsmodell wird mit Querschnittsdaten und identischen Kapitalkosten für alle Firmen implementiert.[452] Die Ergebnisse unterscheiden sich bezüglich der Parameter des Informationsmodells von den Ergebnissen der älteren Studie dadurch, dass in einigen Industrien der Beständigkeitsparameter des Residualgewinns oberhalb von Eins liegt.[453]

Andere Studien zum Informationsmodell von *Ohlson* (1999) sind nicht bekannt. Nicht überprüft wird daher die Eignung des Modells zur Prognose zukünftiger Residualgewinne.

3.5. Lineares Informationsmodell mit autoregressiven Prozessen höherer Ordnung

3.5.1. Studie von *Morel* (1999)

Morel[454] vergleicht das Informationsmodell von *Ohlson* (1995) mit auf autoregressiven Prozessen höherer Ordnung (AR(2)- und AR(3)-Prozesse) basieren-

---

[447] Vgl. *Barth/Beaver/Hand/Landsman* (Equity Values, 1999), S. 211-213.
[448] Vgl. *Ohlson* (Earnings, 1999), S. 155f.
[449] Vgl. *Barth/Beaver/Hand/Landsman* (Accruals, 2005).
[450] Auch wenn sich *Barth/Beaver/Hand/Landsman* selbst auf das *Ohlson*-Modell (1999) beziehen, lässt sich die Studie durch die Einbeziehung des Buchwerts des Eigenkapitals in das Informationsmodell möglicherweise ebenfalls als Implementierung des *Feltham/ Ohlson*-Modells (1995) interpretieren. Vgl. *Pope* (Discussion, 2005), S. 352.
[451] Vgl. *Barth/Beaver/Hand/Landsman* (Accruals, 2005), S. 315-317.
[452] Vgl. *Barth/Beaver/Hand/Landsman* (Accruals, 2005), S. 319 und S. 324f.
[453] Vgl. *Barth/Beaver/Hand/Landsman* (Accruals, 2005), S. 338f. Dies ist die Obergrenze des Wertebereichs, welche sich aus dem *Ohlson*-Modell (1995) auf das *Ohlson*-Modell (1999) aufgrund der engen Verwandtschaft der Modelle übertragen lässt.
[454] Vgl. *Morel* (Specification, 1999).

den linearen Informationsmodellen in Bezug auf deren Eignung, Zukunftserfolge von Unternehmen zu prognostizieren.[455] Bei der Implementierung wird
das Informationsmodell von *Ohlson* (1995) algebraisch umgeformt, so dass
Gewinne anstelle von Residualgewinnen bestimmt werden können. Die Studie
unterscheidet vier Szenarien. So wird der Gewinn in *t* zunächst ausschließlich
aus dem Gewinn in *t-1* bestimmt. Im zweiten Szenario hängt der Gewinn in *t*
vom Gewinn und dem Buchwert des Eigenkapitals in *t-1* ab. Das dritte Szenario
berechnet den Gewinn in *t* aus dem Gewinn und den Dividendenzahlungen in
t-1. Abschließend wird der Gewinn in *t* aus dem Gewinn, dem Buchwert des
Eigenkapitals und den Dividendenzahlungen in *t-1* bestimmt. Bei den auf autoregressiven Prozessen höherer Ordnung basierenden Informationsmodellen
werden zur Bestimmung des zukünftigen Gewinns weiter als eine Periode
zurückliegende Ausprägungen für den Buchwert des Eigenkapitals, den Gewinn
und die Dividendenzahlungen einbezogen. Alle Gleichungen enthalten zusätzlich einen Störterm. Sonstige Informationen werden nicht berücksichtigt.[456]

Zum Vergleich der Güte der auf unterschiedlichen autoregressiven Prozessen
basierenden Informationsmodelle greift die Studie auf das Informationskriterium
von *Akaike* zurück.[457] Da das Kriterium besonders bei kleinen Stichproben
solche Modelle bevorzugt, die auf einer größeren Anzahl an Variablen
basieren,[458] wird das Informationskriterium modifiziert, um diesen Nachteil zu
beseitigen.[459] Für jedes der vier Szenarien erachtet die Studie diejenige
Gleichung, welche das niedrigste *Akaike*-Kriterium aufweist, als die am besten
zur Schätzung der Zukunftserfolge geeignete. Die Untersuchung stellt ferner die
vier identifizierten Gleichungen gegenüber.[460]

Die Daten für die Untersuchung stammen aus der Datenbank Compustat. Unternehmen aus der Finanzbranche werden ebenso ausgeschlossen wie solche mit
negativem Buchwert des Eigenkapitals. Die Stichprobe enthält 16.050 Firmenjahre von 532 Unternehmen aus dem Zeitraum von 1962 bis 1996. Eine Überprüfung der Gleichungen der Informationsmodelle findet mit Hilfe von Zeitrei-

---

[455]   Die Idee der Einbeziehung autoregressiver Prozesse höherer Ordnung zur Prognose von
        Zukunftserfolgen geht auf die Arbeit von *Garman/Ohlson* zurück. Vgl. *Garman/Ohlson*
        (Information, 1980), S. 420-440.
[456]   Vgl. *Morel* (Specification, 1999), S. 149f.
[457]   Vgl. *Akaike* (Information, 1973), S. 267-281.
[458]   Eine „Bestrafung" für die Anzahl der Variablen eines Modells ist ebenfalls aus dem
        adjustierten Bestimmtheitsmaß bekannt. Vgl. auch *Backhaus/Erichson/Plinke/Weiber*
        (Analysemethoden, 2006), S. 68; *Poddig/Dichtl/Petersmeier* (Statistik, 2003), S. 265-
        267.
[459]   Zu den Modifikationen vgl. z.B. die Arbeiten von *Hurvich/Tsai* (Regression, 1989),
        S. 297-307; *Hurvich/Shumway/Tsai* (Estimators, 1990), S. 709-719.
[460]   Zum genauen Vorgehen vgl. *Morel* (Specification, 1999), S. 153-155.

henregressionen statt.[461] Zunächst basiert die Untersuchung auf der gesamten Stichprobe, ohne die Zeitreihendaten auf Stationarität zu überprüfen. In einem zweiten Schritt werden dieselben Regressionen ausschließlich für die Unternehmen durchgeführt, für welche die zugrunde liegenden Daten stationär sind.[462]

Die Studie kommt zu dem Ergebnis, dass über die gesamte Stichprobe ein AR(1)-Prozess besser geeignet ist als die beiden autoregressiven Prozesse höherer Ordnung, um aus historischen Gewinnen zukünftige Gewinne zu prognostizieren (Szenario 1). Bezieht man zur Prognose zukünftiger Gewinne zusätzlich den Buchwert des Eigenkapitals und die Dividendenzahlungen als weitere Variablen ein (Szenario 4), ergeben sich über die Stichprobe die besten Schätzungen, wenn der Buchwert des Eigenkapitals und die Dividendenzahlungen in *t-1* und *t-2* sowie der Gewinn in *t-1* berücksichtigt werden. Im zweiten (dritten) Szenario sind der Gewinn in *t-1* und der Buchwert des Eigenkapitals (die Dividendenzahlungen) in *t-1* und *t-2* zur Prognose am besten geeignet.[463] Für die Teilstichprobe mit den stationären Zeitreihendaten ergeben sich vergleichbare Ergebnisse.[464]

Aus der Gegenüberstellung der vier Gleichungen ergibt sich, dass der Gewinn in *t* am besten aus dem Gewinn in *t-1* sowie dem Buchwert des Eigenkapitals und den Dividendenzahlungen in *t-1* und *t-2* geschätzt werden kann. Die anderen drei untersuchten Gleichungen führen zu einem höheren Informationskriterium von *Akaike* und sind deshalb unterlegen.[465]

3.5.2. Weitere Studien

Bar-Yosef/Callen/Livnat[466] vergleichen wie *Morel* das Informationsmodell von *Ohlson* (1995) mit anderen Informationsmodellen, bei denen die (Residual-) Gewinne, Dividenden oder Buchwerte in einem Zeitpunkt *t* von den jeweiligen Realisationen der Variablen in mehreren Vorperioden abhängen.[467] In der auf Zeitreihendaten basierenden Untersuchung werden 348 Unternehmen aus dem Zeitraum 1960 bis 1987 einbezogen. Sonstige Informationen finden keine

---

[461]   Vgl. *Morel* (Specification, 1999), S. 152f.
[462]   Vgl. *Morel* (Specification, 1999), S. 158f. Die Stichprobe reduziert sich dadurch auf 111 Unternehmen.
[463]   Vgl. *Morel* (Specification, 1999), S. 153f.
[464]   Vgl. *Morel* (Specification, 1999), S. 158f.
[465]   Vgl. *Morel* (Specification, 1999), S. 155.
[466]   Vgl. *Bar-Yosef/Callen/Livnat* (Ohlson, 1996).
[467]   Vgl. *Bar-Yosef/Callen/Livnat* (Ohlson, 1996), S. 207.

Berücksichtigung.[468] Die Ergebnisse zeigen, dass das auf AR(1)-Prozessen basierende Informationsmodell von *Ohlson* (1995) einem auf AR(2)-Prozessen aufbauenden Informationsmodell bei der Prognose der Zukunftserfolge eines Unternehmens unterlegen ist.[469]

Callen/Morel (2001) erweitern das Informationsmodell von *Ohlson* (1995) um einen AR(2)-Prozess und vergleichen dieses mit dem ursprünglichen Informationsmodell von *Ohlson* (1995).[470] Die Studie nimmt eine Schätzung der Parameter der beiden Informationsmodelle vor und orientiert sich bezüglich des Untersuchungsdesigns an der Untersuchung von *Myers*.[471] Zur Schätzung der Parameter werden Zeitreihendaten und im Zeitablauf variierende, industriespezifische Kapitalkosten verwendet. Sonstige Informationen finden keine Berücksichtigung. Der Untersuchungszeitraum umfasst die Jahre 1962 bis 1996, wobei für jedes Unternehmen die benötigten Daten in mindestens 27 Jahren vorliegen müssen. Insgesamt beläuft sich die Stichprobe auf 19.789 Firmenjahre.[472] Die Ergebnisse bestätigen die Wertebereiche für die Parameter des AR(2)-Prozesses nicht. Sowohl der Beständigkeitsparameter der Residualgewinne in *t-1* als auch der der Residualgewinne in *t-2* sind nicht signifikant.[473] Das erweiterte Informationsmodell ist zur Beschreibung des Zeitreihenverhaltens der Residualgewinne daher ungeeignet.[474]

3.6. Nichtlineares Informationsmodell von *Biddle/Chen/Zhang* (2001): Studie von *Biddle/Chen/Zhang* (2001)

Biddle/Chen/Zhang[475] untersuchen ihr eigenes, einen konvexen Verlauf innehabendes Informationsmodell. Untersucht werden 83.826 Firmenjahre aus den Jahren 1981 bis 1998. Erhoben werden unter anderem der Unternehmensgewinn, der Buchwert des Eigenkapitals und das operative Vermögen.[476] Als Gewinngröße werden die *earnings before extraordinary items and discontinued operations* verwendet. Die Gewinngröße und der Buchwert des Eigen-

---

468   Vgl. *Bar-Yosef/Callen/Livnat* (Ohlson, 1996), S. 212f.
469   Vgl. *Bar-Yosef/Callen/Livnat* (Ohlson, 1996), S. 213-221.
470   Vgl. hierzu auch Kapitel III.5.
471   Vgl. *Myers* (Valuation, 1999), S. 1-28; *Callen/Morel* (Valuation, 2001), S. 193. Die Arbeit von *Myers* wird in Kapitel IV.3.1.3. vorgestellt.
472   Vgl. *Callen/Morel* (Valuation, 2001), S. 195.
473   Der *t*-Wert beläuft sich auf –0,686 bzw. 1,716. Vgl. *Callen/Morel* (Valuation, 2001), S. 199.
474   Vgl. *Callen/Morel* (Valuation, 2001), S. 197f.
475   Vgl. *Biddle/Chen/Zhang* (Capital, 2001).
476   Die Daten stammen aus der Datenbank Compustat. Vgl. *Biddle/Chen/Zhang* (Capital, 2001), S. 235.

kapitals werden mit dem operativen Vermögen zu Beginn der jeweiligen Periode standardisiert. Die prozentuale Veränderung des operativen Vermögens im abgelaufenen Geschäftsjahr dient zur Unterteilung der Stichprobe in Unternehmen, welche die Produktionskapazität erweitert bzw. verringert haben. Die Kapitalkosten werden mit 12% angesetzt und als konstant über die Zeit sowie einheitlich für alle Unternehmen angenommen.[477]

Zunächst untersucht die Studie, ob die Fähigkeit eines Unternehmens, Kapital für Investitionen beschaffen zu können, von der zu erwartenden Profitabilität eines Unternehmens – gemessen als Überrendite – abhängig ist. Als Indikator für die zu erwartende Überrendite wird die als Differenz zwischen dem gegenwärtigen *return on capital* und den Kapitalkosten verwendet.[478] Zur Überprüfung der Annahme, dass das Kapital in die Unternehmen mit der höchsten Überrendite fließt, wird das ex post bestimmte einjährige und dreijährige Wachstum des operativen Vermögens auf den Residualgewinn in t regressiert.[479]

In einer weiteren Regressionsrechnung wird der Verlauf des Informationsmodells getestet. Dazu wird die Stichprobe nach der Höhe der mit dem operativen Vermögen standardisierten Residualgewinne in ein unteres, mittleres und oberes Drittel eingeteilt.[480] Der standardisierte Residualgewinn in $t+1$ wird anschließend auf folgende Variablen regressiert:[481]

(1) eine Dummyvariable für das mittlere Drittel der Unternehmen,[482]
(2) eine Dummyvariable für das obere Drittel der Unternehmen,
(3) den Residualgewinn in t,
(4) den Residualgewinn in t multipliziert mit der Dummyvariablen für das mittlere Drittel der Unternehmen,[483]

---

[477]   Vgl. *Biddle/Chen/Zhang* (Capital, 2001), S. 235-237.
[478]   Diesem Vorgehen liegt die Annahme zugrunde, dass Kapital für Investitionen vor allem in die Unternehmen fließt, welche eine hohe gegenwärtige Überrendite erzielen. Aus Unternehmen mit einer unter den Kapitalkosten liegenden Verzinsung des eingesetzten Kapitals wird Kapital abgezogen. *Biddle/Chen/Zhang* sprechen von Profitablität und nicht von Überrendite. Aufgrund der Definition wird hier jedoch der Begriff Überrendite beibehalten. Vgl. *Biddle/Chen/Zhang* (Capital, 2001), S. 233.
[479]   Vgl. *Biddle/Chen/Zhang* (Capital, 2001), S. 233.
[480]   Das obere Drittel enthält die Unternehmen, welche die höchsten standardisierten Residualgewinne aufweisen.
[481]   Eine ähnliche Analyse, allerdings mit der standardisierten Marktkapitalisierung als abhängige Variable, findet sich bei *Burgstahler/Dichev* (Adaption, 1997), S. 200-203.
[482]   Dummyvariablen können die Werte 0 und 1 annehmen. Sie werden auch als Binärvariablen bezeichnet. Vgl. *Wooldridge* (Econometrics, 2003), S. 218.

(5) den Residualgewinn in t multipliziert mit der Dummyvariablen für das mittlere Drittel der Unternehmen.[484]

Abschließend werden die beiden Regressionsrechnungen getrennt für Unternehmen, welche ein positives und negatives Wachstum des operativen Vermögens aufweisen, durchgeführt. Die beiden Teilstichproben werden dafür zusätzlich nach den Wachstumsraten in Quartile unterteilt.[485]

Den Regressionsrechnungen zufolge sind die gegenwärtigen Residualgewinne für die Höhe der zukünftigen Investitionen eines Unternehmens relevant. Die einjährige Veränderung der operativen Vermögensgegenstände korreliert positiv mit den standardisierten Residualgewinnen. Dies gilt sowohl für die einzelnen Geschäftsjahre als auch für die Betrachtung des gesamten Zeitraums von 1981 bis 1998. So liegt der Koeffizient der Investitionen für den gesamten Zeitraum bei 0,96 und ist signifikant auf dem 1%-Niveau (t-Wert 109,00).[486]

Die Ergebnisse zur Grundgesamtheit zeigen einen nichtlinearen Verlauf des Informationsmodells. Vom unteren zum mittleren Drittel ist für die gesamte Stichprobe und für 14 der 18 untersuchten Jahre ein statistisch signifikanter Anstieg des Regressionskoeffizienten beobachtbar. Ebensolches gilt beim Vergleich zwischen unterem und oberem Drittel. Eine Gegenüberstellung der Ergebnisse des mittleren mit denen des oberen Drittels zeigt jedoch für das mittlere Drittel für alle Jahre mit Ausnahme von 1981 einen höheren Regressionskoeffizienten. Da die Regressionskoeffizienten ein Abflachen des Informationsmodells für hohe Residualgewinne andeuten, schließen *Biddle/ Chen/Zhang* auf einen S-förmigen Verlauf des Informationsmodells.[487]

Die Unterscheidung zwischen Unternehmen mit positivem und negativem Wachstum des operativen Vermögens führt ebenfalls zu Ergebnissen, welche die Hypothese eines nichtlinearen Verlaufs des Informationsmodells stützen. Anstelle eines S-förmigen Verlaufs wie bei der Grundgesamtheit lassen die Ergebnisse jedoch eher einen konvexen Verlauf des Informationsmodells

---

[483] Der resultierende Regressionskoeffizient ist als inkrementell zum Koeffizienten des Residualgewinns zu betrachten. Vgl. *Biddle/Chen/Zhang* (Capital, 2001), S. 238; *Burgstahler/Dichev* (Adaption, 1997), S. 202.

[484] Der resultierende Regressionskoeffizient ist ebenfalls als inkrementell zum Koeffizienten des Residualgewinns zu betrachten. Vgl. *Biddle/Chen/Zhang* (Capital, 2001), S. 238; *Burgstahler/Dichev* (Adaption, 1997), S. 202.

[485] Weitere Regressionsrechnungen untersuchen den Zusammenhang zwischen dem nicht bilanzierten Goodwill und den Investitionsmöglichkeiten eines Unternehmens. Diese werden hier nicht dargestellt. Vgl. *Biddle/Chen/Zhang* (Capital, 2001), S. 246-252.

[486] Vgl. *Biddle/Chen/Zhang* (Capital, 2001), S. 236f.

[487] Vgl. *Biddle/Chen/Zhang* (Capital, 2001), S. 238f.

vermuten. Die Steigung des Informationsmodells flacht für hohe Residualgewinne nicht ab. Die Regressionskoeffizienten liegen beim oberen Drittel über den Koeffizienten des mittleren Drittels.[488]

3.7. Kritik

Die Erweiterungen des Residual-Income-Model sind zur Anwendung bei einem einzelnen Unternehmen bestimmt.[489] In den Informationsmodellen sollen sich die Besonderheiten des Unternehmens etwa in Bezug auf die Produktionstechnologie widerspiegeln.[490] Vor diesem Hintergrund sind die Ergebnisse der auf Querschnittsdaten basierenden Untersuchungen von *Dechow/Hutton/Sloan* und *Stromann* mit Vorsicht zu interpretieren. Die Vorgehensweise in beiden Studien unterstellt, dass die Parameter der Informationsmodelle für alle Unternehmen identisch sind. Besonderheiten eines Unternehmens, welche in den Parametern zum Ausdruck kommen sollen, gehen verloren.[491]

Ein weiteres Problem bei Verwendung von Querschnittsdaten liegt darin, dass große Firmen bei vielen Variablen tendenziell hohe Werte aufweisen und kleine Firmen niedrige Werte.[492] Die unterschiedliche Größe der untersuchten Unternehmen kann bei einer Regression auf Basis von Querschnittsdaten verfälschte Regressionskoeffizienten und Bestimmtheitsmaße sowie eine Abhängigkeit der Streuung der Störgrößen von den unabhängigen Variablen zur Folge haben.[493] Ein zur Vermeidung von Verzerrungen häufig genannter Vorschlag sieht vor, die Werte aller Variablen für jedes Unternehmen durch dessen Marktkapitalisierung oder bei Vorliegen von aktienkursbezogenen Daten durch den Aktienkurs zu dividieren.[494]

Eine bezüglich der Abbildung spezifischer Charakteristika eines Unternehmens zu befürwortende Verwendung von Zeitreihendaten zur Überprüfung des linearen Informationsmodells ist jedoch mit dem Problem behaftet, dass die Schätzung der Parameter mit der Methode der Kleinsten Quadrate eine

---

[488] Vgl. *Biddle/Chen/Zhang* (Capital, 2001), S. 241-245.

[489] Vgl. *Ohlson* (Valuation, 1995), S. 663.

[490] Vgl. *Lo/Lys* (Ohlson, 2000), S. 360.

[491] Vgl. *Lo/Lys* (Ohlson, 2000); S. 360, *Morel* (Ohlson, 2003), S. 1343f.; *Myers* (Valuation, 1999), S. 12.

[492] Vgl. *Barth/Kallapur* (Scale, 1996), S. 528; *Easton/Sommers* (Scale, 2003), S. 26.

[493] Vgl. *Barth/Kallapur* (Scale, 1996), S. 528. Die Verzerrungen werden in der Literatur auch als Größeneffekte bezeichnet. Vgl. z.B. *Easton* (Discussion, 1998), S. 235.

[494] Vgl. *Barth/Kallapur* (Scale, 1996), S. 535; *Easton* (Discussion, 1998), S. 238; *Brown/Lo/Lys* (Value Relevance, 1999), S. 103-107.

schwache Stationarität der Daten voraussetzt.[495] Eine Verwendung von nicht-stationären Zeitreihen kann zur Folge haben, dass Regressionskoeffizienten eine scheinbare Abhängigkeit für in Wahrheit unabhängige Variablen angeben.[496] Dies ist darauf zurückzuführen, dass Regressor und Regressand einem gemeinsamen Trend folgen.[497] Die verwendeten Zeitreihendaten sind deshalb auf Stationarität zu überprüfen und gegebenenfalls zur Beseitigung von Trends durch Differenzenbildung zu transformieren.[498] Vor diesem Hintergrund ist die Studie von *Ahmed/Morton/Schaefer* zu kritisieren, welche auf Zeitreihendaten basiert, ohne die Stationarität der Daten zu thematisieren.[499]

Sämtliche Studien, welche die Informationsmodelle der Erweiterungen des Residual-Income-Model analysieren, stoßen zwangsläufig auf das Problem des Umgangs mit den sonstigen Informationen.[500] Zu hinterfragen sind beide in der Literatur vorherrschenden Lösungsansätze. Der erste, eine nicht explizite Modellierung wie etwa bei *Ahmed/Morton/Schaefer* und in verschiedenen Szenarien bei *Dechow/Hutton/Sloan*, reduziert den Aussagegehalt der Ergebnisse stark, da sich die sonstigen Informationen entweder im Störterm oder gegebenenfalls im Achsenabschnitt der Regressionsrechnung niederschlagen.[501] Außerdem kommen vom Residual-Income-Model unabhängige empirische Studien zu dem Ergebnis, dass nicht aus dem Rechnungswesen stammende Informationen für Investoren Relevanz besitzen.[502]

Vielversprechender erscheint deshalb zunächst der zweite Lösungsansatz, die Konkretisierung der sonstigen Informationen mit Hilfe von Analystenschät-

---

[495] Vgl. *Kähler* (Regressionsanalyse, 2002), S. 52-54; *Poddig/Dichtl/Petermeier* (Statistik, 2003), S. 96 und S. 102f. Eine schwach stationäre Zeitreihe liegt vor, wenn der Mittelwert konstant über die Zeit ist und wenn die Kovarianzfunktion nur von der Zeitdifferenz (dem Lag) zwischen zwei Beobachtungen abhängt, nicht aber vom Zeitpunkt selbst. Vgl. *Schlittgen/Streitberg* (Zeitreihenanalyse, 2001), S. 100.

[496] Vgl. *Qi/Wu/Xiang* (Stationarity, 2000), S. 143f. m.w.N. Man spricht deshalb auch von Scheinregressionen. Vgl. hierzu die grundlegende Arbeit von *Granger/Newbold* (Regression, 1974), S. 111-120.

[497] Vgl. *Enders* (Time Series, 1995), S. 216. Er unterscheidet zwischen einem stochastischen und einem deterministischen Trend.

[498] Vgl. *Schröder* (Eigenschaften, 2002), S. 15-24; *Poddig/Dichtl/Petermeier* (Statistik, 2003), S. 96.

[499] Vgl. *Ahmed/Morton/Schaefer* (Feltham, 2000), S. 276.

[500] Vgl. *Lo/Lys* (Ohlson, 2000), S. 418; *Ohlson* (Perspective, 2001), S. 112.

[501] Vgl. *Hand* (Discussion, 2001), S. 123; *Ohlson* (Perspective, 2001), S. 112. *Ohlson* (Perspective, 2001), S. 112, merkt dazu an, dass *„equating v_t to zero may be of analytical interest, but it severly reduces the model's empirical content"*.

[502] Vgl. z.B. *Amir/Lev* (Information, 1996), S. 3-30; *Ittner/Larcker* (Measures, 1998), S. 1-35.

zungen für den Gewinn und das Gewinnwachstum der kommenden Periode.[503] Diese Konkretisierung hat den Vorteil, dass in Analystenschätzungen Informationen aggregiert werden, welche als relevant für die Prognose zukünftiger Gewinne anzusehen sind.[504] Gegen die Konkretisierung spricht, dass Analysten den künftigen Gewinn eines Unternehmens regelmäßig überschätzen,[505] was eine Anpassung der Schätzungen erforderlich erscheinen lässt.[506] Darüber hinaus liegen nach Kenntnisstand des Verfassers keine Untersuchungen vor, welche bestätigen, dass aus Analystenschätzungen abgeleitete Residualgewinne mit einem AR(1)-Prozess modelliert werden können. Unklar bleibt auch, ob Analystenschätzungen für eine oder mehrere zukünftige Perioden notwendig sind, um die sonstigen Informationen vollständig zu erfassen.[507]

Schließlich ist aufgrund der Definition der sonstigen Informationen die Frage zu stellen, ob die Informationsmodelle überhaupt empirisch überprüfbar sind. Die sonstigen Informationen enthalten definitionsgemäß *sämtliche* Informationen, welche für die Prognose von Residualgewinnen relevant sind und die nicht in Rechnungslegungsdaten enthalten sind. Sie umfassen damit gegebenenfalls diejenigen Informationen, welche sich in empirischen Untersuchungen nicht erheben lassen. Eine nicht vollständige Konkretisierung der sonstigen Informationen lässt sich deshalb als Kritikpunkt an allen empirischen Studien zu den Informationsmodellen äußern.[508]

Weiter ist einzuwenden, dass die durchgeführten empirischen Studien nicht erlauben, sämtliche untersuchten Informationsmodelle bezüglich deren Eignung zur Prognose von Zukunftserfolgen zu beurteilen. Dieser Kritikpunkt bezieht sich insbesondere auf die Studien zu den Informationsmodellen von *Feltham/*

---

[503] Vgl. *Dechow/Hutton/Sloan* (Assessment, 1999), S. 7; *Stromann* (Wertrelevanz, 2003), S. 140-143.

[504] Vgl. *Barth/Hutton* (Forecast Revisions, 2004), S. 59f.; *Cheng* (Forecasts, 2005), S. 12-20.

[505] Vgl. z.B. *O'Brien* (Forecasts, 1988), S. 53; *Philbrick/Ricks* (Forecasts, 1991), S. 404-408; *Chopra* (Error, 1998), S. 38-40; *Dechow/Hutton/Sloan* (Assessment, 1999), S. 21f.; *Palepu/ Healy/Bernard* (Analysis, 2004), Kap. 9 S. 15.

[506] Vgl. *Choi/O'Hanlon/Pope* (Accounting, 2005), S. 3f.

[507] *Begley/Feltham* schlagen vor, für zwei Perioden Analystenschätzungen in das Informationsmodell von *Feltham/Ohlson* (1996) einzubeziehen, da Investitionen eines Unternehmens nicht unmittelbar zu Rückflüssen führen. Eine Einbeziehung von Analystenschätzungen für weitere Perioden ist dieser Argumentation folgend sinnvoll, wenn die Rückflüsse aus der Investition um mehrere Perioden verzögert einsetzen. Vgl. *Begley/ Feltham* (Relation, 2002), S. 5; *Richardson/Tinaikar* (Accounting, 2004), S. 235f.

[508] Vgl. *Callen/Segal* (Tests, 2005), S. 1. Ein ähnliches Problem tritt bei der empirischen Überprüfung des CAPM auf bezüglich der Erfassung aller zum Marktportfolio gehörenden Wertpapiere einer Volkswirtschaft. Vgl. *Roll* (Critique, 1977), S. 129-176.

Ohlson (1995) und (1996) und *Ohlson* (1999), welche sich vorwiegend auf eine Überprüfung des Wertebereichs der Parameter der Informationsmodelle beschränken und die Prognoseeignung der Informationsmodelle nicht thematisieren.

4. Studien zur Erklärung und Prognose von Börsenpreisen und -renditen

4.1. *Ohlson*-Modell (1995)

4.1.1. Studie von *Möller/Schmidt* (1998)

Möller/Schmidt[509] vergleichen auf Basis von kombinierten Querschnitts- und Zeitreihendaten das ewige Rentenmodell mit dem *Ohlson*-Modell (1995) bezüglich der Eignung, Börsenpreise und -renditen zu erklären und zu prognostizieren, wobei sonstige Informationen bei der Implementierung des *Ohlson*-Modells (1995) keine Berücksichtigung finden.[510] Aus den Ergebnissen der Untersuchung werden Rückschlüsse über die Einsetzbarkeit der Modelle in der fundamentalen Aktienanalyse gezogen.[511]

Die Studie untersucht zwei Informationsstände, in denen sich Investoren befinden können. Beim ersten sind die Jahresabschlussdaten bereits veröffentlicht (Ex-post-Informationsstand). Die Analyse dient der Überprüfung der Eignung der Modelle zur Erklärung von Börsenpreisen und -renditen. Beim zweiten Informationsstand liegen nur Schätzungen für die Jahresabschlussdaten des laufenden Geschäftsjahres vor. Die zu diesem Ex-ante-Informationsstand durchgeführte Analyse dient der Überprüfung der Eignung der Modelle zur Prognose von Börsenpreisen und -renditen.[512]

Die Eignung der Modelle zur Erklärung von Aktienkursen (Ex-post-Informationsstand) wird zunächst mit einem linearen Regressionsmodell getestet, in welches der Aktienkurs als abhängige Variable und das DVFA/SG-Ergebnis (ewiges Rentenmodell) bzw. der Jahresüberschuss, der Buchwert des Eigenkapitals sowie die Dividendenzahlungen des vorangegangenen Geschäftsjahres

---

[509] Vgl. *Möller/Schmidt* (Aktienbewertung, 1998).

[510] Vgl. *Möller/Schmidt* (Aktienbewertung, 1998), S. 490.

[511] Die fundamentale Aktienanalyse hat zum Ziel, Aktienkurse durch Auswertung von Fundamentaldaten von Unternehmen zu prognostizieren. Ihr liegt die Annahme zugrunde, dass der Kurs einer Aktie durch deren inneren Wert bestimmt wird. Vgl. *Perridon/Steiner* (Finanzwirtschaft, 2004), S. 218f.

[512] Vgl. *Möller/Schmidt* (Aktienbewertung, 1998), S. 486f.

(*Ohlson*-Modell [1995]) als unabhängige Variablen eingehen.[513] Für den Test zur Erklärung der jährlichen Aktienrenditen werden zusätzlich die Dividendenrendite (ewiges Rentenmodell, *Ohlson*-Modell [1995]) und die Gewinnänderung gegenüber dem Vorjahr (*Ohlson*-Modell [1995]) als unabhängige Variablen in das Regressionsmodell einbezogen. Die übrigen Variablen werden mit historischen Börsenpreisen skaliert.[514] Die Studie führt die Regressionen für jedes Jahr des Untersuchungszeitraums einzeln und für den gesamten Untersuchungszeitraum aggregiert durch.[515] Die Regressionsmodelle bezeichnet man aufgrund der Verwendung von Börsenkursen (Börsenrenditen) als abhängige Variable auch als Preismodelle (Renditemodelle).[516]

Eine Überprüfung der Prognoseeignung der beiden Modelle (Ex-ante-Informationsstand) erfolgt ausschließlich für Börsenrenditen und nicht für Börsenpreise.[517] Das jeweilige Regressionsmodell enthält die jährliche Aktienrendite als abhängige Variablen und Schätzungen für die Änderungen des Unternehmenserfolgs (ewiges Rentenmodell) bzw. Schätzungen für den Unternehmenserfolg und für Änderungen des Unternehmenserfolgs (*Ohlson*-Modell [1995]) als unabhängige Variablen, welche mit Börsenpreisen skaliert werden.[518]

Der Untersuchungszeitraum umfasst die Geschäftsjahre 1987 bis 1994. Die Stichprobe beläuft sich auf 766 Firmenjahre. Sie enthält mit Ausnahme von Banken und Versicherungen Daten zu allen Unternehmen, für die sechs Monate vor Ende des Geschäftsjahres von mindestens vier Finanzanalysen Schätzungen über das DVFA/SG-Ergebnis des laufenden Jahres und mindestens eine Schätzung für das folgende Geschäftsjahr in der Datenbank I/B/E/S vorliegen. Das erwartete DVFA/SG-Ergebnis wird bei der Untersuchung der Prognoseeignung als Erfolgsmaß sowohl für das ewige Rentenmodell als auch für das *Ohlson*-Modell (1995) eingesetzt.[519] Das Eigenkapital und der Erfolg stammen wie die Börsendaten aus der Deutschen Finanzdatenbank. Beide Rechnungslegungsgrößen werden um Minderheitenanteile bereinigt. Die Erhebung der

---

[513]   Vgl. *Möller/Schmidt* (Aktienbewertung, 1998), S. 485. Zum DVFA/SG-Ergebnis vgl. auch DVFA/SG (Ergebnis, 1990); DVFA/SG (Fortentwicklung, 1990), S. 2537-2542.
[514]   Vgl. *Möller/Schmidt* (Aktienbewertung, 1998), S. 483 und S. 486.
[515]   Vgl. *Möller/Schmidt* (Aktienbewertung, 1998), S. 494.
[516]   Vgl. z.B. *Hüfner/Möller* (Valuation, 2002), S. 146; *Schloemer* (Wertrelevanz, 2003), S. 46; *Gu* (Scale Factor, 2005), S. 71.
[517]   Grund dafür ist, dass die Implementierung des Regressionsmodells zur Prognose von Börsenpreisen für das *Ohlson*-Modell (1995) Schätzungen des Buchwerts des Eigenkapitals erforderlich macht, welche den Autoren nicht für eine ausreichend große Anzahl an Unternehmen zur Verfügung stehen. Vgl. *Möller/Schmidt* (Aktienbewertung, 1998), S. 486.
[518]   Vgl. *Möller/Schmidt* (Aktienbewertung, 1998), S. 492.
[519]   Siehe hierzu die Hypothesen bei *Möller/Schmidt* (Aktienbewertung, 1998), S. 491f.

Aktienkurse erfolgt sechs Monate nach Ende des letzten Geschäftsjahres. Das DVFA/SG-Ergebnis des abgelaufenen Geschäftsjahres wird – wie dessen Schätzungen – aus der I/B/E/S-Datenbank entnommen. Es dient als nachhaltiges Erfolgsmaß im ewigen Rentenmodell. Sämtliche Daten werden umgerechnet auf Werte pro Aktie (Nennkapital von 5 DM je Aktie).[520]

Legt man den Ex-post-Informationsstand zugrunde, ergibt sich für das auf dem *Ohlson*-Modell (1995) basierende Regressionsmodell zwischen dem Aktienkurs sowie dem Jahresüberschuss, dem Buchwert des Eigenkapitals und den Dividendenzahlungen über den gesamten Untersuchungszeitraum ein adjustiertes Bestimmtheitsmaß von 49%. Der Wert ist über viermal höher als der für das ewige Rentenmodell (adjustiertes Bestimmtheitsmaß von 12%). Ein ähnliches Verhältnis ergibt sich für die adjustierten Bestimmtheitsmaße der einzelnen Jahre: Die Werte variieren für das *Ohlson*-Modell (1995) zwischen 29% und 66% und für das ewige Rentenmodell zwischen 8% und 33%.[521]

Das höhere adjustierte Bestimmtheitsmaß ist unter anderem darauf zurückzuführen, dass der Buchwert des Eigenkapitals und die Dividende mit positiven, statistisch signifikanten Regressionskoeffizienten von 1,51 und 4,13 für den gesamten Untersuchungszeitraum über die Erfolgsgröße hinaus mit Aktienkursen korreliert sind. In den Koeffizienten der einzelnen Berichtsperioden spiegelt sich dieses Ergebnis ebenfalls wider: Die statistisch signifikanten Werte (10%-Niveau) liegen zwischen 0,60 und 1,82 für den Buchwert des Eigenkapitals und zwischen 3,35 und 5,12 für die Dividende.[522]

Bei Verwendung von Aktienrenditen anstelle von Aktienkursen im Regressionsmodell sinkt das adjustierte Bestimmtheitsmaß für beide Bewertungsmodelle deutlich ab. Es beträgt 8% beim *Ohlson*-Modell (1995) und 4% beim ewigen Rentenmodell. Ein Absinken ist ebenso beim Bestimmtheitsmaß der einzelnen Jahre des Untersuchungszeitraums für beide Modelle zu beobachten. Die Regressionskoeffizienten der Variablen sind in vielen Fällen für beide Modelle nicht signifikant.[523]

Die Tests zur Prognoseeignung der beiden Bewertungsmodelle zeigen für das ewige Rentenmodell ein höheres adjustiertes Bestimmtheitsmaß: der Wert

---

[520] Vgl. *Möller/Schmidt* (Aktienbewertung, 1998), S. 492f.
[521] Vgl. *Möller/Schmidt* (Aktienbewertung, 1998), S. 496f.
[522] Vgl. *Möller/Schmidt* (Aktienbewertung, 1998), S. 496f.
[523] Vgl. *Möller/Schmidt* (Aktienbewertung, 1998), S. 496-497.

beträgt 4% im Vergleich zu –1% beim *Ohlson*-Modell (1995).[524] Das Bestimmt-heitsmaß liegt folglich vor allem für das *Ohlson*-Modell (1995) deutlich unterhalb des Bestimmtheitsmaßes bei den Untersuchungen zum Ex-post-Informationsstand. Darüber hinaus sind die Regressionskoeffizienten für beide Modelle in den meisten Fällen negativ oder statistisch nicht signifikant.[525]

4.1.2. Studie von *Dechow/Hutton/Sloan* (1999)

Die Studie von *Dechow/Hutton/Sloan*[526] widmet sich neben der in Kapitel 3.1.1. dargestellten Untersuchung des Informationsmodells einer Überprüfung der Fähigkeit des *Ohlson*-Modells (1995), Börsenpreise zu erklären und Börsen-renditen zu prognostizieren. Zur Beurteilung der Leistungsfähigkeit des Modells werden insgesamt neun weitere Modelle herangezogen, welche sich unter bestimmten Annahmen bezüglich der sonstigen Informationen und der Ausprä-gung der Parameter des linearen Informationsmodells direkt aus dem *Ohlson*-Modell (1995) herleiten lassen.[527] Zu ihnen gehören das unendliche Renten-modell sowie das Bilanzmodell, konkretisiert durch den Buchwert des Eigenka-pitals als Schätzer für dessen Marktwert. Die folgende Darstellung ist aufgrund ihrer Bedeutung in Wertrelevanzstudien auf die Untersuchungen zu diesen beiden Modellen begrenzt.

Der Untersuchungszeitraum umfasst die Periode von 1976 bis 1995. Die Implementierung des *Ohlson*-Modells (1995) erfordert die Erhebung von Gewinn, Buchwert des Eigenkapitals, Analystenschätzungen für den Gewinn, Diskontierungsfaktor, Aktienkurs und Aktienrendite. Die einjährige Aktienren-dite wird drei Monate nach Ende des Fiskaljahres eines Unternehmens aus der Datenbank CRSP entnommen.[528] Die sich ergebende Grundgesamtheit besteht aus 50.133 Beobachtungen.[529]

Zur Untersuchung der Fähigkeit eines Modells, gegenwärtige Aktienkurse zu erklären, wird zunächst mit dem jeweiligen Modell für jedes Unternehmen und Jahr zwischen 1976 und 1995 ein Marktwert des Eigenkapitals berechnet. Der

---

[524] Im Gegensatz zum Bestimmtheitsmaß kann das adjustierte Bestimmtheitsmaß auch Werte kleiner Null annehmen. Vgl. *Backhaus/Erichson/Plinke/Weiber* (Analysemetho-den, 2006), S. 68.

[525] Vgl. *Möller/Schmidt* (Aktienbewertung, 1998), S. 500.

[526] Vgl. *Dechow/Hutton/Sloan* (Assessment, 1999).

[527] Für einen Überblick über die getroffenen Annahmen und die sich ergebenden Modelle vgl. *Dechow/Hutton/Sloan* (Assessment, 1999), S. 10.

[528] Für die Erhebung der übrigen Daten vgl. auch Kapitel IV.3.1.1.

[529] Vgl. *Dechow/Hutton/Sloan* (Assessment, 1999), S. 14f.

Wert des Eigenkapitals wird mit dem Börsenpreis einen Monat nach Veröffentlichung des Jahresabschlusses für das betrachtete Geschäftsjahr verglichen. Dabei verwendet die Studie eine geringe Abweichung zwischen Wert und Börsenpreis des Eigenkapitals als Indiz für die Eignung des Modells zur Erklärung von Börsenpreisen.[530]

Eine weitere Analyse zur Eignung des Modells, gegenwärtige Börsenpreise zu erklären, befasst sich mit den Gewichtungsfaktoren der Variablen einer umgeformten Bewertungsgleichung des *Ohlson*-Modells (1995).[531] Diese werden zunächst im Rahmen einer Querschnittsregression für die Jahre 1976 bis 1995 ermittelt. In die Regression gehen der Buchwert des Eigenkapitals, der Gewinn und je nach Szenario die sonstigen Informationen als unabhängige und der Börsenpreis als abhängige Variable ein. Aus den Regressionskoeffizienten der einzelnen Jahre werden Mittelwerte für den Beobachtungszeitraum berechnet. In einem nächsten Schritt erfolgt die Bestimmung der Gewichtungsfaktoren aus den Parametern des Informationsmodells und dem Diskontierungsfaktor, bevor die beiden Gewichtungsfaktoren abschließend miteinander verglichen werden. Sind sie in Bezug auf die Höhe identisch, wird dies als Indiz für die Eignung des Modells zur Erklärung von Börsenpreisen gewertet.[532]

Der mit den Modellen zur Erklärung von Börsenpreisen berechnete Marktwert des Eigenkapitals bildet darüber hinaus die Grundlage für eine Überprüfung der Prognoseeignung der Modelle. Dazu wird zunächst der Marktwert durch den Börsenpreis des Eigenkapitals dividiert.[533] Anschließend werden die resultierenden Quotienten der Höhe nach sortiert. Für das Dezil mit den niedrigsten (höchsten) Quotienten geht die Untersuchung von der niedrigsten (höchsten) erwarteten zukünftigen Rendite aus, da unterstellt wird, dass die darin enthaltenen Unternehmen am stärksten überbewertet (unterbewertet) sind. In einem nächsten Schritt werden für den Zeitraum von 1976 bis 1995 die einjährigen Aktienrenditen der in jeder Gruppe enthaltenen Unternehmen durch Gleichgewichtung zu einjährigen Portfoliorenditen zusammengefasst. Danach wird aus den 20 einjährigen Portfoliorenditen jeder Gruppe eine einjährige Durchschnittsrendite für den Untersuchungszeitraum berechnet.[534] Die durchschnittliche Port-

---

[530] Vgl. *Dechow/Hutton/Sloan* (Assessment, 1999), S. 22f.
[531] Die umgeformte Bewertungsgleichung lässt sich aus der ursprünglichen durch Einsetzen der Definition der Residualgewinne ableiten. Vgl. hierzu *Ohlson* (Valuation, 1995), S. 670f.; *Dechow/Hutton/Sloan* (Assessment, 1999), S. 24.
[532] Vgl. *Dechow/Hutton/Sloan* (Assessment, 1999), S. 24.
[533] Für das unendliche Rentenmodell ergibt sich ein zum Kurs-Gewinn-Verhältnis proportionaler Quotient. Beim Buchwert des Eigenkapitals resultiert das Buchwert/Marktwert-Verhältnis.
[534] Vgl. *Dechow/Hutton/Sloan* (Assessment, 1999), S. 26f.

foliorendite der Gruppe mit den höchsten Quotienten (am stärksten unterbewertete Unternehmen) wird schließlich von der Portfoliorendite der Gruppe mit den niedrigsten Quotienten (am stärksten überbewertete Unternehmen) subtrahiert. Eine hohe Differenz zwischen den Portfoliorenditen erachtet die Studie als Indiz für die Eignung eines Modells zur Prognose von Aktienrenditen, da davon ausgegangen wird, dass sich die Unterbewertung (Überbewertung) im Zeitablauf ausgleicht und folglich die am stärksten unterbewerteten (überbewerteten) Unternehmen die höchste (geringste) Rendite aufweisen.[535]

Die Ergebnisse zur Erklärung von gegenwärtigen Börsenpreisen zeigen, dass mit den untersuchten Modellen der Börsenpreis des Eigenkapitals eines Unternehmens systematisch unterschätzt wird. Der mittlere Fehler für das auf Basis historisch berechneter Beständigkeitsparameter implementierte *Ohlson*-Modell (1995) beträgt 0,259, d.h. der Börsenpreis des Eigenkapitals eines Unternehmens wird um durchschnittlich 25,9% unterschätzt.[536] Bei Verwendung des unendlichen Rentenmodells sinkt der Fehler auf 22,7%. Für die Analyse auf Basis des Buchwerts des Eigenkapitals ergibt sich ein mittlerer Fehler von 29,1%. Das unendliche Rentenmodell weist darüber hinaus auch den geringsten mittleren absoluten und mittleren quadratischen Fehler auf.[537] Eine bessere Eignung des *Ohlson*-Modells (1995) zur Erklärung von Börsenpreisen im Vergleich zum Buchwert des Eigenkapitals und dem ewigen Rentenmodell ist somit nicht erkennbar.

Die Bestimmung der Gewichtungsfaktoren der Bewertungsgleichung über die Regressionsrechnung führt bei Vernachlässigung der sonstigen Informationen für den Gewinn zu einem durchschnittlichen Koeffizienten von 3,88 und für den Buchwert des Eigenkapitals von 0,4. Die Koeffizienten weichen stark von den Werten ab, welche sich für die Faktoren bei Berechnung über den Diskontierungsfaktor und die Beständigkeitsparameter ergeben. Diese belaufen sich auf 1,3 für den Gewinn und 0,85 für den Buchwert des Eigenkapitals. Bei Einbeziehung der sonstigen Informationen weisen der Buchwert des Eigenkapitals einen Koeffizienten von 0,24 und die Analystenschätzungen einen Koeffizienten von 5,79 auf. Für den Gewinn resultiert in diesem Fall ein nicht signifikanter Regressionskoeffizient. Bei Berechnung der Werte über den Diskontierungsfaktor und die Beständigkeitsparameter ergeben sich 0,72 für den Buchwert des

---

[535] Vgl. *Dechow/Hutton/Sloan* (Assessment, 1999), S. 27.
[536] *Choi/O'Hanlon/Pope* (Accounting, 2005), S. 22f., kritisieren die Implementierung des *Ohlson*-Modells (1995) von *Dechow/Hutton/Sloan*. Sie führen die zu niedrigen Schätzungen auf eine fehlende Anpassung für vorsichtige Rechnungslegung zurück. Eine entsprechende Änderung des Untersuchungsdesigns in ihrer Studie führt jedoch nicht zu einer wesentlichen Verbesserung der Bewertungsergebnisse.
[537] Vgl. *Dechow/Hutton/Sloan* (Assessment, 1999), S. 23f.

Eigenkapitals, 2,80 für die Analystenschätzungen sowie −0,55 für den Gewinn.[538] Die Ergebnisse deuten damit an, dass das *Ohlson*-Modell (1995) zur Erklärung von Börsenpreisen nicht geeignet ist.

Aus dem Test zur Prognoseeignung der Modelle lässt sich keine Aussage über die Vorteile eines der Modelle ableiten. Das Bilanzmodell, das unendliche Rentenmodell und das *Ohlson*-Modell (1995) führen zu nicht signifikanten Renditedifferenzen zwischen der Gruppe mit dem höchsten und niedrigsten Quotienten aus Wert und Börsenpreis des Eigenkapitals.[539]

4.1.3. Weitere Studien

Hüfner/Möller[540] gehen der Frage nach der Eignung des DVFA/SG-Ergebnisses und von Periodengewinnen aus der Rechnungslegung zur Erklärung von Börsenpreisen und -renditen nach. Das Untersuchungsdesign ist in wesentlichen Zügen vergleichbar mit dem der Arbeit von *Möller/Schmidt*, bezieht jedoch einen größeren Kreis an Unternehmen in die Stichprobe ein.[541] Diese umfasst 3.590 Firmenjahre deutscher Unternehmen aus den Jahren 1981 bis 1997. Die Ableitung der Regressionsgleichungen erfolgt ebenfalls aus dem ewigen Rentenmodell und dem *Ohlson*-Modell (1995).[542] Die Ergebnisse der Studie werden in der Literatur deshalb zum Vergleich der beiden Modelle bezüglich der Eignung zur Erklärung von Börsenpreisen und -renditen herangezogen.[543]

Das *Ohlson*-Modell (1995) schätzt Aktienkurse und -renditen besser als das ewige Rentenmodell. Die Unterschiede der adjustierten Bestimmtheitsmaße der Regressionsrechnungen sind zwischen dem ewigen Rentenmodell und dem *Ohlson*-Modell (1995) jedoch weniger stark ausgeprägt als in der Studie von *Möller/Schmidt*. Darüber hinaus sind – mit Ausnahme der Koeffizienten der über historische Dividenden approximierten sonstigen Informationen im *Ohlson*-Modell (1995) – sämtliche Regressionskoeffizienten positiv und statistisch signifikant.[544]

---

[538] Vgl. *Dechow/Hutton/Sloan* (Assessment, 1999), S. 25f.

[539] Der höchste *t*-Wert findet sich mit 1,94 beim Buchwert des Eigenkapitals. Vgl. *Dechow/Hutton/Sloan* (Assessment, 1999), S. 27-29.

[540] Vgl. *Hüfner/Möller* (Valuation, 2002).

[541] Vgl. *Hüfner/Möller* (Valuation, 2002), S. 145.

[542] Zudem werden aus dem Kurs-Gewinn-Verhältnis Regressionsgleichungen abgeleitet.

[543] Vgl. *Möller/Hüfner* (Aktienmarkt, 2002), S. 416.

[544] Vgl. *Hüfner/Möller* (Valuation, 2002), S. 157-166.

Weitere Studien, welche das *Ohlson*-Modell (1995) bezüglich der Eignung zur Erklärung und Prognose von Börsenpreisen und -renditen mit anderen Bewertungsmodellen durch eine Regression von Börsenpreisen und verschiedenen Rechnungslegungsinformationen vergleichen, stammen z. B. von *Harris/Lang/Möller*[545], *Booth/Broussard/Loistl*[546] und *Booth/Loistl*[547]. Da daraus keine neuen Erkenntnisse für die Beurteilung der Erweiterungen des Residual-Income-Model gewonnen werden können, wird auf deren Darstellung verzichtet.

4.2. *Ohlson*-Modell (1995) und *Feltham/Ohlson*-Modell (1995): Studie von *Callen/Segal* (2005)

Callen/Segal[548] untersuchen das *Feltham/Ohlson*-Modell (1995) und das *Ohlson*-Modell (1995) in Bezug auf deren Eignung, gegenwärtige Börsenpreise zu erklären.[549] Als Vergleichsmodell dient das unendliche Rentenmodell.[550] Zur Konkretisierung der sonstigen Informationen wird einem Ansatz von *Liu/Ohlson* gefolgt.[551] Nach Division sämtlicher Variablen mit dem Buchwert des operativen Nettovermögens ergibt sich danach folgende Bewertungsgleichung:[552]

$$(4.1) \quad \frac{P_t}{oa_t} = \pi_0 + \pi_1 \cdot \frac{fa_t}{oa_t} + \pi_2 \cdot \frac{E_t\left[\widetilde{\Delta ox}_{t+1}\right]}{oa_t}$$

$$\pi_3 \cdot \frac{E_t\left[\widetilde{ox}_{t+1}\right]}{oa_t} + \pi_4 \cdot \frac{E_t\left[\widetilde{\Delta oa}_{t+1}\right]}{oa_t}$$

mit: π_i = Koeffizient der Variable i.[553]

---

545 Vgl. *Harris/Lang/Möller* (Relevance, 1994), S. 187-209; *Harris/Lang/Möller* (Relevanz, 1995), S. 996-1028.
546 Vgl. *Booth/Broussard/Loistl* (Evidence, 1997), S. 589-603.
547 Vgl. *Booth/Loistl* (Aktienkursprognosen, 1998), S. 297-314.
548 Vgl. *Callen/Segal* (Tests, 2005)
549 Die Autoren sprechen von einer Untersuchung der Prognoseeignung der Modelle. Vgl. *Callen/Segal* (Tests, 2005), S. 420. Da Aktienkurse und Unternehmenswerte derselben Periode verglichen werden, spricht das Untersuchungsdesign jedoch für eine Erklärung gegenwärtiger Börsenpreise mit den Modellen als Gegenstand der Studie.
550 Vgl. *Callen/Segal* (Tests, 2005), S. 422.
551 Vgl. *Liu/Ohlson* (Implications, 2000), S. 325. *Stromann* wählt ebenfalls diesen Ansatz. Vgl. *Stromann* (Wertrelevanz, 2003), S. 193f.
552 Zur Herleitung der Gleichung vgl. *Liu/Ohlson* (Implications, 2000), S. 325-327.
553 Die Koeffizienten sind komplexe Konstrukte des risikolosen Zinssatzes und der Parameter des Informationsmodells von *Feltham/Ohlson* (1995) und als solche kaum noch ökonomisch interpretierbar. Vgl. *Liu/Ohlson* (Implications, 2000), S. 324-327.

Der standardisierte Wert des Eigenkapitals in t ergibt sich aus dem Verhältnis vom finanziellen zum operativen Vermögen fa_t / oa_t, der erwarteten standardisierten Veränderung des operativen Residualgewinns $E_t [\Delta \widetilde{ox}_{t+1}] / oa_t$, der erwarteten Rendite auf das operative Vermögen $E_t [\widetilde{ox}_{t+1}] / oa_t$, dem erwarteten Wachstum des operativen Vermögens $E_t [\Delta \widetilde{oa}_{t+1}] / oa_t$ und einer Konstanten. Für die Koeffizienten gelten unter der Annahme vorsichtiger Rechnungslegung folgende Werte bzw. Wertebereiche: $\pi_0 \geq 0$, $\pi_1 = 1$, $\pi_2 \geq 0$, $\pi_3 > 0$, $\pi_4 > 0$.[554] Verzichtet man auf die Annahme vorsichtiger Rechnungslegung, gilt $\pi_4 = 0$ und $\pi_0 = 1 - \pi_3 \cdot (R_f - 1)$.[555]

Die Untersuchung berücksichtigt 49.131 Firmenjahre von 9.611 börsennotierten Unternehmen aus dem Zeitraum von 1990 bis 2001.[556] Der erwartete operative Gewinn in $t+1$ wird aus Analystenschätzungen für den Unternehmensgewinn abgeleitet. Dazu werden die Analystenschätzungen einen Monat nach Veröffentlichung des Jahresabschlusses erhoben und um einen erwarteten Nettozinsertrag bereinigt.[557] Die Bereinigung erfolgt ebenfalls für die aus der GuV erhobene Gewinngröße *earnings from continuing operations*. Zur Schätzung der Wachstumsrate des operativen Vermögens greift die Studie auf die von Analysten langfristig erwartete Earnings-Per-Share-Wachstumsrate zurück.[558] Der Fremdkapitalzins berechnet sich aus dem Zinsaufwand geteilt durch den durchschnittlichen Bestand an Schulden des Geschäftsjahres. Die Bestimmung der Eigenkapitalkosten erfolgt aus industriespezifischen Risikofaktoren und dem Zinssatz einer *Treasury Bill* mit dreimonatiger Laufzeit.[559] Durch die Wahl risikoangepasster Kapitalkosten findet implizit eine Anpassung des *Feltham/Ohlson*-Modells (1995) an risikoaverse Bewerter statt.

Zur Bestimmung des Marktwerts des Eigenkapitals mit dem *Feltham/Ohlson*-Modell (1995) werden die Koeffizienten der Bewertungsgleichung (4.1) mit einer linearen Regressionsanalyse im Querschnitt über verschiedene Zeiträume von einem bis zehn Jahren geschätzt.[560] Als abhängige Variable dient der Quotient aus Börsenkapitalisierung eines Unternehmens und Buchwert des opera-

---

[554] Vgl. *Liu/Ohlson* (Implications, 2000), S. 327.

[555] Vgl. *Callen/Segal* (Tests, 2005), S. 412.

[556] Die erforderlichen Daten werden aus den Datenbanken Compustat, I/B/E/S und CRSP entnommen. Vgl. hierzu *Callen/Segal* (Tests, 2005), S. 412f.

[557] Es wird angenommen, dass die Gewinnschätzungen eine Zinskomponente enthalten.

[558] Diese Vorgehensweise erfolgt in Anlehnung an *Liu/Ohlson* (Implications, 2000), S. 328f.

[559] Die Risikofaktoren stammen aus der Untersuchung von *Fama/French* (Cost of Equity, 1997), S. 153-193. Die verwendeten Diskontierungsfaktoren sind konstant über die Zeit. Vgl. *Callen/Segal* (Tests, 2005), S. 422.

[560] Bei der Berechnung der Regressionskoeffizienten werden nur Ausprägungen der unabhängigen Variablen bis zur Periode $t-1$ berücksichtigt.

tiven Vermögens. Aus den Regressionskoeffizienten und den Ausprägungen der Variablen der Bewertungsgleichung in *t* ergeben sich für jedes Unternehmen in jeder Periode bis zu zehn verschiedene Marktwerte des Eigenkapitals.[561] Diese werden mit der Börsenkapitalisierung des Unternehmens in *t* verglichen. Zur Beurteilung des Modells dienen der mittlere prozentuale Fehler, der mittlere absolute prozentuale Fehler und der mittlere quadratische prozentuale Fehler. Die Fehlermaße werden für jede Schätzperiode der Regressionskoeffizienten neu berechnet.[562]

Dieselbe Vorgehensweise für die Bestimmung des Marktwerts des Eigenkapitals wie beim *Feltham/Ohlson*-Modell (1995) findet für das *Ohlson*-Modell (1995) Verwendung, wobei das Wachstum des operativen Vermögens in Gleichung (4.1) entfällt. Für den Fall des unendlichen Rentenmodells ergibt sich der Unternehmenswert durch Division des für *t+1* prognostizierten Unternehmensgewinns mit den Eigenkapitalkosten in *t*.[563]

Die Ergebnisse zeigen, dass eine Verwendung des *Ohlson*-Modells (1995) im Vergleich zum *Feltham/Ohlson*-Modell (1995) zu einer genaueren Schätzung des Börsenpreises führt. Der mittlere absolute prozentuale und mittlere quadrierte prozentuale Fehler fallen beim *Ohlson*-Modell (1995) für alle Schätzperioden der Regressionskoeffizienten mit Ausnahme des 10-Jahres-Horizonts geringer aus. Beim mittleren prozentualen Fehler schneidet dagegen das *Feltham/Ohlson*-Modell (1995) besser ab. Die Ergebnisse für den mittleren prozentualen Fehler zeigen außerdem, dass beide Modelle den Börsenpreis im Durchschnitt unterschätzen. Die Unterschätzung schwankt in Abhängigkeit der Schätzperiode für die Koeffizienten zwischen 9% und 18% für das *Feltham/ Ohlson*-Modell (1995) und zwischen 25% und 39% für das *Ohlson*-Modell (1995).[564] Der geringere mittlere prozentuale Fehler ist in Verbindung mit einem höheren mittleren absoluten prozentualen und mittleren quadratischen prozentualen Fehler für den mit dem *Feltham/Ohlson*-Modell (1995) bestimmten Marktwert des Eigenkapitals möglicherweise die Folge von hohen positiven und

---

[561] Zehn Werte des Eigenkapitals für jedes Unternehmen ergeben sich für das Jahr 2001, da für jeden Regressionskoeffizienten zehn Schätzungen vorliegen. Entsprechend sinkt die Anzahl der Marktwerte für frühere Jahre, da weniger Schätzungen für die Regressionskoeffizienten vorliegen. Vgl. *Callen/Segal* (Tests, 2005), S. 420f.

[562] Daher ergeben sich bis zu zehn unterschiedliche Ausprägungen des Fehlermaßes in einem Jahr. Vgl. *Callen/Segal* (Tests, 2005), S. 421.

[563] Vgl. *Callen/Segal* (Tests, 2005), S. 422.

[564] Vgl. *Callen/Segal* (Tests, 2005), S. 421.

negativen Abweichungen vom Börsenpreis, welche sich im mittleren prozentualen Fehler kompensieren.[565]

Mit dem unendlichen Rentenmodell werden die Börsenpreise im Gegensatz zum *Ohlson*-Modell (1995) und *Feltham/Ohlson*-Modell (1995) im Durchschnitt überschätzt. Bei Verwendung der industriespezifischen Diskontierungsfaktoren beläuft sich die Überschätzung auf 46%. Der mittlere absolute prozentuale und mittlere quadratische prozentuale Prognosefehler liegt im Bereich des *Ohlson*-Modells (1995).[566] Eine Überlegenheit der Modelle von *Ohlson* (1995) und *Feltham/Ohlson* (1995) gegenüber dem unendlichen Rentenmodell zur Erklärung von Börsenpreisen lässt sich aus den Ergebnissen der Studie nicht erkennen.

4.3. *Ohlson*-Modell (1995) und *Feltham/Ohlson*-Modelle (1995) und (1996): Studie von *Myers* (1999)

Ausgangspunkt für die Arbeit von *Myers*[567] ist die Fragestellung, inwieweit die Modelle von *Ohlson* (1995) und *Feltham/Ohlson* (1995) und (1996) in der Lage sind, gegenwärtige Börsenkurse und -renditen zu erklären. Dabei wird das Informationsmodell von *Feltham/Ohlson* (1996) so umgeformt, dass sich eine Veränderung der Gewichtungsfaktoren der bewertungsrelevanten Variablen ergibt.[568] Sonstige Informationen finden zunächst für alle Modelle keine Berücksichtigung. Stattdessen ergänzt die Untersuchung die Bewertungsgleichungen um einen aus den Parametern der Informationsmodelle bestehenden Koeffizienten.[569] Eine zweite Implementierung des *Feltham/Ohlson*-Modells (1995) verwendet anschließend den Auftragsbestand eines Unternehmens als sonstige Informationen. Als Vergleichsmodell dient das Bilanzmodell, konkretisiert durch den Buchwert des Eigenkapitals.

---

[565] Eine Bestätigung der Aussage ist auf Basis der veröffentlichten Ergebnisse nicht möglich.

[566] Fast identische Fehlermaße für das unendliche Rentenmodell erhält man bei Verwendung von konstanten Eigenkapitalkosten in Höhe von 12%. Vgl. *Callen/Segal* (Tests, 2005), S. 421.

[567] Vgl. *Myers* (Valuation, 1999).

[568] Das umgeformte Informationsmodell dient zur Prognose von Residualgewinnen anstelle von Einzahlungen und Investitionen wie ursprünglich von *Feltham/Ohlson* vorgesehen. Über das *Feltham/Ohlson*-Modell (1996) hinausgehende Annahmen sind dazu nicht erforderlich. Vgl. hierzu *Myers* (Valuation, 1999), S. 9f.

[569] Vgl. die Gleichungen V_1 bis V_3 bei *Myers* (Valuation, 1999), S. 8-11. Mit diesem Vorgehen soll verhindert werden, dass der Störterm in der Regressionsrechnung aufgrund von ausgelassenen Variablen die Annahme eines Erwartungswerts von Null verletzt.

Grundlage der Untersuchung bildet eine Stichprobe von 44.980 Beobachtungen aus den Jahren 1975 bis 1996.[570] Als Gewinngröße finden *earnings before extraordinary items* Eingang in die Untersuchung.[571] Die Schätzung der Parameter der Informationsmodelle erfolgt unternehmensspezifisch mit Zeitreihendaten. Die Diskontierungsfaktoren setzen sich aus einem risikolosen Zinssatz und einer Risikoprämie für das Branchenrisiko des Unternehmens zusammen, womit implizit eine Anpassung der Modelle an risikoaverse Bewerter stattfindet. Aus den Inputfaktoren, den Parametern des Informationsmodells und den Diskontierungsfaktoren wird für jedes Unternehmen der Marktwert des Eigenkapitals mit den drei Varianten des Residual-Income-Model für das Jahr 1996 ermittelt.[572]

Zur Beantwortung der Frage nach der Eignung der Modelle zur Erklärung von Börsenpreisen und -renditen testet *Myers* drei Hypothesen:[573] (i) Der Quotient aus dem Wert des Eigenkapitals und der Marktkapitalisierung eines Unternehmens beträgt im Durchschnitt eins, (ii) der Wert des Eigenkapitals ist mit dem Börsenpreis positiv korreliert und (iii) eine Regression des Börsenpreises mit den Inputfaktoren der Bewertungsgleichung führt zu denselben Ausprägungen der Koeffizienten wie deren Berechnung über die Parameter des Informationsmodells.

Die Ergebnisse zum Quotienten aus dem Wert des Eigenkapitals und der Marktkapitalisierung zeigen für das *Ohlson*-Modell (1995) eine deutliche Unterschätzung des Börsenpreises. Der berechnete Wert des Eigenkapitals beträgt durchschnittlich 41% der Börsenkapitalisierung im Vergleich zu 63,1% bei Verwendung des Buchwerts des Eigenkapitals. Selbst für das 80. Perzentil erreicht der Wert des Eigenkapitals den Börsenwert nicht zu 100%. Die erste Hypothese wird demzufolge verworfen.[574]

Eine Änderung des mit dem *Ohlson*-Modell (1995) berechneten Marktwerts des Eigenkapitals um eine Einheit führt zu einer Veränderung des Börsenpreises um 0,39 Einheiten (Regressionskoeffizient von 0,39). Marktwert und Börsenpreis sind folglich positiv korreliert, so dass die zweite Hypothese nicht verworfen

---

[570]   Die Jahresabschlussdaten stammen aus Compustat, die Aktienkurse und -renditen aus CRSP. Banken finden in der Untersuchung keine Berücksichtigung. Vgl. *Myers* (Valuation, 1999), S. 15f.

[571]   Für das *Feltham/Ohlson*-Modell (1995) wird die Gewinngröße ebenso wie das Nettovermögen nicht in eine operative und eine finanzielle Komponente zerlegt.

[572]   Auf eine Berechnung des Werts des Eigenkapitals für frühere Zeitpunkte wird verzichtet, um die Zeitreihen, aus denen die Parameter des Informationsmodells geschätzt werden, nicht weiter verkürzen zu müssen. Vgl. *Myers* (Valuation, 1999), S. 12, Fn. 10.

[573]   Vgl. die Hypothesen H_{2a} bis H_{2c} bei *Myers* (Valuation, 1999), S. 13.

[574]   Vgl. *Myers* (Valuation, 1999), S. 17.

wird. Allerdings liegt der Koeffizient unter dem aus der Regression zwischen Buchwert des Eigenkapitals und Börsenpreis resultierenden Regressionskoeffizienten. Dieser beträgt 0,5. Zudem ist das adjustierte Bestimmtheitsmaß mit 38,4% nur unmerklich höher als bei der Regression zwischen dem Buchwert des Eigenkapitals und der Börsenkapitalisierung (38,0%).

Die dritte Hypothese ist wiederum zu verwerfen. Der sich aus der Regression ergebende Koeffizient der Residualgewinne beträgt 1,36 im Vergleich zu 0,27 bei Berechnung des Koeffizienten über die Parameter des Informationsmodells. Die Residualgewinne werden am Kapitalmarkt demnach stärker gewichtet als in der Bewertungsgleichung. Für die Buchwerte des Eigenkapitals zeigt sich ein umgekehrtes Ergebnis. Der Regressionskoeffizient liegt mit 0,46 unterhalb des über die Parameter des Informationsmodells bestimmten Koeffizienten (1,00).[575]

Der mit dem *Feltham/Ohlson*-Modell (1995) berechnete Wert des Eigenkapitals beträgt im Median 64,4% des Börsenpreises ohne Berücksichtigung der sonstigen Informationen.[576] Die Unterschätzung des Börsenpreises fällt geringer aus als beim Buchwert des Eigenkapitals. Trotz der Verbesserung der Ergebnisse im Vergleich zum *Ohlson*-Modell (1995) stellt der Wert des Eigenkapitals im Durchschnitt keinen zuverlässigen Schätzer für die Börsenkapitalisierung eines Unternehmens dar.[577]

In Bezug auf die Korrelation zwischen Unternehmenswert und Börsenpreis erzielt das *Feltham/Ohlson*-Modell (1995) mit einem Regressionskoeffizienten von 0,531 ein ähnliches Ergebnis wie der Buchwert des Eigenkapitals. Der Regressionskoeffizient liegt über dem des *Ohlson*-Modells (1995). Dagegen unterscheiden sich die adjustierten Bestimmtheitsmaße zwischen den Modellen von *Feltham/Ohlson* (1995), *Ohlson* (1995) und dem Buchwert des Eigenkapitals kaum. Die zweite Hypothese kann trotzdem nicht verworfen werden. Dagegen ist die dritte Hypothese zu verwerfen. Die Koeffizienten aus der Regression und den Parametern des Informationsmodells sind für das *Feltham/Ohlson*-Modell (1995) nicht identisch.[578] Eine Einbeziehung des

---

[575] Vgl. *Myers* (Valuation, 1999), S. 17f.

[576] *Choi/O'Hanlon/Pope* (Accounting, 2005), S. 22f., kritisieren die Implementierung des *Feltham/Ohlson*-Modells (1995) von *Myers*. Sie führen die zu niedrigen Schätzungen auf die Vernachlässigung der sonstigen Informationen in den meisten Szenarien zurück. Eine Anpassung des Untersuchungsdesigns in ihrer Untersuchung führt jedoch nicht zu einer wesentlichen Verbesserung der Bewertungsergebnisse.

[577] Die Ergebnisse für die einzelnen Modelle lassen sich nur eingeschränkt miteinander vergleichen, da für das *Feltham/Ohlson*-Modell aufgrund von zusätzlich benötigten Daten die Stichprobe etwas kleiner ausfällt. Vgl. *Myers* (Valuation, 1999), S. 17 und S. 19.

[578] Vgl. *Myers* (Valuation, 1999), S. 19.

Auftragsbestandes in das *Feltham/Ohlson*-Modell (1995) führt zu keiner wesentlichen Veränderung der Ergebnisse.[579]

Der mit dem *Feltham/Ohlson*-Modell (1996) berechnete Marktwert beträgt im Median 92,4% des Börsenpreises. Die Unterschätzung des Börsenpreises fällt wesentlich geringer aus als bei den anderen getesteten Modellen. Der Quotient aus dem Marktwert und dem Börsenpreis schwankt für die Unternehmen der Stichprobe jedoch erheblich.[580] Der mit dem Modell berechnete Marktwert stellt deshalb im Einzelfall keinen zuverlässigen Schätzer des Börsenpreises dar.[581] Die erste Hypothese ist zu verwerfen.

Bezüglich der Korrelation zwischen Börsenpreis und Wert des Eigenkapitals zeigen sich für das *Feltham/Ohlson*-Modell (1996) schlechtere Ergebnisse als bei den Modellen von *Ohlson* (1995) und *Feltham/Ohlson* (1995) und dem Buchwert des Eigenkapitals. Der Regressionskoeffizient ist mit 0,324 wie das adjustierte Bestimmtheitsmaß mit 33,5% jeweils am niedrigsten. Auch liegen die Koeffizienten aus der Regression ohne Ausnahme deutlich über den aus den Parametern des Informationsmodells geschätzten Koeffizienten, so dass die dritte Hypothese wie für die beiden anderen Varianten des Residual-Income-Model zu verwerfen ist.[582]

4.4. *Ohlson*-Modell (1995) und *Callen/Morel*-Modell (2001): Studie von *Callen/Morel* (2001)

Callen/Morel[583] untersuchen die Frage, inwieweit die Modelle von *Ohlson* (1995) und *Callen/Morel* (2001) in der Lage sind, Börsenpreise zu erklären. Die Arbeit orientiert sich bezüglich des Untersuchungsdesigns stark an der im vorigen Kapitel vorgestellten Studie von *Myers*.[584] Als Vergleichsmodell dient das Bilanzmodell, konkretisiert über den Buchwert des Eigenkapitals. Die sonstigen Informationen werden in sämtlichen Untersuchungen vernachlässigt, und der Marktwert des Eigenkapitals wird mit den untersuchten Modellen auf Basis von Zeitreihendaten bestimmt. Der Untersuchungszeitraum umfasst die Jahre 1962 bis 1996, wobei die für jedes Unternehmen benötigten Daten von

---

[579]   Vgl. *Myers* (Valuation, 1999), S. 22f.
[580]   Er liegt zwischen –0,127 und 2,669 für das 20. bzw. 80. Perzentil.
[581]   Vgl. *Myers* (Valuation, 1999), S. 21.
[582]   Vgl. *Myers* (Valuation, 1999), S. 21.
[583]   Vgl. *Callen/Morel* (Valuation, 2001).
[584]   Dies betrifft insbesondere die Wahl der Hypothesen und das Vorgehen bei deren Überprüfung. Auf eine detaillierte Darstellung des Untersuchungsdesigns wird deshalb verzichtet. Vgl. hierzu *Callen/Morel* (Valuation, 2001), S. 195-199.

mindestens 27 Jahren vorliegen müssen. Die Stichprobe beläuft sich auf insgesamt 19.789 Firmenjahre. Sämtliche Daten werden mit der Bilanzsumme skaliert, um zu stationären Zeitreihen zu gelangen.[585]

Die Ergebnisse zum *Ohlson*-Modell (1995) bestätigen die aus der Studie von *Myers* gewonnenen Erkenntnisse. So wird der Börsenpreis mit dem Modell signifikant unterschätzt. Ferner ist die Korrelation zwischen Börsenpreis und Marktwert des Eigenkapitals positiv, jedoch deutlich geringer als die Korrelation zwischen Buchwert des Eigenkapitals und Börsenpreis. Außerdem führt eine Regression des Börsenpreises mit den Inputfaktoren der Bewertungsgleichung zu anderen Ausprägungen der Koeffizienten als deren Berechnung über die Parameter des Informationsmodells.[586]

Keine wesentliche Verbesserung der Ergebnisse ergibt sich bei Verwendung des *Callen/Morel*-Modells (2001). Der Börsenpreis wird mit dem Modell ähnlich stark unterschätzt wie mit dem *Ohlson*-Modell (1995). Darüber hinaus führt der Buchwert des Eigenkapitals im Median zu einer genaueren Approximation des Börsenpreises als das *Callen/Morel*-Modell (2001): Der Quotient aus Marktwert (Buchwert) des Eigenkapitals und Börsenpreis beträgt 0,48 (0,52).[587]

Bezüglich der Korrelation zwischen Börsenpreis und Marktwert des Eigenkapitals führt das *Callen/Morel*-Modell (2001) zu einem – wenn auch nur geringfügig – niedrigeren Regressionskoeffizienten als das *Ohlson*-Modell (1995). Er beträgt 0,04 im Vergleich zu 0,06 bei *Ohlson* (1995). Außerdem führt eine Regression des Börsenpreises mit den Inputfaktoren der Bewertungs-gleichung zu anderen Ausprägungen der Koeffizienten als deren Berechnung über die Parameter des Informationsmodells.[588]

4.5. Kritik

Zunächst ist der Ansatz empirischer Studien zu bemängeln, welche die Erweite-rungen des Residual-Income-Model mit anderen aus Wertrelevanzstudien bekannten Modellen anhand eines relativen oder absoluten Schätzfehlers zum Börsenpreis vergleichen.[589] So leiten die Erweiterungen des Residual-Income-Model unter der Annahme eines effizienten Kapitalmarkts eine Beziehung zwi-schen dem Marktwert oder Preis des Eigenkapitals eines Unternehmens und

---

[585] Vgl. *Callen/Morel* (Valuation, 2001), S. 195.

[586] Vgl. *Callen/Morel* (Valuation, 2001), S. 197.

[587] Vgl. *Callen/Morel* (Valuation, 2001), S. 199.

[588] Vgl. *Callen/Morel* (Valuation, 2001), S. 199.

[589] Vgl. *Lee* (Effiziency, 2001), S. 235-243.

Rechnungslegungsdaten her.[590] Neuere empirische Untersuchungen stellen die Effizienz von Kapitalmärkten jedoch zunehmend in Frage.[591] Die Studien deuten zum einen an, dass sich in Abhängigkeit von Kalenderzeit, Wetter, Firmengröße, Kurs-Gewinn-Verhältnis, Dividendenrendite oder Marktwert-Buchwert-Verhältnis am Kapitalmarkt systematische Überrenditen beobachten lassen.[592] Zum anderen zeigt eine Analyse vergangener Unternehmenstransaktionen, dass die Marktkapitalisierung möglicherweise keinen zuverlässigen Schätzer für den Marktwert oder Preis des Eigenkapitals eines Unternehmens darstellt:[593] In den USA wird bei Unternehmenstransaktionen durchschnittlich ein Zuschlag von 40% auf den Börsenpreis eines Unternehmens bezahlt.[594] Vor dem Hintergrund dieser Ergebnisse ist deshalb fraglich, inwieweit ein mit den untersuchten Modellen bestimmter Wert des Eigenkapitals überhaupt zur Erklärung von Börsenpreisen beitragen kann.

Ebenso ist der Ansatz anderer Studien wie der von *Möller/Schmidt* kritisch zu sehen, welche die Eignung der Modelle zur Erklärung von Börsenpreisen und -renditen mit Hilfe von Korrelationen zwischen Aktienkursen(-renditen) und den nach den Bewertungsmodellen jeweils für die Prognose der Zukunftserfolge relevanten Variablen beurteilen. Dieses Vorgehen setzt eine Identität zwischen mit den Bewertungsmodellen berechnetem Marktwert des Eigenkapitals und dem Börsenpreis voraus, da die Bewertungskalküle der Erweiterungen des Residual-Income-Model zur Bestimmung des Marktwerts des Eigenkapitals und nicht des Börsenpreises eines Unternehmens dienen. Die Identität zwischen Marktwert und Börsenpreis ist jedoch – wie oben dargestellt – in Frage zu

---

[590] Zur Definition von Effizienz vgl. z.B. *Fama* (Capital Markets, 1970), S. 383. Eine Diskussion der Begriffe Marktwert, Börsenpreis und Unternehmenswert findet sich z.B. bei *Meyer* (Unternehmensbewertung, 2006), S. 31-33.

[591] Für einen Überblick über die zahlreichen, zur Kapitalmarkteffizienz erschienenen Arbeiten vgl. etwa *Möller* (Informationseffizienz, 1985), S. 508f. und S. 515; *Fama* (Capital Markets, 1991) S. 1575-1617; *Kothari* (Capital Markets, 2001), S. 110f.; *Möller/Hüfner* (Kapitalmarktforschung, 2001), Sp. 1281f. m.w.N. Die Überprüfung der Informationseffizienz der Kapitalmärkte ist jedoch mit verschiedenen Problemen behaftet. Vgl. hierzu z.B. *Neus* (Markt, 1999), S. 423-425; *Hachmeister* (Maß, 2000), S. 43; *Schneider* (Wettbewerb, 2000), S. 36f.

[592] Zu diesen und anderen Anomalien an Kapitalmärkten vgl. z.B. *Fama* (Market Efficiency, 1999), S. 285-288; *Wallmeier* (Aktienrenditen, 2000), S. 51-53; *Damodaran* (Valuation, 2002), S. 112-150; *Daniel* (Discussion, 2004), S. 53 m.w.N.

[593] Vgl. z.B. *Ballwieser* (Marktorientierung, 2001), S. 24.

[594] Vgl. *Gaughan* (Mergers, 2002), S. 521. Der Zuschlag weicht darüber hinaus im Einzelfall erheblich vom Durchschnittswert ab und ist bei freundlichen Übernahmen geringer als bei feindlichen. Die Gründe für den Zuschlag sind dabei vielfältig. Vgl. hierzu *Ballwieser* (Fragen, 2002), S. 748; *Ballwieser* (Marktdaten, 2003), S. 19f.; *Palepu/Healy/Bernard* (Analysis, 2004), Kap. 11 S. 5.

stellen.[595] Zudem bilden Kapitalmarktteilnehmer ihre Erwartungen bezüglich der zukünftigen Leistungsfähigkeit eines Unternehmens auf Basis von aus zahlreichen Quellen stammenden Informationen.[596] Andere Informationsquellen, welche die verwendeten Rechnungslegungsinformationen (bzw. das DVFA/SG-Ergebnis) in Bezug auf Relevanz, Verlässlichkeit oder Verfügbarkeit möglicherweise übertreffen, können Ursache für den empirisch gemessenen Zusammenhang sein,[597] so dass sich eine Aussage über die Vorteilhaftigkeit einzelner Modelle nicht generieren lässt.

In Frage zu stellen ist darüber hinaus die Untersuchung von *Dechow/Hutton/Sloan* zur Eignung des *Ohlson*-Modells (1995), zukünftige Aktienrenditen zu prognostizieren. In der Studie wird aus der Differenz zwischen Wert und Börsenkapitalisierung auf die Über- oder Unterbewertung von Unternehmen am Kapitalmarkt geschlossen.[598] Dieses Vorgehen geht über den Anspruch der untersuchten Modelle hinaus, deren Aussagen über die Beziehung zwischen Marktwert und Rechnungslegungsdaten unter der Annahme effizienter Kapitalmärkte abgeleitet werden.[599] Zudem sieht sich ein solches Vorgehen mit dem Problem des Tests verbundener Hypothesen konfrontiert.[600]

Anlass zu Kritik bietet ebenso die zur Bestimmung des Werts des Eigenkapitals vorgenommene Anpassung der Modelle an die in der Theorie der Unternehmensbewertung gängige Annahme der Risikoaversion des Bewerters.[601] Ein möglicher Ansatz, welcher von den gezeigten empirischen Studien aufgenommen wird, stellt die Diskontierung von Erwartungswerten zukünftiger Residualgewinne mit einem risikoangepassten Zins dar.[602] Der Theorie zufolge ist der risikoangepasste Zins in diesem Fall unter anderem aus einem risikolosen Zins und einem unternehmensspezifischen Risikozuschlag zu bestimmen.[603] Nicht

---

[595] Vgl. auch *Laux* (Kapitalmarkt, 2006), S. 476.

[596] Vgl. *Ballwieser* (Marktorientierung, 2001), S. 162.

[597] Dieser Kritikpunkt wird auch Wertrelevanzstudien entgegengehalten. Vgl. *Wagenhofer/Ewert* (Unternehmensrechnung, 2003), S. 132f.

[598] Vgl. *Dechow/Hutton/Sloan* (Assessment, 1999), S. 27.

[599] Vgl. hierzu *Beaver* (Comments, 1999), S. 36.

[600] Vgl. hierzu *Fama* (Capital Markets, 1991), S. 291; *Lee* (Effiziency, 2001), S. 241.

[601] Risikoneutrale Investoren werden bei der Herleitung der Erweiterungen des Residual-Income-Model aus Vereinfachungsgründen unterstellt. Vgl. z.B. *Ohlson* (Valuation, 1995), S. 665f.

[602] Vgl. hierzu *Feltham/Ohlson* (Valuation, 1995), S. 727; *Ohlson* (Valuation, 1995), S. 679-681; *Feltham/Ohlson* (Risk, 1999), S. 165-174; *Lo/Lys* (Ohlson, 2000), S. 360 sowie die Ausführungen in Kapital II.3.1.

[603] Vgl. *Ballwieser* (Kalkulationszinsfuß, 2002), S. 736-743.

alle empirischen Studien erfüllen diese Anforderungen,[604] so dass die Aussage-kraft der darauf basierenden Marktwerte des Eigenkapitals fraglich ist.

Des Weiteren sind die in den Studien verwendeten Gewinngrößen zu kritisieren, welche keine außerordentlichen Gewinnbestandteile berücksichtigen. Die Vernachlässigung einzelner Gewinnkomponenten hat zwar möglicherweise den Vorteil, dass die resultierende Gewinngröße ein besserer Indikator für den nach-haltigen Gewinn eines Unternehmens ist,[605] verletzt aber umgekehrt das für die Herleitung der Erweiterungen des Residual-Income-Model erforderliche Kon-gruenzprinzip.[606] Die Aussagekraft der darauf basierenden Untersuchungen ist entsprechend zu hinterfragen.

Schließlich sehen sich die Studien mit schon aus der Überprüfung der Informa-tionsmodelle bekannter Kritik konfrontiert. Zu nennen sind dabei vor allem die Verwendung von Querschnittsdaten bei der Modellimplementierung sowie die Konkretisierung der sonstigen Informationen.[607]

5.   Studien zum Vergleich alternativer Bewertungsmodelle

5.1.   Studie von Coutreau/Kao/Richardson (2001)

Courteau/Kao/Richardson[608] vergleichen das Residual-Income-Model mit dem Free-Cash-Flow-Verfahren anhand eines absoluten und relativen Bewertungs-fehlers, welcher aus der Differenz zwischen dem Wert des Eigenkapitals und dem Börsenpreis eines Unternehmens abgeleitet wird.[609] Die Untersuchung basiert auf Zwei-Phasen-Modellen. Einer ersten, fünf Perioden umfassenden Phase mit variablen Zukunftserfolgen schließt sich der Restwert an. Zu dessen Ermittlung wählen die Autoren drei Szenarien. Zunächst wird ein Restwert aus dem für das Ende der ersten Phase geschätzten Börsenpreis berechnet. Im

---

604   Vgl. hierzu z.B. *Dechow/Hutton/Sloan* (Assessment, 1999), S. 14.

605   Vgl. *Penman* (Financial Statement, 2004), S. 383 und S. 391-396. Für eine theoretische Auseinandersetzung mit nachhaltigen Gewinngrößen in der Unternehmensbewertung vgl. *Ohlson* (Earnings, 1999), S. 145-162 sowie Kapitel III.4.

606   Vgl. *Stark* (Relationship, 1997), S. 224-226; *Myers* (Discussion, 2000) S. 333; *Schultze/Hirsch* (Controlling, 2005), S. 87.

607   Vgl. hierzu Kapitel IV.3.7.

608   Vgl. *Courteau/Kao/Richardson* (Terminal Value, 2001).

609   Der absolute Bewertungsfehler wird aus dem Betrag der Differenz zwischen Wert des Eigenkapitals und Börsenpreis dividiert durch den Börsenpreis bestimmt. Der relative Bewertungsfehler hat im Unterschied dazu die Differenz des Werts des Eigenkapitals und des Börsenpreises im Zähler. Vgl. *Courteau/Kao/Richardson* (Terminal Value, 2001), S. 641.

zweiten Szenario wird der Restwert aus einer unendlich anfallenden konstanten Rente – in Form von Free-Cash-Flows bzw. Residualgewinnen – bestimmt. Schließlich geht die Studie von unendlich lang und konstant wachsenden Free-Cash-Flows bzw. Residualgewinnen aus, wobei die in beiden Modellen angesetzten Wachstumsraten identisch gewählt werden.[610]

In den Untersuchungen werden zwei Hypothesen getestet: (i) Das Residual-Income-Model und das Free-Cash-Flow-Verfahren führen bei Verwendung eines aus dem erwarteten Börsenpreis eines Unternehmens abgeleiteten Restwerts zum gleichen Bewertungsfehler, und (ii) der aus erwarteten Börsenpreisen abgeleitete Restwert führt zu einem geringeren Bewertungsfehler als ein auf konstanten bzw. konstant wachsenden Residualgewinnen (Free-Cash-Flows) basierender Restwert.[611] In beiden Fällen dient der zum jeweiligen Bewertungszeitpunkt letzte verfügbare Börsenpreis als Referenzgröße zur Bestimmung des Bewertungsfehlers.[612]

Die Stichprobe beinhaltet 2.500 Firmenjahre von 500 am amerikanischen Aktienmarkt notierten Unternehmen aus dem Zeitraum von 1992 bis 1996.[613] Die Berechnung der Eigenkapitalkosten erfolgt mit Hilfe des CAPM, wobei der risikolose Zins aus Treasury Notes mit fünf Jahren Restlaufzeit abgeleitet wird. Die Risikoprämie wird aus unternehmensspezifischen Betafaktoren und einer Marktrisikoprämie von 6% bestimmt.[614] Den zur Berechnung des Restwerts notwendigen erwarteten Börsenpreis konkretisieren *Courteau/Kao/Richardson* durch den Mittelwert einer Preisspanne, welche auf Analystenschätzungen aus der Datenbank Value Line basiert.[615] Die variablen Zukunftserfolge der ersten Phase werden aus Analystenschätzungen für die Perioden *t+1*, *t+2* und *t+5* abgeleitet. Zur Berechnung der Werte in *t+3* und *t+4* findet eine lineare Interpolation der Schätzungen für die Perioden *t+2* und *t+5* statt.[616]

---

[610] Vgl. *Courteau/Kao/Richardson* (Terminal Value, 2001), S. 635f. Das konstante Wachstum wird mit 2% angesetzt.

[611] Vgl. *Courteau/Kao/Richardson* (Terminal Value, 2001), S. 635f.

[612] Vgl. *Courteau/Kao/Richardson* (Terminal Value, 2001), S. 638.

[613] Die Daten stammen aus den Datenbanken Value Line, CRSP und Compustat. Unternehmen aus der Finanzbranche sind in der Stichprobe nicht enthalten. Außerdem werden Unternehmen aus verschiedenen anderen Industrien aufgrund unplausibler Daten aus der Stichprobe entfernt.

[614] Es ergibt sich im Median ein Eigenkapitalkostensatz von 12,28%.

[615] Die Daten werden auf verschiedene Arten plausibilisiert. Vgl. hierzu *Courteau/Kao/ Richardson* (Terminal Value, 2001), S. 638.

[616] Eine Anpassung möglicher Verletzungen des Kongruenzprinzips führt die Untersuchung nicht durch. Vgl. *Courteau/Kao/Richardson* (Terminal Value, 2001), S. 645.

111

Aus den Ergebnissen der Untersuchung ist ersichtlich, dass der Restwert in allen drei Szenarien beim Free-Cash-Flow-Verfahren den größten Beitrag zur Erklärung des Werts des Eigenkapitals liefert. Der Anteil liegt im arithmetischen Mittel zwischen 91,81% bei einer ewigen Rente und 95,38% bei der Berechnung über den erwarteten Börsenpreis. Im Residual-Income-Model ist die Bedeutung des Restwerts zur Erklärung des Werts des Eigenkapitals wesentlich geringer. Er schwankt zwischen 20,77% bei Berechnung aus konstanten Residualgewinnen und 52,23% bei Ableitung aus dem Börsenpreis.[617]

Der relative (absolute) Bewertungsfehler beläuft sich für die gesamte Stichprobe beim Residual-Income-Model im Median auf 4,73% (14,18%) und beim Free-Cash-Flow-Verfahren auf 4,82% (13,71%). In den einzelnen Jahren der Stichprobe ergeben sich Werte zwischen −1,41% und 11,72% (13,08% und 15,56%) für das Residual-Income-Model und zwischen −1,95% und 11,95% (12,49% und 14,77%) für das Free-Cash-Flow-Verfahren. Der Wert des Eigenkapitals liegt für beide Modelle mit Ausnahme der Schätzungen im Jahr 1996 über dem Börsenpreis.[618]

Die Ergebnisse des Vorzeichen-Rang-Tests nach *Wilcoxon* zeigen, dass für beide Bewertungsfehler in der Mehrzahl der untersuchten Jahre die erste Hypothese nicht verworfen werden kann.[619] Es gibt in der untersuchten Stichprobe keinen systematischen Unterschied zwischen dem Bewertungsfehler des Residual-Income-Model und dem des Free-Cash-Flow-Verfahrens bei Ableitung des Restwerts aus dem erwarteten Börsenpreis eines Unternehmens.[620] Eine Überlegenheit des Residual-Income-Model gegenüber dem Free-Cash-Flow-Verfahren lässt sich aus den Ergebnissen nicht erkennen.

Ebenso kann die zweite Hypothese nicht verworfen werden. Der Vorzeichen-Rang-Test ist für die gesamte Stichprobe und für die einzelnen Jahre auf dem 1%-Niveau statistisch signifikant. Es gibt in der untersuchten Stichprobe systematisch geringere Bewertungsfehler für das Residual-Income-Model (Free-

---

[617] Für die Anteile der anderen Komponenten des Werts des Eigenkapitals vgl. *Courteau/ Kao/Richardson* (Terminal Value, 2001), S. 640.

[618] Vgl. *Courteau/Kao/Richardson* (Terminal Value, 2001), S. 642f.

[619] Vgl. *Wilcoxon* (Ranking Methods, 1945), S. 80-83. Der Vorzeichen-Rang-Test nach *Wilcoxon* berücksichtigt mit der Richtung (dem Vorzeichen) und der Größe (dem Betrag) zwei Aspekte, welche die Differenzen einzelner Messwerte einer Stichprobe charakterisieren. Weitere Ausführungen zum *Wilcoxon*-Test finden sich z.B. bei *Büning/Trenkler* (Methoden, 1994), S. 96-102 und S. 171-174. Der Test besitzt insbesondere bei nicht normalverteilten Daten Vorteile gegenüber dem *t*-Test.

[620] Eine Ablehnung der Hypothese ergibt sich jedoch für eine Untersuchung des gesamten Zeitraums von 1992 bis 1996. Vgl. *Courteau/Kao/Richardson* (Terminal Value, 2001), S. 641.

Cash-Flow-Verfahren) bei Ableitung des Restwerts aus dem Börsenpreis im Vergleich zu dessen Berechnung über konstante bzw. konstant wachsende Residualgewinne (Free-Cash-Flows).[621]

5.2. Studie von *Baur* (2004)

Baur[622] vergleicht das Residual-Income-Model (RIM) mit dem Dividenden-Diskontierungs-Modell (DDM) und dem Flow-to-Equity-Verfahren (FTE) anhand von Daten der im Swiss Market Index enthaltenen Unternehmen. Der empirischen Untersuchung liegen folgende drei Bewertungsgleichungen zugrunde:[623]

$$(4.2) \quad P_t = y_t + \sum_{\tau=1}^{T} \frac{\left(ROE_{t+\tau} - r_{EK} \right) \cdot y_{t+\tau-1}}{\left(1 + r_{EK} \right)^{\tau}} + \frac{\left(ROE_{t+T+1} - r_{EK} \right) \cdot y_{t+T}}{r_{EK} \cdot \left(1 + r_{EK} \right)^{T}} \; ; \text{(RIM)}$$

$$(4.3) \quad P_t = \sum_{\tau=1}^{T} \frac{d_{t+\tau}}{\left(1 + r_{EK} \right)^{\tau}} + \frac{d_{t+T+1}}{r_{EK} \cdot \left(1 + r_{EK} \right)^{T}} \; ; \qquad \text{(DDM)}$$

$$(4.4) \quad P_t = \sum_{\tau=1}^{T} \frac{CF_{t+\tau}^{EK}}{\left(1 + r_{EK} \right)^{\tau}} + \frac{CF_{t+T+\tau}^{EK}}{r_{EK} \cdot \left(1 + r_{EK} \right)^{T}} \qquad \text{(FTE)}$$

mit: ROE_t =   Buchwertbezogene Eigenkapitalrendite der Periode t;

      CF_t^{EK} =   Cash-Flow an die Eigenkapitalgeber der Periode t.

Die Schätzungen des Werts des Eigenkapitals erfolgen danach einheitlich mit einem Zwei-Phasen-Modell, wobei im Restwert in allen drei Modellen jeweils auf die Berücksichtigung einer Wachstumsrate der Zukunftserfolge verzichtet wird.

Zur Beurteilung der Modelle wird aus dem Wert des Eigenkapitals und dem Börsenpreis ein absoluter und relativer Bewertungsfehler ermittelt.[624] Des

---

[621]   Vgl. *Courteau/Kao/Richardson* (Terminal Value, 2001), S. 646f.

[622]   Vgl. *Baur* (Bewertung, 2004).

[623]   Vgl. *Baur* (Bewertung, 2004), S. 157f.

[624]   Die Vorgehensweise bei der Berechnung der Bewertungsfehler stimmt mit der von *Courteau/Kao/Richardson* überein. Siehe hierzu die Ausführungen im vorherigen Kapitel.

Weiteren wird der Börsenpreis als abhängige Variable auf den Wert des Eigenkapitals als unabhängige Variable regressiert, um aus dem Bestimmtheitsmaß
Erkenntnisse über die Eignung der Modelle zur Erklärung von Veränderungen
von Börsenpreisen abzuleiten.[625]

Der Wert des Eigenkapitals wird mit allen drei Modellen täglich für den
Zeitraum vom 1. Januar 1996 bis zum 31. Dezember 2002 bestimmt. Der
Horizont T für die Detailprognose umfasst vier Jahre.[626] Der Eigenkapitalkostensatz wird – auf Basis des CAPM – aus der Rendite einer zehnjährigen Schweizer
Bundesobligation, einer Marktrisikoprämie von 5,5% sowie aus dem jeweils
zum Bewertungszeitpunkt aus der Datenbank Datastream erhobenen Beta-Fak-
tor des zu bewertenden Unternehmens ermittelt. Die im Residual-Income-Model
und im Dividenden-Diskontierungs-Modell diskontierten Zukunftserfolge werden durch I/B/E/S-Daten konkretisiert. Da Schätzungen für die zukünftigen
Cash-Flows an die Eigenkapitalgeber in der I/B/E/S-Datenbank nicht enthalten
sind, werden diese aus dem operativen Cash-Flow abgeleitet.[627] Die Stichprobe
beläuft sich nach Eliminierung von Unternehmen aus der Finanzbranche auf
25.188 Firmentage.[628]

Aus den Ergebnissen wird offensichtlich, dass der mit allen drei Bewertungs-
verfahren berechnete Wert des Eigenkapitals die Marktkapitalisierung eines
Unternehmens systematisch unterschätzt. Der Bewertungsfehler ist im Median
für das Flow-to-Equity-Verfahren am geringsten (15%), gefolgt vom Residual-
Income-Model (18%) und dem Dividenden-Diskontierungs-Modell (75%).
Hingegen ist der absolute Messfehler beim Residual-Income-Model mit im
Median 28% am geringsten. Es folgen das Flow-to-Equity-Verfahren mit 44%
und das Dividenden-Diskontierungs-Modell mit 75%.[629]

Die Regressionsrechnungen zwischen dem Börsenpreis und dem Wert des
Eigenkapitals führen für das Residual-Income-Model zum höchsten Bestimmtheitsmaß. Es beträgt 65% im Vergleich zu 41% beim Flow-to-Equity-Verfahren
und 42% beim Dividenden-Diskontierungs-Modell. Aus dem höheren Bestimmtheitsmaß wird geschlossen, dass sich das Residual-Income-Model zur

---

[625]   Vgl. *Baur* (Bewertung, 2004). S. 163.
[626]   Dies ist darauf zurückzuführen, dass für spätere Zeitpunkte keine Schätzungen über die
        Zukunftserfolge eines Unternehmens vorliegen.
[627]   Zur Ableitung der Cash-Flows an die Eigenkapitalgeber werden Daten aus I/B/E/S und
        aus Worldscope kombiniert. Die exakte Vorgehensweise findet sich bei *Baur* (Bewer-
        tung, 2004), S. 154-156.
[628]   Vgl. *Baur* (Bewertung, 2004), S. 161.
[629]   Vgl. *Baur* (Bewertung, 2004), S. 161. Zur Interpretation des Bestimmtheitsmaßes vgl.
        auch *Backhaus/Erichson/Plimke/Weiber* (Analysemethoden, 2006), S. 64-68.

Erklärung der Veränderung des Börsenpreises eines Unternehmens besser eignet als die beiden anderen Bewertungsverfahren.[630]

5.3. Weitere Studien

Penman/Sougiannis[631] vergleichen das Residual-Income-Model mit dem Dividenden-Diskontierungs-Modell und dem Free-Cash-Flow-Verfahren anhand von 75.450 Firmenjahren am US-amerikanischen Aktienmarkt notierter Unternehmen.[632] Die Zukunftserfolge werden aus historischen Rechnungslegungsdaten der Jahre 1973 bis 1990 abgeleitet.[633] Der Zeithorizont für die Detailplanung ist variabel und beträgt maximal zehn Perioden. In Bezug auf den Fortführungswert werden vier Szenarien unterschieden: Der Restwert wird vernachlässigt sowie auf Basis konstanter und konstant wachsender Zukunftserfolge (Wachstumsrate von 2% und 4%) berechnet. Die Bestimmung der Kapitalkosten erfolgt auf drei unterschiedliche Arten, wobei jeweils von im Zeitablauf konstanten Kapitalkosten ausgegangen wird.[634] Zur Beurteilung der Modelle dient der relative Bewertungsfehler zwischen dem Wert des Eigenkapitals und der Marktkapitalisierung eines Unternehmens.[635]

Die Ergebnisse zeigen bei Vernachlässigung des Restwerts für das Residual-Income-Model bei einer Prognose der diskontierten Zukunftserfolge von bis zu acht Perioden den geringsten relativen Bewertungsfehler. Der Abstand den beiden anderen Bewertungsmodellen nimmt mit der Einbeziehung zusätzlicher Zukunftserfolge ab. Bei Berücksichtigung des Restwerts führt das Residual-Income-Model im Vergleich zum Free-Cash-Flow-Verfahren zu einem deutlich geringeren relativen Bewertungsfehler in allen untersuchten Szenarien. Hingegen resultiert für das Dividenden-Diskontierungs-Modell in einigen Szenarien ein mit dem Residual-Income-Model vergleichbarer oder geringerer Bewertungsfehler.[636]

---

[630]   Vgl. *Baur* (Bewertung, 2004), S. 163.
[631]   Vgl. *Penman/Sougiannis* (Valuation, 1998).
[632]   Die Daten werden der Datenbank Compustat entnommen.
[633]   Man spricht in diesem Fall von einem auf rationalen Erwartungen basierenden Ex-post-Ansatz. Vgl. *Penman/Sougiannis* (Valuation, 1998), S. 354.
[634]   Die dargestellten Ergebnisse beziehen sich auf die Ableitung der Eigenkapitalkosten aus dem CAPM. Zu den beiden anderen Berechnungsmethoden der Kapitalkosten vgl. *Penman/ Sougiannis* (Valuation, 1998), S. 354f.
[635]   Vgl. *Penman/Sougiannis* (Valuation, 1998), S. 354f. Zum relativen Bewertungsfehler siehe auch die Ausführungen zu *Baur* (Bewertung, 2004) in Kapitel IV.5.2.
[636]   Vgl. *Penman/Sougiannis* (Valuation, 1998), S. 355-358.

Francis/Olsson/Oswald[637] analysieren das Residual-Income-Model, das Free-Cash-Flow-Verfahren sowie das Dividenden-Diskontierungs-Modell. Die Zukunftserfolge in Form von Analystenprognosen werden aus der Datenbank Value Line für fünf Planungsperioden entnommen.[638] Die erhobenen Daten stammen aus dem Zeitraum von 1989 bis 1993. Die Stichprobe beläuft sich auf 2.907 Firmenjahre. Nach der letzten Planungsperiode wird ein Fortführungswert gebildet. Bei dessen Berechnung wird zwischen einer ewigen Rente und einem konstanten Wachstum der Zukunftserfolge in Höhe von 4% unterschieden.[639] Die Diskontierungsfaktoren werden branchenspezifisch bestimmt und bleiben im Zeitablauf unverändert.[640]

Ein Vergleich der berechneten Unternehmenswerte mit dem Börsenpreis ergibt bei Verwendung des Residual-Income-Model im Median einen relativen Bewertungsfehler in Höhe von 30%. Der Fehler beläuft sich beim Free-Cash-Flow-Verfahren auf 41% und beim Dividenden-Diskontierungs-Modell auf 69%.[641] Ein ähnliches Bild ergibt sich für den absoluten Bewertungsfehler, bei welchem das Residual-Income-Model ebenfalls am besten abschneidet. Aus den Ergebnissen lässt sich weiterhin erkennen, dass in der untersuchten Stichprobe alle Modelle den Börsenpreis eines Unternehmens unterschätzen.[642]

Weitere empirische Studien zum Residual-Income-Model stammen von *Frankel/Lee*[643] und *Koch*[644]. Da diese jedoch keinen Vergleich mit dem Dividenden-Diskontierungs-Modell oder den Discounted-Cash-Flow-Verfahren vornehmen, wird auf eine Darstellung der Ergebnisse verzichtet.

---

[637] Vgl. *Francis/Olsson/Oswald* (Accuracy, 2000).

[638] Vgl. *Francis/Olsson/Oswald* (Accuracy, 2000), S. 51.

[639] Das 4%ige Wachstum wird gleichermaßen für Cash-Flows, Dividenden und Residualgewinne angenommen. Vgl. *Francis/Olsson/Oswald* (Accuracy, 2000), S. 53.

[640] Mit der Verwendung von branchenspezifischen Diskontierungsfaktoren folgen die Autoren einem Vorschlag von *Fama/French* (Cost of Equity, 1997), S. 153-193.

[641] Die Daten beziehen sich auf ein 4%iges Wachstum im Fortführungswert. Vgl. *Francis/Olsson/Oswald* (Accuracy, 2000), S. 55f.

[642] Vgl. *Francis/Olsson/Oswald* (Accuracy, 2000), S. 55. Zur Definition der Fehlermaße siehe auch die Ausführungen zu *Baur* (Bewertung, 2004) in Kapitel IV.5.2.

[643] Vgl. *Frankel/Lee* (Expectation, 1998), S. 283-319; *Frankel/Lee* (Valuation, 1999), S. 1-55. Eine Zusammenfassung und Beurteilung der erstgenannten Studie findet sich z.B. bei *Ali/Hwang/Trombley* (Evidence, 2003), S. 379f.

[644] Vgl. *Koch* (Verfahren, 2005), S. 83-119.

5.4. Kritik

An den empirischen Studien, welche das Residual-Income-Model mit anderen aus der Unternehmensbewertung bekannten Verfahren vergleichen, ist zunächst zu bemängeln, dass zur Beurteilung der Modelle relative und absolute Bewertungsfehler zum Börsenpreis herangezogen werden.[645] Dieses Vorgehen erfordert die Annahme effizienter Kapitalmärkte.[646] Die Kapitalmarkteffizienz ist jedoch – wie in Kapitel IV.4.5. angeführt – zunehmend in Frage zu stellen, da in Abhängigkeit verschiedener Charakteristika eines Unternehmens systematische Überrenditen am Kapitalmarkt beobachtet werden können und da bei Unternehmenstransaktionen in der Regel erhebliche Zuschläge auf den Börsenpreis eines Unternehmens bezahlt werden.[647] Aus einem Bewertungsfehler zum Börsenpreis kann deshalb nicht auf die Überlegenheit eines Modells zur Bewertung von Unternehmen geschlossen werden.

Anlass zu Kritik bieten darüber hinaus die bei der Prognose der Zukunftserfolge in den untersuchten Bewertungsmodellen getroffenen Annahmen.[648] So vernachlässigen *Penman/Sougiannis* in einigen Szenarien sowohl beim Residual-Income-Model als auch bei den Discounted-Cash-Flow-Verfahren und dem Dividenden-Diskontierungs-Modell den Fortführungswert. Ein Residualgewinn von Null im Fortführungswert – nichts anderes stellt eine Vernachlässigung des Fortführungswerts dar – ist jedoch nicht gleichbedeutend mit Dividenden oder Cash-Flows von Null im Fortführungswert.[649] Es stellt sich ferner die Frage, wie aussagekräftig Unternehmenswerte sein können, die ohne Einbeziehung des Restwerts berechnet werden.[650] Andere Studien wie die von *Baur* oder *Francis/Olsson/Oswald* nehmen im Fortführungswert sowohl für die Residualgewinne als auch für die Dividenden und Cash-Flows ein einheitliches Wachstum an. Ein Wachstum der Residualgewinne von angenommen 4% ist bei gleichen Plan-

---

[645] *Meyer* (Unternehmensbewertung, 2006), S. 33, merkt in diesem Zusammenhang an, dass sich ein Bewertungsmodell nicht an der Fähigkeit bemisst, Preise von Unternehmen zu schätzen. Vgl. hierzu auch *Moser/Auge-Dickhut* (Informationsgehalt, 2003), S. 22.

[646] Vgl. *Penman/Sougiannis* (Valuation, 1998), S. 376. Zu den Bedingungen, unter denen der Marktpreis mit dem „inneren Wert" eines Unternehmens übereinstimmt, vgl. auch *Schneider* (Wettbewerb, 2000), S. 30. Zur Preisbildung am Kapitalmarkt vgl. auch *Rudolph* (Kapitalmarkt, 1999), S. 1107f.

[647] Vgl. hierzu Kapitel IV.4.5.

[648] Vgl. *Lundholm/O'Keffe* (Value, 2001), S. 328.

[649] Vgl. dazu insbesondere die Ausführungen von *Lundholm/O'Keefe* (Response, 2001), S. 694. Gegensätzlicher Meinung ist *Penman* (Response, 2001), S. 685.

[650] Der Restwert macht insbesondere bei den Discounted-Cash-Flow-Verfahren und der Ertragswertmethode regelmäßig einen erheblichen Anteil am Unternehmenswert aus. Vgl. etwa *Ballwieser* (Unternehmensbewertung, 2004), S. 65.

Bilanzen und Plan-Erfolgsrechnungen jedoch nicht äquivalent mit einem ebenfalls 4%igen Wachstum der Dividenden und Cash-Flows im Fortführungswert.[651] Die Wahl eines identischen Wachstums hat wie die vollständige Vernachlässigung des Fortführungswerts unterschiedliche Werte des Eigenkapitals zur Folge, ohne dass Aussagen über die Qualität der Bewertungsmodelle getroffen werden können.[652]

Des Weiteren resultiert aus der für die Herleitung des Residual-Income-Model notwendigen Einhaltung des Kongruenzprinzips ein Problem für einen Vergleich des Modells mit anderen Bewertungsverfahren in empirischen Untersuchungen, da in der Bilanzierungspraxis bei einer Rechnungslegung nach US-GAAP, IFRS und HGB Verletzungen des Kongruenzprinzips festgestellt werden können.[653] Auch wenn für eine Anwendung des Residual-Income-Model Voraussetzung ist, dass zukünftige und nicht historische Rechnungslegungsdaten das Kongruenzprinzip erfüllen,[654] kann das Untersuchungsdesign der Studien bei fehlender Bereinigung von historischen Kongruenzdurchbrechungen eine Verzerrung der Unternehmenswerte beim Residual-Income-Model zur Folge haben. Dies gilt etwa für die Studie von *Penman/Sougiannis*, in welcher die zukünftigen Residualgewinne aus historischen Rechnungslegungsdaten generiert werden, ohne eine Anpassung für Kongruenzverstöße vorzunehmen.[655]

Schließlich sehen sich die Studien mit Kritik in Bezug auf die Vorgehensweise bei der Bestimmung der gewogenen Kapitalkosten im Free-Cash-Flow-Verfahren konfrontiert.[656] So wird in den untersuchten Arbeiten mit periodenunabhängigen gewogenen Kapitalkosten gerechnet. Dieses Vorgehen geht mit der Annahme einher, dass die in Marktwerten gemessene Kapitalstruktur eines Unternehmens im Zeitablauf konstant gehalten wird, was die wenig realistische Annahme einer am Unternehmenswert ausgerichteten Verschuldungspolitik erfordert.[657] Weiterhin haben die periodenunabhängigen gewogenen Kapitalkosten in den untersuchten Studien unterschiedliche Bewertungsergebnisse für das Free-Cash-Flow-Verfahren im Vergleich zum Residual-Income-Model zur

---

[651] Vgl. hierzu das Beispiel in Kapitel II.2.4. sowie *Lundholm/O'Keefe* (Value, 2001), S. 321-324; *Prokop* (Bewertung, 2003), S. 152-154.

[652] Vgl. *Lundholm/O'Keefe* (Response, 2001), S. 695; *Prokop* (Bewertung, 2003), S. 153. Kontrovers dazu vgl. *Penman* (Response, 2001), S. 685.

[653] Vgl. hierzu auch Kapitel IV.1.

[654] Vgl. *Ohlson* (Valuation, 1995), S. 666f.

[655] Mit der Frage nach den Auswirkungen von Verletzungen des Kongruenzprinzips auf die Erklärungskraft des Residual-Income-Model beschäftigen sich z.B. *Isidoro/O'Hanlon/Young* (Dirty Surplus, 2004), S. 390-392.

[656] Eine Übersicht über Fehler, die bei der Bestimmung von Kapitalkosten auftreten können, findet sich z.B. bei *Bamberger* (Unternehmensbewertung, 1999), S. 661-667.

[657] Vgl. *Ballwieser* (Unternehmensbewertung, 2004), S. 145f.

Folge.[658] Die Aussagekraft der aus den empirischen Studien gewonnenen Erkenntnisse zur Beurteilung der Qualität der Bewertungsmodelle ist vor diesem Hintergrund begrenzt.

6. Fazit

Die Ausführungen des Kapitels sollten empirische Untersuchungen aufzeigen und beurteilen, aus denen Erkenntnisse über die Validität der mit dem Residual-Income-Model verbundenen zentralen Annahmen sowie über die Leistungsfähigkeit des Bewertungsmodells gewonnen werden können. Die Studien wurden vier Kategorien zugeordnet: (i) Studien zum Kongruenzprinzip, (ii) Studien zum Informationsmodell, (iii) Studien zur Erklärung und Prognose von Börsenpreisen und -renditen und (iv) Studien zum Vergleich alternativer Bewertungsmodelle. Zu allen Kategorien wurde eine Vielzahl an nationalen und internationalen Studien identifiziert.

Die Ableitung von aussagekräftigen Erkenntnissen aus den empirischen Studien für die in den nachfolgenden Kapiteln vorgenommene Würdigung des Residual-Income-Model aus Sicht einer Anwendung in Wertrelevanzstudien und im Impairment-Test erweist sich als schwierig. Eine Analyse der empirischen Studien zeigt, dass diese mit unterschiedlichen methodischen Schwächen verbunden sind, welche eine Verzerrung der Untersuchungsergebnisse zur Folge haben können. Die aus den Untersuchungen gewonnenen Erkenntnissen sind folglich vorbehaltlich von aus den methodischen Schwächen resultierenden Verzerrungen zu verstehen.

Die Studien zum Kongruenzprinzip sind zu kritisieren, sofern sie sich auf Erfolgsgrößen beziehen, welche für eine Anwendung im Residual-Income-Model ausscheiden müssen, da einzelne Gewinnkomponenten nicht berücksichtigt werden. Problembehaftet erscheinen ebenso Untersuchungen, welche das Dirty-Surplus als Durchschnittswert über lange Zeiträume bestimmen, da Rechnungslegungssysteme im Zeitablauf teilweise erheblichen Änderungen unterliegen, so dass aus den Durchschnittswerten für das Dirty-Surplus keine sinnvollen Aussagen über das Ausmaß an aktuellen Kongruenzverstößen getroffen werden können.

Auf Querschnittsdaten basierende Untersuchungen zum Informationsmodell sind zu bemängeln, da die Erweiterungen des Residual-Income-Model zur Anwendung bei einem einzelnen Unternehmen konzipiert sind. In Studien auf

---

[658] Vgl. *Lundholm/O'Keefe* (Value, 2001), S. 331

Basis von Zeitreihendaten unterbleibt häufig ein Test auf Stationarität, so dass Scheinzusammenhänge entstehen können. Ebenso wirkt sich die bis heute nicht zufriedenstellend gelöste Konkretisierung der sonstigen Informationen negativ auf die Aussagekraft der Untersuchungsergebnisse zu den Informationsmodellen aus.

Studien zur Erklärung von Börsenpreisen und -renditen erfordern die zunehmend mit Zweifeln behaftete Annahme effizienter Kapitalmärkte: So zeigen vom Residual-Income-Model unabhängige Untersuchungen, dass an Kapitalmärkten in Abhängigkeit von z.B. Kalenderzeit, Wetter und Firmengröße systematisch Überrenditen erzielt werden können und dass bei Unternehmenstransaktionen regelmäßig ein erheblicher Aufschlag auf die Marktkapitalisierung eines Unternehmens bezahlt wird. Börsenpreise können deshalb nicht als zuverlässiger Schätzer für den Marktwert des Eigenkapitals eines Unternehmens herangezogen werden. Nicht zufriedenstellend gelöst wird ferner die in den Studien vorgenommene Anpassung des Residual-Income-Model an risikoaverse Investoren.

An den Untersuchungen zum Vergleich alternativer Bewertungsmodelle lässt sich beanstanden, dass die Studien Bewertungsfehler relativ zum Börsenpreis eines Unternehmens berechnen, ein Vorgehen, welches wiederum effiziente Kapitalmärkte erfordert. In den Studien identifizierte Unterschiede zwischen den Bewertungsmodellen sind außerdem auf Inkonsistenzen bei der Schätzung der Zukunftserfolge und der Kapitalkosten sowie auf eine fehlende Bereinigung von Kongruenzverstößen bei der Implementierung des Residual-Income-Model zurückzuführen.

V.   Analyse einer Anwendung des Residual-Income-Model im Impairment-Test für Goodwill nach US-GAAP und IFRS

1.   Darstellung des Anwendungsbereichs

1.1.   Vorgehensweise beim Impairment-Test

In der Literatur wird das Residual-Income-Model teilweise als ein Bewertungsmodell empfunden, das bei der Überprüfung der Werthaltigkeit des Goodwill im Rahmen des Impairment-Tests den Discounted-Cash-Flow-Verfahren und der Ertragswertmethode vorzuziehen ist.[659] Um die mit dem Residual-Income-Model verbundenen Vorzüge diskutieren zu können,[660] sind zunächst die Vorgehensweise beim Impairment-Test und die aus den gesetzlichen Vorgaben resultierenden Anforderungen an ein Bewertungskalkül darzustellen. Dies geschieht im Folgenden.

Bei einer Bilanzierung nach US-GAAP ist die Behandlung des Goodwill aus Kapitalkonsolidierung in SFAS 141 und SFAS 142 geregelt.[661] Der Goodwill entspricht demnach dem Betrag, welcher vom Erwerber über die zum *fair value* (beizulegender Zeitwert) einzeln bewerteten Vermögensgegenstände und Schulden hinaus bezahlt wird. Nach SFAS 141.39 gehören zu den vom zu aktivierenden Goodwill zu trennenden Vermögenswerten auch immaterielle Vermögenswerte, welche nach dem Kriterium der Identifizierbarkeit separat bilanziert werden können.[662]

Da der Goodwill eine Residualgröße ist,[663] lassen sich keine von anderen Vermögenswerten und Schulden unabhängigen Zahlungsströme zuordnen.[664]

---

[659]   Vgl. etwa *AAA* (Goodwill, 2001), S. 161-170; *Coenenberg/Schultze* (Konzeptionen, 2002), S. 607-609; *Schultze/Hirsch* (Controlling, 2005), S. 156-159.

[660]   Vgl. hierzu das nachfolgende Kapitel.

[661]   Detaillierte Ausführungen zum Impairment-Test nach US-GAAP finden sich etwa bei *Baetge/Kümmel* (Rechnungslegung, 2003), S. 4-9; *Esser* (Goodwillbilanzierung, 2005), S. 63-132; *Richter* (Goodwill, 2004), S. 101-245.

[662]   Vermögenswerte gelten nach SFAS 141.39 als identifizierbar, wenn sie einzeln oder im Verbund mit anderen Vermögenswerten, Schulden oder Verträgen unternehmensextern verwertbar sind (*separability criterion*) und/oder wenn sie auf vertraglichen Vereinbarungen oder anderen rechtlichen Grundlagen beruhen (*contractual/legal criterion*). Ziel dieser Abgrenzung ist eine Reduzierung des aus dem Goodwill resultierenden zukünftigen außerplanmäßigen Abschreibungspotenzials. Vgl. *Baetge/Kümmel* (Rechnungslegung, 2003), S. 6.

[663]   Vgl. *Esser* (Goodwillbilanzierung, 2005), S. 81; *Hachmeister* (Impairment, 2005), S. 203.

[664]   Vgl. *Hitz* (Rechnungslegung, 2005), S. 128.

Die US-GAAP sehen deshalb für eine Überprüfung des Abschreibungsbedarfs auf den Goodwill bei der Folgekonsolidierung ein Gesamtbewertungskalkül auf Ebene der *reporting units* (Berichteinheiten) vor. Als Berichteinheit wird nach SFAS 142.30 ein operatives Segment oder die eine Ebene darunterliegende Einheit verstanden. Zur Durchführung des Impairment-Tests sind die Vermögensgegenstände und Schulden nach in SFAS 142.32 und SFAS 142.33 definierten Kriterien den Berichteinheiten zuzuordnen. Gleiches gilt für den Geschäfts- oder Firmenwert, wobei nach SFAS 142.34 bei der Zuordnung die Berichteinheiten zu berücksichtigen sind, denen ein erwarteter Nutzen aus dem Unternehmenszusammenschluss zufließt.

Die Überprüfung der Werthaltigkeit des Goodwill erfolgt zweistufig.[665] Zunächst ist nach SFAS 142.19 der Buchwert der Berichteinheit mit deren *fair value* zu vergleichen, wobei es sich beim *fair value* einer Berichteinheit nach SFAS 142.23 um einen marktorientierten Wertmaßstab handelt, welcher sich an dem Betrag zu orientieren hat, der beim Kauf (Verkauf) der Berichteinheit aufgebracht werden müsste (erzielt werden könnte).[666] Übersteigt der Buchwert den *fair value* der Berichteinheit, wird anschließend ein impliziter beizulegender Zeitwert des Goodwill der Berichteinheit bestimmt (SFAS 142.20). Dieser resultiert aus der Differenz zwischen dem *fair value* der Berichteinheit und dem *fair value* der neubewerteten Vermögenswerte und Schulden. Ein Abschreibungsbedarf ergibt sich, wenn der implizite *fair value* des Goodwill geringer ausfällt als der in der Bilanz erfasste.[667] Der Impairment-Test muss nach SFAS 142.26 für jede Berichteinheit mindestens einmal pro Jahr zum jeweils gleichen Stichtag wiederholt werden.[668]

Die IFRS behandeln den Goodwill in IFRS 3 und IAS 36.[669] Die Regelungen sind im Wesentlichen mit denen bei der Bilanzierung nach US-GAAP vergleich-

---

[665]   Für eine grafische Darstellung des Vorgehens beim Impairment-Test nach US-GAAP vgl. *Richter* (Goodwill, 2004), S. 104.

[666]   Der beizulegende Zeitwert ist in einem Stufenkonzept zu ermitteln. Als bestmöglicher Indikator wird der Marktpreis einer Berichteinheit angesehen. Liegt dieser nicht vor, kann auf Marktpreise vergleichbarer Unternehmen zurückgegriffen werden. Fehlen auch diese, kann der beizulegende Zeitwert mit Hilfe von auf dem Barwertkalkül basierenden Bewertungsverfahren ermittelt werden. Zu diesem Stufenkonzept vgl. z.B. *Baetge/Zülch* (Accounting, 2001), S. 547; *Kümmel* (Grundsätze, 2002), S. 57-61.

[667]   Nach SFAS 142.20 darf die Abschreibung den Buchwert des Goodwill nicht überschreiten. Eine Zuschreibung des Goodwill ist nicht zulässig.

[668]   Zusätzlich ist der Impairment-Test unterjährig durchzuführen, wenn verschiedene, nach in SFAS 142.28 angeführte Indikatoren auf eine dauerhafte Wertminderung des Goodwill hindeuten.

[669]   Detaillierte Ausführungen zum Impairment-Test nach IFRS finden sich z.B. bei *Pellens/Fülbier/Gassen* (Rechnungslegung, 2006), S. 697-703; *Dobler* (Folgebewertung, 2005),

bar,[670] weshalb nachfolgend ausschließlich auf die einzelnen Unterschiede zwischen IFRS und US-GAAP im Überblick eingegangen wird.

In Bezug auf die Abgrenzung der in IFRS als *cash generating unit* bezeichneten Berichtseinheiten unterscheiden sich die nach IAS 36.6 heranzuziehenden Kriterien von den in SFAS 142.30 definierten. Formale Kriterien werden in den IFRS bei der Abgrenzung im Vergleich zu unternehmensindividuellen Gegebenheiten weniger stark gewichtet.[671] So hat die Überwachung des Goodwill auf einer Ebene mit im Unternehmen bestehenden Berichtsstrukturen zu erfolgen.[672] Darüber hinaus verzichtet IAS 36 auf die Definition einer Mindestgröße für die Berichtseinheit,[673] wohingegen nach SFAS 142.130 die Berichtseinheiten maximal eine Ebene unterhalb eines operativen Segments festgestellt werden dürfen.

Hinsichtlich der einer Berichtseinheit zuzuordnenden Wertkategorie verweist IFRS auf den *recoverable amount* anstelle des *fair value*. Nach IAS 36.105 beschränkt sich der *recoverable amount* im Gegensatz zum *fair value* nicht auf einen marktorientierten Wertmaßstab für die Berichtseinheit. Anzusetzen ist stattdessen der höhere Wert aus *fair value less costs to sell* (Nettoveräußerungswert) und *value in use* (Nutzungswert).

Schließlich verlangt IAS 36.104 ein einstufiges Vorgehen bei der Durchführung des Impairment-Tests. Im Vergleich zu SFAS 142 verzichtet das IASB auf die Bestimmung des Werts eines impliziten Goodwill, was im Vergleich zum Impairment-Test nach US-GAAP als bedeutendster Unterschied erachtet wird.[674] Eine positive Differenz zwischen *recoverable amount* und Buchwert der Vermögensgegenstände wird direkt gegen den Geschäfts- oder Firmenwert verrechnet.

1.2.　Anforderungen an ein Bewertungskalkül

Da für die Berichtseinheiten eines Unternehmens regelmäßig keine Marktwerte existieren,[675] erfordert der Werthaltigkeitstest für den Goodwill sowohl bei einer Bilanzierung nach US-GAAP als auch nach IFRS zur Bestimmung des *fair*

S. 24-29; *Küting/Wirth* (Firmenwertbilanzierung, 2005), S. 199-206; *Hachmeister* (Impairment, 2005), S. 202-207.
[670]　Vgl. *Hachmeister* (Impairment, 2005), S. 207.
[671]　Vgl. *Brücks/Kerkhoff/Richter* (Impairmenttest, 2005), S. 2f.
[672]　Vgl. *Hachmeister* (Impairment, 2005), S. 204.
[673]　Vgl. auch *Esser* (Goodwillbilanzierung, 2005), S. 140f.
[674]　Vgl. *Pellens/Fülbier/Gassen* (Rechnungslegung, 2006), S. 721; *Hachmeister* (Impairment, 2005), S. 212.
[675]　Vgl. hierzu *Mujkanovic* (International, 2002), S. 203f.

value einer *reporting unit* (SFAS 142.23-25) bzw. des *value in use* einer *cash generating unit* (IAS 36.30-57) eine Bestimmung von Unternehmenswerten.[676] In Bezug auf die Bewertung der Berichtseinheiten schreiben SFAS 142.24 i.V.m. SFAC 7.23 und IAS 36.30 vor, dass bei der Bewertung

(1) die in Zukunft aus der *reporting unit* bzw. der *cash generating unit* zu erwartenden Zahlungsströme,[677]
(2) die Erwartungen über deren Variationen in Höhe und zeitlichem Anfall,
(3) der Zeitwert des Geldes,[678] ausgedrückt durch den risikolosen Zinssatz,
(4) das Risiko in den zukünftigen Zahlungsströmen und
(5) andere Faktoren wie Marktunvollkommenheiten

zu berücksichtigen sind.[679] Vorgaben zu konkreten Bewertungsverfahren enthalten die gesetzlichen Regelungen nicht.[680] Die gesetzlichen Anforderungen werden jedoch als mit den Discounted-Cash-Flow-Verfahren, der Ertragswertmethode und mit dem Residual-Income-Model vereinbar erachtet.[681] Aufgrund der schematischen Prognose der Zukunftserfolge ist eine Vereinbarkeit der Anforderungen mit den Erweiterungen des Residual-Income-Model jedoch nicht gegeben,[682] so dass sich eine Anwendung der Erweiterungen des Residual-Income-Model im Werthaltigkeitstest verbietet.

Über die gesetzlichen Anforderungen hinaus lassen sich zwei weitere Kriterien für die Beurteilung der Eignung eines Bewertungsmodells für den Impairment-Test identifizieren. Zunächst ist durch die Notwendigkeit, regelmäßig Unternehmensbewertungen durchführen zu müssen, die Überprüfung der Werthaltigkeit

---

[676] Vgl. *Baetge/Kümmel* (Rechnungslegung, 2003), S. 10; *Richter* (Goodwill, 2004), S. 157.
[677] Bezüglich der Ableitung der zu erwartenden Zahlungsströme werden von US-GAAP und IFRS unterschiedliche Herangehensweisen postuliert. Nach SFAS 142.24 hat sich die Zahlungsstrom-Prognose primär an den Annahmen von Marktteilnehmern zu orientieren, wohingegen nach IAS 36.33 die Annahmen des Managements im Vordergrund stehen. Zu weiteren Details vgl. z.B. *Richter* (Goodwill, 2004), S. 193-201; *Hachmeister* (Impairment, 2005), S. 217f.
[678] Der Zeitwert des Geldes ist durch Diskontierung der Cash-Flows zu berücksichtigen.
[679] Zu weiteren Details bezüglich der Anforderungen an eine Bewertung vgl. z.B. *Ballhaus/Futterlieb* (Accounting, 2003), S. 568-570; *Hachmeister* (Impairment, 2005), S. 213-221.
[680] Vgl. *Ballwieser* (Bilanzierung, 2006), S. 275.
[681] Vgl. *Coenenberg/Schultze* (Konzeptionen, 2002), S. 610; *Hitz/Kuhner* (Neuregelung, 2002), S. 278; *Baetge/Kümmel* (Rechnungslegung, 2003), S. 1; *Richter* (Goodwill, 2004), S. 192-215. Zu den Unterschieden zwischen der Bewertungstheorie und den IFRS-Regelungen vgl. *Ballwieser* (Bilanzierung, 2006), S. 278f.
[682] Vgl. *Ballwieser* (Residualgewinnmodell, 2004), S. 62.

des Goodwill mit erheblichem Aufwand verbunden.[683] Um diesen geringst zu halten, werden für den Impairment-Test leicht zu implementierende Bewertungen gesucht.[684]

Weiterhin hat der Sachverhalt, dass die Rechnungslegung entscheidungsnützliche Informationen liefern soll, Auswirkungen auf die Bewertung. In diesem Zusammenhang ist insbesondere die Verlässlichkeit der durch die Bewertung vermittelten Informationen hervorzuheben.[685] Um eine Vermittlung verlässlicher Informationen zu gewährleisten, ist der Ermessensspielraum des Bilanzierenden einzuengen.[686] Außerdem sind Verfahrensfehler bei der Bewertung möglichst auszuschalten. Gefragt sind deshalb nachprüfbare Bewertungen.[687]

2. Würdigung des Residual-Income-Model

2.1. Vermeintliche Vorzüge

Das Residual-Income-Model lässt sich unter der Annahme des Kongruenzprinzips in die Ertragswertmethode und in die Discounted-Cash-Flow-Verfahren überführen. Geht man von identischen Plandaten aus, führen alle Modelle zum selben Bewertungsergebnis.[688] Trotz dieser Äquivalenz werden dem Residual-Income-Model bei der Bewertung zur Überprüfung der Werthaltigkeit des Goodwill Vorzüge gegenüber der Ertragswertmethode und den Discounted-Cash-Flow-Verfahren zugesprochen.[689] Vor diesem Hintergrund verfolgt die vorliegende Arbeit das Ziel, das Residual-Income-Model aus Sicht einer Anwendung im Impairment-Test kritisch zu würdigen. Dazu wird eine argumentative Auseinandersetzung mit den Vorzügen vorgenommen, welche dem Modell bei dieser Anwendung zuerkannt werden. Gegenstand der Diskussion sind die drei nachstehenden Vorzüge, die Abb. 2 überblicksartig darstellt.

---

[683] Vgl. *Hachmeister* (Impairment, 2005), S. 222.

[684] Vgl. *Ballwieser* (Unternehmensbewertung, 2004), S. 2.

[685] Vgl. *Baetge/Kümmel* (Rechnungslegung, 2003), S. 12.

[686] Vgl. *Richter* (Goodwill, 2004), S. 154; *Hachmeister* (Impairment, 2005), S. 214f.

[687] Vgl. *Ballwieser* (Unternehmensbewertung, 2004), S. 1f.

[688] Vgl. *AAA* (Goodwill, 2001), S. 169; *Coenenberg/Schultze* (Konzeptionen, 2002), S. 616.

[689] Vgl. z.B. *Coenenberg/Schultze* (Konzeptionen, 2002), S. 616f.; *Schultze/Hirsch* (Controlling, 2005), S. 156-159.

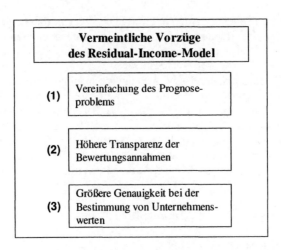

**Vermeintliche Vorzüge
des Residual-Income-Model**

(1) Vereinfachung des Prognoseproblems

(2) Höhere Transparenz der
Bewertungsannahmen

(3) Größere Genauigkeit bei der
Bestimmung von Unternehmenswerten

Abb. 2: Vermeintliche Vorzüge der Grundform des Residual-Income-Model

(1) <u>Vereinfachung des Prognoseproblems:</u> Durch die Einbeziehung des Buchwerts des Eigenkapitals in das Bewertungskalkül wird dem Residual-Income-Model eine Vereinfachung des Prognoseproblems bei der Unternehmensbewertung als Vorzug zuerkannt.[690] Dies wird zum einen darauf zurückgeführt, dass der Buchwert des Eigenkapitals als sichere Größe aus der Bilanz eines Unternehmens entnommen werden kann.[691] Er wird deshalb als Untergrenze für den Unternehmenswert interpretiert.[692] Zum anderen wird argumentiert, dass sich durch die Berücksichtigung des Buchwerts des Eigenkapitals im Bewertungskalkül der Anteil des Fortführungswerts am Unternehmenswert verringert.[693] Daneben wird angeführt, dass sich bei einer Anwendung des Residual-Income-Model die Prognosezeiträume verkürzen lassen, da die zu diskontierenden Zukunftserfolge aufgrund geringerer

---

[690] Vgl. *Penman/Sougiannis* (Valuation, 1998), S. 376; *AAA* (Goodwill, 2001), S. 168; *Koch* (Verfahren, 2005), S. 81 und S. 98. Nach *Hüfner* (Aktienbewertung, 2000), S. 79, „löst der Buchwert des Eigenkapitals schon einen Großteil der Prognoseaufgabe (...) Dabei gilt: Je größer der Anteil des Eigenkapitalbuchwerts am zu erklärenden Aktiengesamtwert ist, umso prognosegeeigneter erscheint das Bestands-Stromgrößen-Bewertungsmodell.“

[691] Vgl. *Baur* (Evidenz, 2004), S. 132.

[692] Vgl. *Möller/Hüfner* (Bedeutung, 2002), S. 421.

[693] Vgl. *Hüfner* (Aktienbewertung, 2000), S. 70-73 und S. 79; *AAA* (Goodwill, 2001), S. 164; *Schultze* (Kombinationsverfahren, 2003), S. 462; *Baur* (Evidenz, 2004), S. 132; *Koch* (Verfahren, 2005), S. 100f.

Schwankungen im Vergleich zu anderen Bewertungsverfahren wie der Ertragswertmethode einen Gleichgewichtszustand früher erreichen.[694]

(2) Höhere Transparenz der Bewertungsannahmen: Bei einer Anwendung des Residual-Income-Model im Phasenmodell ist zu untersuchen, welche Faktoren es einem Unternehmen über den Detailplanungszeitraum hinaus erlauben, eine über den Kapitalkosten liegende Rendite zu erzielen. Weil die Kosten für das eingesetzte Kapital bei dem im Restwert kapitalisierten nachhaltigen Residualgewinn direkt berücksichtigt werden, wird als Vorteil angeführt, dass das Residual-Income-Model im Vergleich zu den zahlungsstromorientierten Bewertungsverfahren die Transparenz der Planungsannahmen insbesondere im Restwert erhöht.[695]

(3) Größere Genauigkeit bei der Bestimmung von Unternehmenswerten: Nachdem in empirischen Untersuchungen eine Bewertung auf Basis des Residual-Income-Model im Vergleich zur Ertragswertmethode und den Discounted-Cash-Flow-Verfahren zu einem geringeren Bewertungsfehler führt, wird dem Modell eine größere Genauigkeit bei der Bewertung von Unternehmen attestiert.[696]

Um, ausgehend von den vermeintlichen Vorzügen, das Residual-Income-Model würdigen zu können, sind die Anforderungen zu berücksichtigen, welche an ein für den Impairment-Test geeignetes Bewertungskalkül gestellt werden. In diesem Zusammenhang gilt es insbesondere zu prüfen, ob die Verwendung des Residual-Income-Model eine im Vergleich zur Ertragswertmethode und den Discounted-Cash-Flow-Verfahren kostengünstigere und besser nachprüfbare Bewertung beim Impairment-Test ermöglicht.

2.2. Vereinfachung des Prognoseproblems

Eine Erhöhung der Bewertungssicherheit durch die Berücksichtigung des Buchwerts des Eigenkapitals im Bewertungskalkül – wie als Vorzug des

---

[694] Vgl. *Penman/Sougiannis* (Valuation, 1998), S. 367; *Coenenberg/Schultze* (Unternehmensbewertung, 2003), S. 121; *Schultze/Hirsch* (Controlling, 2005), S. 95.

[695] Vgl. *Coenenberg/Schultze* (Konzeptionen, 2002), S. 607-609; *Schultze* (Kombinationsverfahren, 2003), S. 462; *Prokop* (Einsatz, 2004), S. 192; *Schultze/Hirsch* (Controlling, 2005), S. 91.

[696] Vgl. *Baur* (Evidenz, 2004), S. 132; *Palepu/Healy/Bernard* (Analysis, 2004), Kap. 7 S. 15f. *Schultze* (Kombinationsverfahren, 2003), S. 462, spricht in diesem Zusammenhang von der Überlegenheit bei der Erklärung kapitalmarktorientierter Unternehmenswerte.

Residual-Income-Model angeführt – setzt die Werthaltigkeit des bilanziellen Eigenkapitals voraus.[697] Diese darf jedoch, ähnlich wie dies beim Substanzwertverfahren der Fall ist, nicht unterstellt werden.[698] Sie ist vielmehr durch Diskontierung von zukünftigen Erträgen bzw. Cash-Flows zu überprüfen. Bei der Berechnung von Unternehmenswerten mit dem Residual-Income-Model lässt sich daher der Buchwert des Eigenkapitals nicht ohne den Umweg über die Schätzung zukünftiger finanzieller Überschüsse ansetzen.[699] Im Vergleich zur Ertragswertmethode und den Discounted-Cash-Flow-Verfahren ergibt sich durch die Einbeziehung des bilanziellen Eigenkapitals in das Bewertungskalkül deshalb keine größere Bewertungssicherheit.

In ähnlicher Weise lässt sich gegen die Vereinfachung des Restwertproblems als Vorzug des Residual-Income-Model argumentieren.[700] Der Residualgewinn im Restwert hängt neben dem erwarteten Gewinn und den Kapitalkosten vom bilanziellen Eigenkapital zum Zeitpunkt der Restwertbildung ab.[701] Zu dessen Bestimmung müssen neben den zukünftigen Periodenerfolgen wiederum die zu erwartenden finanziellen Überschüsse des Unternehmens geschätzt werden. Trotz des geringeren Anteils des Restwerts am Unternehmenswert ist deshalb mit einer Anwendung des Residual-Income-Model keine Vereinfachung des Restwertproblems im Vergleich zur Ertragswertmethode und den Discounted-Cash-Flow-Verfahren verbunden.[702]

Die Anzahl der zur Bewertung detailliert zu planenden Jahre hängt vom erwarteten Markt- und Wettbewerbsumfeld des Unternehmens ab.[703] Ein Übergang in den Fortführungswert ist nach gängiger Meinung in der Literatur dann zulässig, wenn das Unternehmen einen Zustand mit konstanten oder konstant wachsenden finanziellen Überschüssen erreicht hat.[704] Da – wie oben gezeigt – die finanziellen Überschüsse eines Unternehmens auch bei einer Bewertung mit dem Residual-Income-Model maßgeblich sind, lässt sich der Zeitraum, für den eine

---

[697]   Vgl. *Ballwieser* (Unternehmensbewertung, 2004), S. 188.
[698]   Vgl. *Moxter* (Grundsätze, 1983), S. 41-50; *Ballwieser* (Unternehmensbewertung, 2004), S. 188f. Als Beispiel sei der Bilanzskandal von Enron angeführt, wo es zu einer Kürzung des Eigenkapitals kam, ohne dass sich die Zahlungsströme des zugrunde liegenden Geschäfts geändert hätten. Vgl. hierzu *Zimmermann* (Unternehmenspublizität, 2002), S. 312.
[699]   Vgl. *Ballwieser* (Unternehmensbewertung, 2004), S. 188f.
[700]   Vgl. *Soffer/Soffer* (Analysis, 2003), S. 279.
[701]   Vgl. *Franke/Hax* (Finanzwirtschaft, 2004), S. 91-94.
[702]   Vgl. *Schultze/Hirsch* (Controlling, 2005), S. 89.
[703]   Vgl. *Hostettler* (EVA, 2002), S. 201; *Soffer/Soffer* (Analysis, 2003), S. 220; *Schultze/Hirsch* (Controlling, 2005), S. 91.
[704]   Vgl. *Damodaran* (Valuation, 2002), S. 303; *Brealey/Myers* (Finance, 2003), S. 77; *Hayn* (Unternehmen, 2003), S. 165; *Ballwieser* (Unternehmensbewertung, 2004), S. 64.

Detailplanung vorzunehmen ist, bei einer Anwendung des Modells nicht verkürzen.[705]

Überträgt man diese Erkenntnisse auf eine Anwendung des Residual-Income-Model beim Impairment-Test, zeigt sich, dass die Berechnung des Werts der Berichtseinheiten im Vergleich zur Ertragswertmethode und den Discounted-Cash-Flow-Verfahren in geringem Umfang mit höherem Aufwand verbunden ist.[706] Dies ist darauf zurückzuführen, dass zur Bewertung der Berichtseinheiten die zukünftigen finanziellen Überschüsse *und* Periodenerfolge sowie Buchwerte des Eigenkapitals ermittelt werden müssen, so dass die Informationsanforderungen im Vergleich zu den zahlungsstromorientierten Verfahren höher sind.[707] Das Prognoseproblem kann durch das Residual-Income-Model dagegen nicht vereinfacht werden,[708] den höheren Kosten stehen somit keine Einsparungen gegenüber.

Daneben lässt sich erkennen, dass die dem Residual-Income-Model zugrunde liegenden Annahmen insbesondere über die Werthaltigkeit des Buchwerts des Eigenkapitals ohne zusätzliche Informationen über die künftige Entwicklung der finanziellen Überschüsse einer Berichtseinheit kaum nachzuprüfen sind. So kann etwa eine Änderung der Bilanzierungsregeln eine Veränderung des Buchwerts des Eigenkapitals und der zukünftigen Periodenerfolge zur Folge haben, ohne dass sich die zukünftigen Erträge und folglich der Wert der Berichtseinheit verändern.[709] Durch die Berücksichtigung des bilanziellen Eigenkapitals im Bewertungskalkül ist eine verbesserte Nachprüfbarkeit der Bewertung mit dem Residual-Income-Model im Vergleich zu anderen, für den Impairment-Test in Frage kommenden Bewertungsverfahren deshalb nicht gewährleistet.

2.3.   Höhere Transparenz der Bewertungsannahmen

Die Analyse der Entwicklung eines Unternehmens im Vergleich zum Wettbewerb stellt grundsätzlich eine wichtige Voraussetzung bei der Bewertung von Unternehmen dar.[710] Überlegungen, inwiefern es einem Unternehmen gelingt, über den Detailplanungszeitraum hinaus eine über den Kapitalkosten (bzw. über dem Wettbewerb) liegende Rendite zu erwirtschaften, beschränken sich daher nicht auf das Residual-Income-Model. Sie stellen vielmehr bei einer Anwen-

---

[705]   Vgl. auch *Hostettler* (EVA, 2002), S. 201f. und S. 209-211.
[706]   Vgl. *Küpper* (Controlling, 2005), S. 147; *Laux* (Kapitalmarkt, 2006), S. 476.
[707]   Vgl. *Küpper* (Controlling, 2005), S. 147.
[708]   Vgl. *Laux* (Kapitalmarkt, 2006), S. 476.
[709]   Vgl. *Soffer/Soffer* (Analysis, 2003), S. 278.
[710]   Vgl. *Ballwieser* (Unternehmensbewertung, 2004), S. 187f.

dung der zahlungsstrombasierten Bewertungsverfahren ebenso einen wichtigen Bestandteil der Bewertung dar.[711]

Außerdem erweist sich – wie *Ballwieser* anhand eines Beispiels zeigt – die Beurteilung der Wettbewerbspositionierung eines Unternehmens anhand der Residualgewinne einzelner Perioden als problematisch,[712] da das Residual-Income-Model über das Kongruenzprinzip hinaus keine weiteren Anforderungen stellt, wie der in die Berechnung der Übergewinne einfließende Buchwert des Eigenkapitals bzw. der Periodenerfolg zu berechnen sind. Solange sämtliche Eigenkapitalbewegungen, die nicht mit Anteilseignern aufgrund des Gesellschaftsverhältnisses entstehen, in der GuV erfasst werden, kann der Buchwert des Eigenkapitals (der Periodenerfolg) im Residual-Income-Model beliebig angesetzt werden.[713] Dies führt dazu, dass die Höhe des Residualgewinns einer Periode ebenfalls willkürlich beeinflusst werden kann: So lässt sich z.B. durch geeignete Bilanzpolitik der Residualgewinn einer Periode erhöhen, ohne dass sich das Markt- und Wettbewerbsumfeld und folglich die zu diskontierenden Erträge bzw. Cash-Flows des Unternehmens verändern.[714] Eine Beurteilung der Wettbewerbspositionierung eines Unternehmens hängt daher von der Ertragsentwicklung eines Unternehmens und nicht von den berechneten Residualgewinnen ab.[715]

Schließlich kann gezeigt werden, dass sich z.B. beim WACC-Ansatz die Free-Cash-Flows im Restwert unter bestimmten Annahmen aus der Rendite auf das investierte Kapital, dem investierten Kapital und dessen Wachstumsrate ableiten lassen,[716] so dass die Discounted-Cash-Flow-Verfahren auf eine in Bezug auf die vermeintliche Transparenz der reinen Darstellung der im Restwert unterstellten Rentabilität in eine dem Residual-Income-Model ebenbürtige Form gebracht werden können.

Aus Sicht einer Anwendung im Impairment-Test erweist sich das Residual-Income-Model den zahlungsstromorientierten Bewertungsverfahren dementsprechend nicht als überlegen. Weder kann der Aufwand der Bewertung reduziert werden, da sich die Frage nach der Dauer von Überrenditen bei der Ertragswertmethode und den Discounted-Cash-Flow-Verfahren gleichermaßen stellt. Deren Beantwortung ist nur durch eine vom gewählten Bewertungsmodell

---

[711]   Vgl. auch *Soffer/Soffer* (Analysis, 2003), S. 220.
[712]   Vgl. *Ballwieser* (Unternehmensbewertung, 2004), S. 188.
[713]   Vgl. *Schultze* (Kombinationsverfahren, 2003), S. 462f.; *Küpper* (Controlling, 2005), S. 148.
[714]   Vgl. *Soffer/Soffer* (Analysis, 2003), S. 220
[715]   Vgl. *Ballwieser* (Unternehmensbewertung, 2004), S. 188.
[716]   Vgl. *Aders/Schröder* (Ermittlung, 2004), S. 102f.

unabhängige Markt- und Wettbewerbsanalyse möglich. Noch führt das Residual-Income-Model zu einer Verbesserung der Nachprüfbarkeit der Bewertung, weil sich die Wettbewerbsposition eines Unternehmens nach dem Ende des Detailplanungszeitraums aus den im Restwert diskontierten Residualgewinnen nicht zuverlässig beurteilen lässt.

2.4. Größere Genauigkeit bei der Bestimmung von Unternehmenswerten

Empirische Untersuchungen, welche das Residual-Income-Model mit anderen Bewertungsverfahren auf Basis von Bewertungsfehlern vergleichen, bedienen sich der Börsenkapitalisierung eines Unternehmens als Referenzgröße. Das Modell, welches die geringste Differenz zwischen Unternehmenswert und Börsenkapitalisierung aufweist, wird als für die Bewertung von Unternehmen am besten geeignet erachtet.[717] Nach diesem Muster durchgeführte empirische Studien wurden in Kapitel IV.5 ausführlich dargestellt. Die Ergebnisse der Studien fasst Tabelle 1 zusammen.

Autor(en)	Stichprobe, Untersuchungszeitraum	Untersuchte Modelle	Wesentliche Ergebnisse
Penman/ Sougiannis (Valuation, 1998)	75.450 Firmenjahre; 1973–1990	Residual-Income-Model, Dividenden-Diskontierungs-Modell, Free-Cash-Flow-Verfahren	Bei Vernachlässigung des Restwerts führt das Residual-Income-Model zum geringsten Bewertungsfehler; Dividenden-Diskontierungs-Modell ist bei Einbeziehung des Restwerts annähernd dem Residual-Income-Model gleichwertig.
Francis/Olsson/Oswald (Accuracy, 2000)	2.907 Firmenjahre; 1989–1993	Residual-Income-Model, Dividenden-Diskontierungs-Modell, Free-Cash-Flow-Verfahren	Alle Modelle unterschätzen den Börsenpreis; Residual-Income-Model führt zu geringstem absoluten Schätzfehler.

---

[717]   Vgl. *Baur* (Evidenz, 2004), S. 164f.

Autor(en)	Stichprobe, Untersuchungszeitraum	Untersuchte Modelle	Wesentliche Ergebnisse
Courteau/ Kao/Richardson (Terminal Value, 2001)	2.500 Firmenjahre; 1992–1996	Residual-Income-Model, Free-Cash-Flow-Verfahren	Restwert hat beim Residual-Income-Model geringeren Anteil am Unternehmenswert; bei einer Ableitung des Restwerts aus dem Börsenpreis führt das Residual-Income-Model zu einem ähnlichen Bewertungsfehler wie das Free-Cash-Flow-Verfahren.
Baur (Bewertung, 2004)	25.188 Firmentage; 1996–2002	Residual-Income-Model, Dividenden-Diskontierungs-Modell, Flow-to-Equity-Verfahren	Alle Modelle unterschätzen den Börsenpreis; relativer Bewertungsfehler ist für das Flow-to-Equity-Verfahren am geringsten, absoluter Bewertungsfehler für das Residual-Income-Model.

Tabelle 1: Überblick über empirische Studien zum Vergleich alternativer Bewertungsmodelle

Mit Ausnahme der Studie von *Courteau/Kao/Richardson*[718] kommen die empirischen Untersuchungen zu dem Ergebnis, dass das Residual-Income-Model den Discounted-Cash-Flow-Verfahren und dem Dividenden-Diskontierungs-Modell bei einer Anwendung in der Unternehmensbewertung aus empirischer Sicht überlegen ist, da die berechneten Bewertungsfehler für das Residual-Income-Model im Durchschnitt am geringsten ausfallen. Aus den Ergebnissen der Studien lässt sich ferner erkennen, dass im Durchschnitt mit sämtlichen Modellen ein Unternehmenswert berechnet wird, welcher unterhalb der beobachteten Börsenkapitalisierung liegt.

Allerdings ist die Aussagekraft der empirischen Erkenntnisse für eine Beurteilung der Bewertungseignung der untersuchten Modelle aufgrund der den Studien entgegengehaltenen Kritikpunkte äußerst fraglich. Diese beziehen sich – wie in Kapitel IV.5.4. dargestellt – vor allem auf

(1) die Verwendung von Börsenpreisen als Referenzgröße zu Beurteilung der Bewertungsmodelle,
(2) die bei der Bestimmung des Fortführungswerts getroffenen Annahmen,
(3) eine fehlende Bereinigung von Verletzungen des Kongruenzprinzips und
(4) die bei der Festlegung der Diskontierungsfaktoren getroffenen Annahmen.

---

[718] Vgl. *Courteau/Kao/Richardson* (Terminal Value, 2001), S. 642f.

Die Begrenzung der empirischen Studien auf öffentlich vorhandene Daten (Vergangenheitsdaten, Analystenschätzungen) spricht gegen eine Verwendung der Untersuchungsergebnisse zur Beurteilung des Residual-Income-Model aus Sicht des Impairment-Tests. Durch die Beschränkung auf Vergangenheitsdaten und Analystenschätzungen unterstellen die Studien einen Informationsstand des Bewerters, welcher der Situation beim Impairment-Test nicht entspricht.[719] Für die bilanzielle Unternehmensbewertung stehen neben den öffentlich verfügbaren Daten vor allem detaillierte unternehmensinterne Plan-Bilanzen, Plan-GuV-Rechnungen und Plan-Kapitalflussrechnungen zur Verfügung.[720] Das Residual-Income-Model führt bei Konsistenz dieser Informationen zum gleichen Unternehmenswert wie das Dividenden-Diskontierungs-Modell und die Discounted-Cash-Flow-Verfahren.[721]

3. Fazit

Die Durchführung des Impairment-Tests zur Überprüfung der Werthaltigkeit des Goodwill aus Kapitalkonsolidierung erfordert bei einer Bilanzierung nach US-GAAP und IFRS regelmäßig die Durchführung von Unternehmensbewertungen auf Ebene der Berichtseinheiten eines Unternehmens. Als dafür in Frage kommendes Verfahren wird das Residual-Income-Model propagiert, dem drei Vorzüge im Vergleich zu den zahlungsstromorientierten Bewertungsverfahren zugesprochen werden: Das Modell sei in der Lage, (i) das Prognoseproblem zu vereinfachen, (ii) die Transparenz der Bewertungsannahmen zu erhöhen und (iii) die Genauigkeit bei der Bestimmung von Unternehmenswerten zu verbessern.

Zur kritischen Auseinandersetzung mit diesen Vorzügen greift die vorliegende Arbeit auf die Kriterien Kosten und Nachprüfbarkeit zurück, an welchen sich – nach Meinung in der Literatur – die bilanzielle Bewertung zu orientieren hat. Fasst man die aus der Analyse der Vorzüge gewonnenen Erkenntnisse zusammen, ergibt sich ein für das Residual-Income-Model ernüchterndes Bild.

Das Prognoseproblem in der Bewertung lässt sich durch die Einbeziehung des Buchwerts des Eigenkapitals nicht lösen, da dessen Werthaltigkeit ohne Prüfung der Ertragsentwicklung des Unternehmens nicht unterstellt werden kann. Im Vergleich zu den zahlungsstromorientierten Verfahren ergibt sich deshalb bei

---

[719] Zu theoretischen und empirischen Auseinandersetzungen mit dem Residual-Income-Model bei diesem eingeschränkten Informationsstand vgl. z.B. die Arbeiten von *Hüfner* (Aktienbewertung, 2000); *Baur* (Evidenz, 2004); *Koch* (Verfahren, 2005). Die dortige Diskussion wird im Rahmen dieser Arbeit nicht aufgegriffen.
[720] Vgl. *AAA* (Goodwill, 2001), S. 166f.
[721] Vgl. *AAA* (Goodwill, 2001), S. 168f.

der Bewertung ein zumindest geringfügig höherer Aufwand. Durch die Möglichkeit, die Höhe des Eigenkapitals bei Einhaltung des Kongruenzprinzips willkürlich festzusetzen, verbessert sich auch die Nachprüfbarkeit der Bewertung nicht.

Die Wettbewerbspositionierung eines Unternehmens im Fortführungswert lässt sich anhand der Residualgewinne ohne Kenntnis über die Ertragsentwicklung nur unzureichend beurteilen. Eine Verbesserung der Transparenz der Bewertungsannahmen kann durch das Residual-Income-Model deshalb nicht erreicht werden. Aus Sicht der Kriterien Nachprüfbarkeit und Kosten der Bewertung ergibt sich keine Verbesserung durch das Residual-Income-Model.

Bisherige empirische Untersuchungen zur Genauigkeit der Bewertung mit dem Residual-Income-Model sind aus verschiedenen Gründen zu kritisieren. Gegen eine Verwendung der gewonnenen Erkenntnisse zur Beurteilung des Modells aus Sicht des Impairment-Tests spricht neben der Marktkapitalsierung als Referenzpunkt der Studien vor allem die den Untersuchungen zugrunde liegende Informationsbasis, welche mit der beim Impairment-Test vorgefundenen nicht übereinstimmt.

VI.   Analyse einer Anwendung des Residual-Income-Model in Wertrelevanzstudien

1.   Darstellung des Anwendungsbereichs

1.1.   Intention

Eine Rechnungslegung nach US-GAAP und IFRS hat die Bereitstellung entscheidungsnützlicher Informationen vor allem für Kapitalgeber zum Ziel.[722] Da diese an der Fähigkeit eines Unternehmens interessiert sind, künftige Ausschüttungen, Zinsen oder Tilgungen zu generieren,[723] soll die Rechnungslegung solche Informationen liefern, welche zur Prognose der Höhe, des zeitlichen Anfalls und der Unsicherheit zukünftiger Cash-Flows geeignet sind.[724]

Als – keineswegs unumstrittene[725] – Möglichkeit zur Beurteilung der Entscheidungsnützlichkeit von Rechnungslegungsinformationen kommen Wertrelevanzstudien in Betracht.[726] Diese Studien messen den empirischen Zusammenhang zwischen Rechnungslegungs- und Kapitalmarktdaten und werden als

---

[722] Vgl. z.B. *Solomons* (Accounting, 1986), S. 70; *Ballwieser* (Verhältnis, 1997), S. 51; *Haller* (Ziele, 2000), S. 9; *Hütten/Lorson* (Rechnungslegung, 2000), S. 802f.; *Wagenhofer/Ewert* (Unternehmensrechnung, 2003), S. 5; *Pellens/Fülbier/Gassen* (Rechnungslegung, 2006), S. 106. Explizit verankert ist diese Zielsetzung der Rechnungslegung in SFAC 1 und IASf.12. Bei einer Bilanzierung nach HGB ist die Informationsfunktion z.B. in § 264 Abs. 2 und § 297 Abs. 2 HGB konkretisiert. Sie nimmt im Vergleich zu US-GAAP und IFRS insbesondere beim Einzelabschluss eine untergeordnete Rolle ein. Vgl. *Schneider* (Wettbewerb, 2000), S. 25f.; *Streim* (Vermittlung, 2000), S. 113f.; *Esser* (Goodwillbilanzierung, 2005), S. 42. Wertrelevanzstudien werden jedoch ungeachtet der geringeren Bedeutung der Informationsfunktion auch für HGB-Rechnungslegungsinformationen durchgeführt. Vgl. z.B. *Harris/Lang/Möller* (Relevance, 1994), S. 187-209; *King/Langli* (Accounting, 1998), S. 529-567; *Hüfner/Möller* (Valuation, 2002), S. 135-170; *Stromann* (Wertrelevanz, 2003), S. 43-270; *Vorstius* (Wertrelevanz, 2004), S. 99-252.

[723] Vgl. *Ballwieser* (Kapitalmarkt, 1987), S. 164; *Ballwieser* (Reporting, 2004), S. 67. Verankert sind die Informationsinteressen in SFAC 1.25 und IASf.15. In SFAC 1.25 heißt es z.B.: *"Potential users of financial information most directly concerned with a particular business enterprise are generally interested in its ability to generate favorable cash flows because their decisions relate to amounts, timing, and uncertainties of expected cash flows."*

[724] Vgl. SFAC 1.37; IAS 1.5.

[725] Zu Kritik an der Aussagekraft von Wertrelevanzstudien vgl. *Holthausen/Watts* (Relevance, 2001), S. 3-75; *Wagenhofer/Ewert* (Unternehmensrechnung, 2003), S. 131-135.

[726] Vgl. *Barth/Beaver/Landsman* (Relevance, 2001), S. 80; *Ballwieser* (Reporting, 2004), S. 68. Für eine Systematisierung weiterer Ansätze zur Überprüfung der Entscheidungsnützlichkeit von Rechnungslegungsinformationen vgl. auch *Hütten* (Geschäftsbericht, 2000), S. 229.

135

empirische Operationalisierung der Kriterien Relevanz und Verlässlichkeit verstanden.[727] Mit Wertrelevanzstudien soll die Bedeutung untersucht werden, die Rechnungslegungsinformationen bei der Bewertung von Unternehmen zukommt.[728] Getrennte Rückschlüsse auf die Relevanz und Verlässlichkeit einer Information lassen sich aus den Untersuchungen jedoch nicht ziehen. Ein nicht nachweisbarer Zusammenhang zwischen Rechnungslegungsinformation und Börsenpreis oder Aktienrendite kann auf eine fehlende Verlässlichkeit, eine nicht vorhandene Relevanz oder auf eine gleichzeitige Verletzung von beiden Kriterien zurückzuführen sein.[729]

Die Entstehung von Wertrelevanzstudien geht auf einen Aufruf von *Lev* aus dem Jahr 1989 zurück,[730] welcher die Korrelation von Rechnungslegungsdaten mit Börsenkapitalisierungen und -renditen als Beurteilungskriterium für die Qualität von Rechnungslegungsinformationen propagiert.[731] Die Studien gehören zum auf *Ball/Brown*[732] und *Beaver*[733] zurückgehenden Forschungsfeld der bilanzorientierten empirischen Kapitalmarktforschung.[734] Untersuchungen zur Wertrelevanz werden ihrem Aufbau entsprechend den sogenannten Assoziationsstudien zugeordnet.[735] Durch die Verwendung von Börsenkapitalisierungen oder -renditen als Referenzgrößen nehmen Wertrelevanzstudien eine indirekte Überprüfung der Relevanz und Verlässlichkeit von Rechnungslegungsinformationen vor.[736]

---

[727] Vgl. *Barth/Beaver/Landsman* (Relevance, 2001), S. 78; *Wagenhofer/Ewert* (Unternehmensrechnung, 2003), S. 120. Kritisch zur empirischen Überprüfbarkeit der Verlässlichkeit vgl. *Holthausen/Watts* (Relevance, 2001), S. 27-30.

[728] Vgl. *Möller/Hüfner* (Aktienmarkt, 2002), S. 415. Für ähnliche Definitionen vgl. *Barth* (Implications, 2000), S. 16; *Lo/Lys* (Gap, 2001), S. 6f.; *Barth/Beaver/Landsman* (Relevance, 2001), S. 79; *Dumontier/Raffournier* (Accounting, 2002), S. 128.

[729] Vgl. *Barth* (Implications, 2000), S. 17.

[730] Vgl. *Lev* (Usefulness, 1989), S. 156f.

[731] *Amir* (Information, 1993), S. 707, verwendet zur Beschreibung des von *Lev* proklamierten Beurteilungskriteriums erstmals den Begriff *value relevance*, welcher dem deutschen Ausdruck Wertrelevanz entspricht.

[732] Vgl. *Ball/Brown* (Evaluation, 1968), S. 159-178.

[733] Vgl. *Beaver* (Information, 1968), S. 67-92.

[734] Ein umfassender Überblick über das Forschungsfeld findet sich bei *Lev* (Usefulness, 1989), S. 153-201; *Kothari* (Capital Markets, 2001), S. 105-231; *Beaver* (Perspectives, 2002), S. 453-474.

[735] Vgl. *Barth/Beaver/Landsman* (Relevance, 2001), S. 79-81; *Dumontier/Raffournier* (Accounting, 2002), S. 128; *Wagenhofer/Ewert* (Unternehmensrechnung, 2003), S. 120.

[736] Vgl. *Dumontier/Raffournier* (Accounting, 2002), S. 128.

1.2. Operationalisierung

Die Messung des Zusammenhangs zwischen Rechnungslegungs- und Kapital-marktdaten erfolgt in der Regel mit einer univariaten oder multivariaten linearen Regressionsanalyse.[737] Börsenkapitalisierungen und/oder Aktienrenditen gehen regelmäßig als abhängige Variablen und Rechnungslegungsdaten und/oder die Veränderung von Rechnungslegungsdaten zwischen zwei Perioden als unab-hängige Variablen in die Regressionsanalyse ein.[738]

Als Gütemaße für die Wertrelevanz einer Rechnungslegungsinformation dienen in erster Linie das (adjustierte) Bestimmtheitsmaß und der Regressionskoeffi-zient.[739] Das Bestimmtheitsmaß misst, wie gut sich die Regressionsfunktion an die empirischen Daten der Untersuchung anpasst und ist definiert als das Ver-hältnis von durch die Regression erklärter Varianz zur Gesamtvarianz.[740] Die Regressionskoeffizienten geben den Effekt auf die abhängige Variable (z.B. Börsenkapitalisierung) an, der sich bei marginaler Änderung einer unabhängigen Variablen (z.B. Gewinngröße aus dem Rechnungswesen) ergibt.[741]

1.3. Forschungsfragen

Es lassen sich drei Forschungsfragen identifizieren, die von Wertrelevanzstudien untersucht werden. Ein erster Schwerpunkt bildet der Vergleich unterschied-licher Rechnungslegungssysteme in Bezug auf die Entscheidungsnützlichkeit der vermittelten Informationen,[742] wobei zwischen länderübergreifenden und

---

[737] In seltenen Fällen wird eine nichtlineare Regressionsanalyse durchgeführt. Als Alternative zur Regressionsanalyse steht die Befragung zur Überprüfung der Wertrelevanz von Rechnungslegungsinformationen zur Verfügung. Vgl. *Möller/Hüfner* (Forschung, 2002), Sp. 356. Grundlegend zur univariaten und multivariaten Regressionsanalyse vgl. z.B. *Wooldridge* (Econometrics, 2003), S. 22-217; *Backhaus/Erichson/Plimke/Weiber* (Analysemethoden, 2006), S. 45-117.

[738] Vgl. *Holthausen/Watts* (Relevance, 2001), S. 5f.; *Schloemer* (Bedeutung, 2003), S. 45-61. Entsprechend bezeichnet man das Vorgehen bei Verwendung der Aktienkurse als Preismodell und bei Verwendung der Renditen als Renditemodell. Vgl. *Kothari/Zimmermann* (Price, 1995), S. 155f.; *Easton* (Security Returns, 1999), S. 333; *Vorstius* (Wertrelevanz, 2004), S. 144; *Gu* (Scale Factor, 2005), S. 72.

[739] Vgl. *Dumontier/Raffournier* (Accounting, 2002), S. 131; *Hüfner/Möller* (Valuation, 2002), S. 144; *Gu* (Scale Factor, 2005), S. 72.

[740] Vgl. *Backhaus/Erichson/Plimke/Weiber* (Analysemethoden, 2006), S. 64f.

[741] Vgl. *Backhaus/Erichson/Plimke/Weiber* (Analysemethoden, 2006), S. 61f.

[742] Vgl. *Wagenhofer/Ewert* (Unternehmensrechnung, 2003), S. 128.

länderspezifischen Studien unterschieden werden kann.[743] Als Gütemaß dient in beiden Fällen regelmäßig das Bestimmtheitsmaß einer Querschnittsregression von Gewinnen, Gewinnänderungen und Buchwerten des Eigenkapitals mit Börsenpreisen oder Aktienrenditen. Das Rechnungslegungssystem, welches zu einem höheren Bestimmtheitsmaß führt, ist im Sinne der Wertrelevanz vorzuziehen.[744]

Weitere Studien untersuchen, wie sich die Entscheidungsnützlichkeit der durch ein Rechnungslegungssystem vermittelten Informationen im Zeitablauf verändert hat.[745] Als Gütemaß dient der Regressionskoeffizient einer nachgelagerten Zeitreihenregression, bei der die jährlich ermittelten Bestimmtheitsmaße einer Querschnittsregression von Gewinnen und Buchwerten des Eigenkapitals mit Börsenpreisen regressiert werden.[746] Eine Änderung der Wertrelevanz eines Rechnungslegungssystems wird aus einem von Null verschiedenen Regressionskoeffizienten der Zeitreihenregression abgeleitet.[747]

Die Frage nach der Entscheidungsnützlichkeit einzelner Bilanzierungssachverhalte wird von zahlreichen Wertrelevanzstudien untersucht.[748] Getestet wird z. B. die Hypothese, ob eine bestimmte Rechnungslegungsinformation wie die Entwicklungskosten für Software zur Erklärung von Börsenpreisen oder Aktienrenditen beiträgt.[749] Die interessierende Rechnungslegungsinformation wird zur

---

[743]   Länderübergreifende Studien stammen etwa von *Alford/Jones/Leftwich/Zmijewski* (Informativeness, 1993), S. 183-223; *Harris/Lang/Möller* (Relevance, 1994), S. 187-209; *Joos/Lang* (Accounting, 1994), S. 141-168; *King/Langli* (Accounting, 1998), S. 529-567; *Arce/Mora* (Evidence, 2002), S. 573-599; *Stromann* (Wertrelevanz, 2003), S. 43-270. *Vorstius* (Wertrelevanz, 2004), S. 99-252, vergleicht unterschiedliche Rechnungslegungssysteme in einer länderspezifischen Studie für deutsche Unternehmen. Der letztgenannte Ansatz wird zur Beurteilung von Rechnungslegungssystemen als aussagekräftiger erachtet. Vgl. *Möller/Hüfner/Kavermann* (Tauglichkeit, 2003), S. 200.

[744]   Vgl. *Holthausen/Watts* (Relevance, 2001), S. 5.

[745]   Die Anzahl der empirischen Arbeiten in diesem Bereich ist bisher begrenzt. Zu nennen sind *Collins/Maydew/Weiss* (Changes, 1997), S. 39-67; *Brown/Lo/Lys* (Value Relevance, 1999), S. 83-115; *Ely/Waymire* (Accounting, 1999), S. 293-371; *Francis/Schipper* (Relevance, 1999), S. 319-353; *Lev/Zarowin* (Reporting, 1999), S. 353-385, für eine Rechnungslegung nach US-GAAP und *Schloemer* (Bedeutung, 2003), S. 117-198, für eine Rechnungslegung nach HGB.

[746]   Vgl. *Francis/Schipper* (Relevance, 1999), S. 338.

[747]   Vgl. *Francis/Schipper* (Relevance, 1999), S. 327-329.

[748]   Für einen Überblick zu den zahlreich durchgeführten Studien siehe z.B. *Barth* (Accounting, 1994), S. 4f.; *Barth/Beaver/Landsman* (Relevance, 2001), S. 82-86; *AAA* (Implications, 2003), S. 177-180; *Bentele* (Vermögenswerte, 2004), S. 97-124.

[749]   Ein von Null verschiedener Regressionskoeffizient gilt als Indiz für die Bestätigung dieser Hypothese. Vgl. *Barth/Beaver/Landsman* (Relevance, 2001), S. 81.

Überprüfung der Hypothese als zusätzliche Variable in eine Regressionsanalyse aufgenommen.[750]

1.4. Theoretische Fundierung

Zur theoretischen Begründung der Regressionsgleichungen in Wertrelevanz-studien bedarf es Bewertungsmodelle, welche eine Beziehung zwischen Rechnungslegungsinformationen und dem (Börsen-)Preis eines Unternehmens herstellen.[751] Um eine solche Beziehung kreieren zu können, ist eine Verbindung erforderlich zwischen

(1) dem Preis eines Unternehmens und zukünftigen Dividenden,
(2) zukünftigen Dividenden und zukünftigen Gewinnen und
(3) zukünftigen Gewinnen und gegenwärtigen Gewinnen.[752]

Als durch das Dividenden-Diskontierungs-Modell weitgehend theoretisch gelöst gilt die erste Anforderung. Es herrscht Übereinstimmung darüber, dass der Preis eines Unternehmens in einem effizienten Kapitalmarkt aus den diskontierten zukünftigen Ausschüttungen an die Eigenkapitalgeber bestimmt werden kann.[753]

Mit dem Kongruenzprinzip gibt es darüber hinaus für die Verbindung zwischen zukünftigen Dividenden und zukünftigen (Residual-)Gewinnen eine mögliche Lösung.[754] Zu diskutieren ist in diesem Zusammenhang jedoch vor allem, ob gängige Rechnungslegungssysteme mit dem Kongruenzprinzip zu vereinbaren sind.

Eine Verbindung zwischen gegenwärtigen und zukünftigen (Residual-) Gewinnen stellen die Erweiterungen des Residual-Income-Model mit Hilfe der Informationsmodelle her. Inwiefern sich diese Art der Modellierung als

---

[750] Vgl. *Barth/Beaver/Landsman* (Relevance, 2001), S. 81; *Holthausen/Watts* (Relevance, 2001), S. 6.

[751] Vgl. *Beaver* (Reporting, 1998), S. 69; *Wagenhofer/Ewert* (Unternehmensrechnung, 2003), S. 121 und S. 127, sowie in allgemeinerem Kontext *Zimmermann/Werner* (Werturteilsprobleme, 2003), S. 10.

[752] Vgl. *Beaver* (Reporting, 1998), S. 69 und S. 86; *Holthausen/Watts* (Relevance, 2001), S. 52.

[753] Vgl. *Beaver* (Reporting, 1998), S. 69f. Kritisch ist jedoch anzumerken, dass die Beziehung zwischen dem Wert eines Unternehmens und zukünftigen Dividenden nur unter den sehr restriktiven Annahmen der Neoklassik auf die Beziehung zwischen dem Börsenpreis eines Unternehmens und zukünftigen Dividenden übertragen werden kann.

[754] Vgl. z.B. *Wagenhofer/Ewert* (Unternehmensrechnung, 2003), S. 125; *Franke/Hax* (Finanzwirtschaft, 2004), S. 83; *Laux* (Kapitalmarkt, 2006), S. 462-466.

verlässliche Basis zur Fundierung von Wertrelevanzstudien eignet, gilt es im Rahmen der Würdigung zu prüfen.

2.   Würdigung des Residual-Income-Model
2.1.   Vermeintliche Vorzüge

Den Erweiterungen des Residual-Income-Model wird aufgrund der formalen Herleitung einer Beziehung zwischen Rechnungslegungsinformationen und dem Marktwert des Eigenkapitals im Vergleich zu anderen Modellen (Bilanzmodell, ewiges Rentenmodell) eine bessere Eignung zur Fundierung von Wertrelevanzstudien attestiert.[755] Vor diesem Hintergrund verfolgt die vorliegende Arbeit das Ziel, die Erweiterungen des Residual-Income-Model aus Sicht einer Anwendung in Wertrelevanzstudien kritisch zu würdigen. Da sich die Literatur bis jetzt vor allem auf die empirische Überprüfung und Anwendung der Modelle konzentriert hat, findet sich eine umfassende Würdigung der Erweiterungen des Residual-Income-Model nicht.[756] Die wenigen Diskussionen zu den Modellen decken nur einzelne Aspekte ab oder sind eher unkritisch gegenüber den Erweiterungen des Residual-Income-Model.[757] Zur Schließung dieser Lücke setzt sich die vorliegende Arbeit mit den Vorzügen auseinander, welche den Modellen zugesprochen werden. Gegenstand der Diskussion sind nachstehende, in Abb. 3 Überblick dargestellte fünf Vorzüge.

---

[755]   Vgl. etwa *Clubb* (Valuation, 1996), S. 329-337; *Barth/Beaver/Landsman* (Relevance, 2001), S. 91-95; *Beaver* (Perspectives, 2002), S. 459; *Dumontier/Raffournier* (Accounting, 2002), S. 128-131; *Möller/Hüfner* (Aktienmarkt, 2002), S. 430-432; *Prokop* (Bewertung, 2003), S. 221f.; *Schloemer* (Bedeutung, 2003), S. 85.

[756]   Für einen Überblick über die Anwendungen vgl. z.B. *Stober* (Applications, 1999), S. 5-7; *Holthausen/Watts* (Relevance, 2001), S. 5-14; *Vorstius* (Wertrelevanz, 2004), S. 121-131.

[757]   Eine kritische Diskussion einzelner Aspekte der Erweiterungen des Residual-Income-Model findet sich bei *Walker* (Clean Surplus, 1997), S. 352-354; *Ordelheide* (Kongruenzprinzip, 1998), S. 520f.; *Verrecchia* (Discussion, 1998), S. 113-115; *Lo/Lys* (Ohlson, 2000), S. 345-360; *Streim* (Vermittlung, 2000), S. 122-124; *Livinat* (Discussion, 2000), S. 368-370; *Holthausen/Watts* (Relevance, 2001), S. 59-62; *Richardson/Tinaikar* (Accounting, 2004), S. 225-237. Zur Vielzahl von weiteren Arbeiten zu den Modellen, welche diesen eher unkritisch gegenüberstehen, vgl. z.B. *Dornbusch* (Aktienanalyse, 1999), S. 65-81; *Hüfner* (Aktienbewertung, 2000), S. 63-116; *Bärtl* (Unternehmenssteuerung, 2001), S. 104-117; *Prokop* (Bewertung, 2003), S. 170-222; *Schloemer* (Bedeutung, 2003), S. 75-85; *Stromann* (Wertrelevanz, 2003), S. 11-42; *Hesselmann* (Residualgewinnkonzepte, 2006), S. 130-155 .

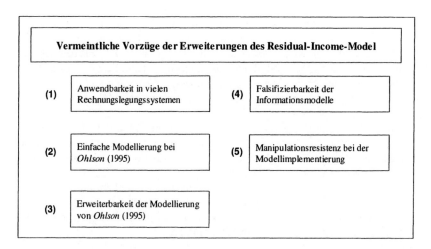

Abb. 3: Vermeintliche Vorzüge der Erweiterungen des Residual-Income-Model

(1) <u>Anwendbarkeit in vielen Rechnungslegungssystemen:</u> Die Erweiterungen des Residual-Income-Model basieren auf dem Kongruenzprinzip.[758] Dieses besagt, dass sämtliche Eigenkapitalbewegungen, die nicht mit Anteilseignern aufgrund des Gesellschaftsverhältnisses entstehen, in der GuV erfasst werden müssen.[759] Weitere Anforderungen an ein Rechnungslegungssystem werden nicht gestellt.[760] Eine nicht auf ein bestimmtes Rechnungslegungssystem begrenzte breite Anwendbarkeit wird deshalb als einer der Vorzüge der Modelle erachtet.[761]

(2) <u>Einfache Modellierung bei *Ohlson* (1995):</u> Dem *Ohlson*-Modell (1995) wird als Vorteil zugesprochen, dass die Bestimmung des Marktwerts des Eigenkapitals – lässt man die sonstigen Informationen außer Acht – mit dem Buchwert des Eigenkapitals und dem Periodengewinn auf wenigen, aber bedeutenden Variablen der Rechnungslegung basiert.[762] Das Modell wird deshalb als simples und mathematisch elegantes Modell, welches sich insbe-

---

[758]   Vgl. z.B. *Peasnell* (Connections, 1982), S. 362; *Ohlson* (Valuation, 1995), S. 663.

[759]   Vgl. *Peasnell* (Connections, 1982), S. 362; *Ohlson* (Valuation, 1995), S. 667; *Ordelheide* (Kongruenzprinzip, 1998), S. 516; *Schildbach* (Kongruenz, 1999), S. 1813.

[760]   Vgl. *Bernard* (Ohlson, 1995), S. 742.

[761]   Vgl. *Bernard* (Ohlson, 1995), S. 742f.; *Beaver* (Reporting, 1998), S. 78.

[762]   Vgl. *Hand/Landsman* (Ohlson, 1998), S. 2; *Möller/Hüfner* (Aktienmarkt, 2002), S. 420; *Richardson/Tinaikar* (Accounting, 2004), S. 228.

sondere für einen Einsatz in Wertrelevanzstudien eignet, empfunden.[763] Das für die Herleitung einer Beziehung zwischen Rechnungslegungsdaten und Marktwert des Eigenkapitals implementierte und auf AR(1)-Prozessen aufbauende Informationsmodell wird in diesem Zusammenhang als einfache und intuitiv nachvollziehbare Option zur Prognose von Zukunftserfolgen aus gegenwärtigen Rechnungslegungsinformationen erachtet.[764]

Zur Untermauerung des Vorzugs verweisen die Befürworter des *Ohlson*-Modells (1995) auf empirische und analytische Untersuchungen aus der Mikroökonomie, welche den Verlauf des Informationsmodells bestätigen:[765] So konvergieren die Residualgewinne eines Unternehmens bei *Ohlson* (1995) – im Einklang mit Erkenntnissen aus der Mikroökonomie – durch die Eingrenzung der Wertebereiche für die Parameter des Informationsmodells im Zeitablauf gegen Null.[766] Auf Dauer sind für Unternehmen keine über den Kapitalkosten liegenden Renditen möglich.[767]

(3) Erweiterbarkeit der Modellierung von *Ohlson* (1995): *Ohlson* (1995) legt bei der Herleitung des linearen Informationsmodells unter einfachen, aber äußerst restriktiven Annahmen den Grundstein für die Einbeziehung von Rechnungslegungsdaten in ein Modell zur Bestimmung des Marktwerts des Eigenkapitals eines Unternehmens. Trotz der geringen Realitätsnähe der Annahmen wird dem Modell die Erweiterbarkeit als vermeintlicher Vorteil zugute gehalten.[768] Es wird darauf verwiesen, dass – ähnlich wie beim CAPM – durch die sukzessive Auflösung oder Abschwächung der restriktiven Modellannahmen in den in Kapitel III. dargestellten Erweiterungen des Residual-Income-Model eine Annäherung an die Realität erreicht werden kann.[769] Damit stehen neben dem *Ohlson*-Modell (1995) weitere, möglicher-

---

763   Vgl. *Beaver* (Reporting, 1998), S. 78; *Hand/Landsman* (Ohlson, 1998), S. 2; *Beaver* (Perspectives, 2002), S. 459.
764   Vgl. *Beaver* (Perspectives, 2002), S. 459; *Richardson/Tinaikar* (Accounting, 2004), S. 245.
765   Vgl. *Lee* (Valuation, 1999), S. 417; *Hüfner* (Aktienbewertung, 2000), S. 78f.
766   Der Zeitraum, in dem es einem Unternehmen gelingt, Überrenditen zu erwirtschaften, wird auch als Competitive-Advantage-Period bezeichnet. Die Länge des Zeitraums hängt von unterschiedlichen Faktoren wie z.B. dem Wettbewerbsdruck in der Industrie oder dem Verhandlungsstärke der Lieferanten ab. Vgl. *Rappaport* (Shareholder, 1998), S. 65f.; *Porter* (Strategy, 2004), S. 3-33; *Jörg/Pichler/Roth/Zgraggen* (Handbuch, 2005), S. 632; *Hoffmann* (Wettbewerbsvorteile, 2005), S. 323.
767   Empirische Studien, die eine Konvergenz der Unternehmensrenditen gegen den Industriedurchschnitt im Wesentlichen bestätigen, stammen z.B. von *Madden* (CFROI, 2002), S. 161-168.
768   Vgl. *Lo/Lys* (Ohlson, 2000), S. 365.
769   Vgl. *Lee* (Valuation, 1999), S. 419; *Beaver* (Perspectives, 2002), S. 457.

weise bessere Modelle zur Erklärung der Preisbildung am Kapitalmarkt zur Verfügung.[770]

(4) Falsifizierbarkeit der Informationsmodelle: Als wesentliche Neuerung des Modells von *Ohlson* (1995) und der anderen Erweiterungen des Residual-Income-Model im Vergleich zu dessen Grundform gilt die Einbeziehung des linearen Informationsmodells in das Bewertungskalkül.[771] Es wird als Vorteil im Vergleich zur Grundform des Residual-Income-Model und zu anderen Bewertungsmodellen gesehen, dass dieses durch einen Vergleich mit Zeitreihendaten von Residualgewinnen empirisch überprüft werden kann und folglich falsifizierbar ist.[772]

(5) Manipulationsresistenz bei der Modellimplementierung: Durch Einführung eines Informationsmodells zur Prognose der Zukunftserfolge eines Unternehmens umgeht der Bewerter das in der praktischen Unternehmensbewertung bei Verwendung von Phasenmodellen auftauchende Problem der Schätzung des Fortführungswerts eines Unternehmens.[773] Dabei wird es als Vorteil erachtet, dass dem Modellanwender kein Ermessensspielraum bezüglich der Wahl des Zeitpunktes verbleibt, ab dem das Unternehmen in einen Gleichgewichtszustand mit konstanten oder konstant wachsenden Erträgen übergeht. Folglich bieten die Modelle bei einer praktischen Anwendung weniger Manipulationsspielräume.[774]

Zur Würdigung der Erweiterungen des Residual-Income-Model aus Sicht von Wertrelevanzstudien ist zunächst ein Bogen zu den in Kapitel IV. dargestellten empirischen Untersuchungen der Modelle und Modellannahmen und den daraus für eine Beurteilung der Vorzüge relevanten Erkenntnisse zu spannen.[775] Darüber hinaus hat die argumentative Auseinandersetzung mit den vermeintlichen Vorzügen die Anforderungen zu berücksichtigen, welche an ein für Wertrelevanzstudien geeignetes Modell gestellt werden.[776] Kritisch zu beleuchten ist in diesem Zusammenhang insbesondere, auf welche Weise es den Erweiterungen des Residual-Income-Model gelingt, eine begründbare Verbindung zwischen

---

[770] Vgl. *Prokop* (Bewertung, 2003), S. 220-222.
[771] Vgl. *Dornbusch* (Aktienanalyse, 1999), S. 68; *Ballwieser* (Residualgewinnmodell, 2004), S. 59.
[772] Vgl. *Prokop* (Bewertung , 2003), S. 179; *Stromann* (Wertrelevanz, 2003), S. 39.
[773] Vgl. *Prokop* (Bewertung, 2003), S. 179f.; *Schloemer* (Bedeutung, 2003), S. 85.
[774] Vgl. *Prokop* (Bewertung, 2003), S. 179.
[775] Die (vorläufige) empirische Bestätigung stellt eine wichtige Voraussetzung für die weitere Verwendung eines Modells dar. Vgl. *Wild* (Theorienbildung, 1976), Sp. 3894f.; *Schneider* (Methoden, 2001), S. 24; *Opp* (Methodologie, 2005), S. 99-101.
[776] Vgl. *Holthausen/Watts* (Relevance, 2001), S. 52.

gegenwärtigen Rechnungslegungsinformationen und zukünftigen (Residual-) Gewinnen abzuleiten.[777]

Ergebnis der Würdigung ist ein Urteil, inwiefern die Erweiterungen des Residual-Income-Model als konzeptioneller Rahmen geeignet sind, aus welchem Hypothesen über die Wertrelevanz von Rechnungslegungsinformationen für empirische Studien ableitbar sind.

2.2. Anwendbarkeit in vielen Rechnungslegungssystemen

2.2.1. Kongruenzverstöße in den Rechnungslegungsnormen nach HGB, US-GAAP und IFRS

Bei einer Rechnungslegung nach HGB, US-GAAP und IFRS finden sich Verstöße gegen das Kongruenzprinzip bei der Behandlung von Fehlern und Methodenänderungen sowie bei Berücksichtigung von Währungsumrechnungsdifferenzen.[778] So macht Art. 27 Abs. 4 EGHGB bei erstmaliger Anwendung der Vorschriften zu einer konzerneinheitlichen Bewertung, Schuldenkonsolidierung, Zwischenergebnisbehandlung oder Steuerabgrenzung im Konzernabschluss eine direkte Verbuchung der Ergebnisänderungen mit den Gewinnrücklagen möglich. SFAS 154.7 und SFAS 154.25 sowie IAS 8.22 und IAS 8.49 sehen vor, dass Anpassungsbeträge in Folge von Bilanzierungsfehlern und Änderungen in der Bilanzierungsmethode in den Vorjahresvergleichswerten des aktuellen Abschlusses ausgewiesen werden, so dass die Summe der Periodenerfolge nicht mit dem Totalerfolg übereinstimmt.[779] § 312 Abs. 1 S. 2 HGB lässt in Bezug auf die Berücksichtigung von Währungsumrechnungsdifferenzen im Rahmen der Umrechnung von Fremdwährungsabschlüssen verschiedene, nicht näher spezifizierte Umrechnungsmethoden zu. SFAS 52.12 und IAS 21.39 sehen für Erträge und Aufwendungen den Wechselkurs am Tag des Geschäftsvorfalls und für Vermögensgegenstände und Schulden den Kurs zum Bilanzstichtag vor. Sich ergebende Währungsumrechnungsdifferenzen sind nach SFAS 52.13 im *comprehensive income* und nach IAS 21.39 als separater Bestandteil des Eigenkapitals auszuweisen.

Ein weiterer Verstoß gegen das Kongruenzprinzip bei einer Rechnungslegung nach HGB resultiert aus dem Wahlrecht nach § 309 Abs. 1 S. 3 HGB, den aus einem Anteilserwerb und anschließender Kapitalkonsolidierung verbleibenden

---

[777]   Vgl. *Streim* (Vermittlung, 2000), S. 120 sowie Kapitel VI.1.4.
[778]   Vgl. *Ordelheide* (Kongruenzprinzip, 1998), S. 526-528; *Deller* (Auswirkungen, 2002), S. 120 und S. 122 f.; *Pellens/Fülbier/Gassen* (Rechnungslegung, 2006), S. 306.
[779]   Vgl. hierzu *Pellens/Fülbier/Gassen* (Rechnungslegung, 2006), S. 784 und S. 787f.

144

aktivischen Unterschiedsbetrag direkt mit den Konzernrücklagen zu verrechnen. Darüber hinaus erlaubt Art. 24 Abs. 3 und 4 EGHGB eine erfolgsneutrale Neubewertung im Rahmen der Umstellung von Jahres- und Konzernabschlüssen auf das Bilanzrichtlinien-Gesetz.

Legt man eine Rechnungslegung nach US-GAAP zugrunde, sind aus Sicht der Kongruenz die Behandlung von Pensionsrückstellungen und die Bilanzierung von Wertpapieren und derivativen Finanzinstrumenten kritisch zu betrachten.[780] So kommt es nach SFAS 87.37 für den Fall, dass der Barwert der zukünftigen Pensionsverpflichtungen den Marktwert des Fondsvermögens übersteigt, zur erfolgsneutralen Bildung einer sogenannten *additional minimum liability*. Nach SFAS 115.13 müssen bestimmte veräußerbare Wertpapiere, sogenannte *available for sales securities*, zu Tageswerten bilanziert werden, wobei Gewinne und Verluste bis zu einer Realisation am Markt erfolgsneutral im *other comprehensive income* auszuweisen sind. Gleiches gilt für die Behandlung von zur Absicherung eines Grundgeschäfts gehaltener derivativer Finanzinstrumente (Cash-Flow Hedge), welche in SFAS 133.18 geregelt ist.[781]

In den Rechnungslegungsnormen nach IFRS finden sich Kongruenzdurchbrechungen bei der Neubewertung von Sachanlagen und immateriellen Vermögensgegenständen sowie bei der Bilanzierung von Finanzinstrumenten. Nach IAS 16.31 und IAS 38.72 hat der Bilanzierende die Wahl, Sachanlagen und immaterielle Vermögensgegenstände zu Zeitwerten auszuweisen, wobei Wertsteigerungen nach IAS 16.39 und IAS 38.85 erfolgsneutral in die Neubewertungsrücklage eingestellt werden müssen. Sofern das Eigenkapital eine Neubewertungsrücklage ausweist, kommt es bei Wertminderungen der Sachanlagen und immateriellen Vermögensgegenstände nach IAS 16.40 und IAS 38.86 ebenfalls zu einer Verletzung des Kongruenzprinzips, da die Wertminderungen gegen die Neubewertungsrücklage zu verrechnen sind. IAS 39.95 sieht eine erfolgsneutrale Behandlung der Marktwertänderungen von derivativen Finanzinstrumenten bis zur Abwicklung des dem Sicherungsgeschäft zugeordneten Grundgeschäfts vor. Nach IAS 39.55 ist bei *available for sale securities* der Ausweis von Wertschwankungen im Eigenkapital vorgeschrieben.[782]

---

[780] Vgl. *Ordelheide* (Kongruenzprinzip, 1998), S. 525f.; *Holzer/Ernst* (Ausweis, 1999), S. 362; *Deller* (Auswirkungen, 2002), S. 105-108; *Gaber* (Erfolgsausweis, 2005), S. 287-290.

[781] Zu weiteren Kongruenzdurchbrechungen in den Rechnungslegungsnormen nach US-GAAP vgl. *Gaber* (Erfolgsausweis, 2005), S. 288; *Gaber* (Gewinnermittlung, 2005), S. 63.

[782] Eine Auflistung weiterer Kongruenzdurchbrechungen in den Rechnungslegungsnormen nach IFRS findet sich z.B. bei *Dobler* (Auswirkungen, 2006), S. 7; *Gaber* (Erfolgsausweis, 2005), S. 288; *Gaber* (Gewinnermittlung, 2005), S. 63.

Die Ausführungen zeigen, dass die drei Rechnungslegungssysteme verschiedene Durchbrechungen des Kongruenzprinzips zulassen. In den vergangenen Jahren sind jedoch Anstrengungen zu beobachten, Verstöße gegen das Kongruenzprinzip auszuräumen und/oder eine höhere Transparenz bezüglich vorhandener Durchbrechungen zu erreichen. Für das HGB ist in diesem Zusammenhang eine Stellungnahme des Deutschen Standardisierungsrats zu nennen. Gemäß DRS 4.27 aus dem Jahr 2000 ist der aus der Kapitalkonsolidierung verbleibende aktivische Unterschiedsbetrag stets als Geschäfts- oder Firmenwert zu aktivieren. Eine Verletzung des Kongruenzprinzips in der Konzernrechnungslegung nach § 309 Abs. 1 S. 3 HGB ist bei Beachtung von DRS 4.27 deshalb nicht mehr zu erwarten.[783]

Bei einer Rechnungslegung nach US-GAAP soll das seit Einführung des SFAS 130 auszuweisende *comprehensive income* zu einer erhöhten Transparenz führen. Im *comprehensive income* sind demnach für nach dem 15.12.1997 beginnende Geschäftsjahre Vorgänge auszuweisen, welche eine Änderung des Eigenkapitals zur Folge haben, die nicht auf den Unternehmenserfolg oder die Einlagen/Entnahmen der Eigentümer zurückzuführen sind. Eine vollständige Erfassung aller Kongruenzverstöße gelingt mit dem *comprehensive income* jedoch nicht. Zu einer direkten Verrechnung mit dem Gewinnvortrag kommt es etwa bei der Korrektur von Fehlern.[784]

Infolge des Ablösens von IAS 25 durch IAS 40 im Jahr 2000 findet bei der Bewertung von Investitionsgrundstücken kein Kongruenzverstoß mehr statt, da das Wahlrecht einer erfolgsneutralen Erfassung von Wertschwankungen abgeschafft wurde.[785] Zur Darstellung der verbleibenden Kongruenzdurchbrechungen fordert IAS 1.96 den Ausweis sämtlicher Eigenkapitalbewegungen im Eigenkapitalspiegel.[786] Inwiefern durch den Ausweis eine erhöhte Transparenz erreicht wird, ist jedoch umstritten.[787] Eine Heilung der Kongruenzverstöße resultiert aus deren Darstellung nicht.

---

[783] Vgl. *Deller* (Auswirkungen, 2002), S. 118; *Zimmermann/Prokop* (Unternehmensbewertung, 2003), S. 137. Vor Veröffentlichung der Stellungnahme des Deutschen Standardisierungsrats war die erfolgsneutrale Verrechnung des aus der Kapitalkonsolidierung resultierenden Unterschiedsbetrags dagegen gängige Praxis. Vgl. hierzu z.B. die Studien von *Krämling* (Goodwill, 1998), S. 118-121; *Küting* (Kapitalkonsolidierung, 1995), S. 192-196.

[784] Vgl. *Schildbach* (Kongruenz, 1999), S. 1817-1819.

[785] Vgl. *Deller* (Auswirkungen, 2002), S. 120f.

[786] Eine Aufgliederung der im Eigenkapitalspiegel auszuweisenden Eigenkapitaländerungen findet sich z.B. bei *Pellens/Fülbier/Gassen* (Rechnungslegung, 2006), S. 457.

[787] Vgl. *Schildbach* (Kongruenz, 1999), S. 1820.

2.2.2. Kongruenzverstöße in der Bilanzierungspraxis

Aus der vorangegangenen Analyse der Rechnungslegungssysteme unbeantwortet bleibt die Frage, welche Bedeutung den Durchbrechungen des Kongruenzprinzips in der Bilanzierungspraxis tatsächlich zukommt.[788] Gleiches gilt für die Frage, welches Rechnungslegungssystem aus Sicht des Kongruenzprinzips für eine Anwendung im Residual-Income-Model am besten geeignet ist. Zur Klärung der beiden offenen Punkte wird auf bereits existierende und in Kapitel IV.2. dargestellte empirische Studien zu Kongruenzverstößen in nach HGB, IFRS und US-GAAP erstellten Jahresabschlüssen zurückgegriffen. Deren Ergebnisse fasst Tabelle 2 zusammen.

Die Ergebnisse der empirischen Studien deuten an, dass der Jahresüberschuss (bei Bilanzierung nach HGB) und das *net income* (bei Bilanzierung nach US-GAAP) von einem Clean-Surplus-Gewinn erheblich abweichen. Das Dirty-Surplus des Jahresüberschusses beträgt bei *Zimmermann/Prokop* im Median bei einer Skalierung mit dem Clean-Surplus-Gewinn 57,12%.[789] *Isidoro/O'Hanlon/Young* kommen zu einem Dirty-Surplus von 32% bei Skalierung mit dem Jahresüberschuss.[790]

Für das *net income* nach US-GAAP ist der Verstoß gegen das Kongruenzprinzip zunächst weniger offensichtlich. Das arithmetische Mittel des relativen Dirty-Surplus beträgt bei *Lo/Lys* lediglich 0,4%. Die Studie zeigt jedoch eine hohe Abweichung zwischen Median und arithmetischem Mittel, was auf ein im Einzelfall hohes Dirty-Surplus hindeutet.[791] Zudem kompensieren sich die einzelnen Verstöße gegen das Kongruenzprinzip bei Bilanzierung nach US-GAAP teilweise. So wirkt etwa die Bildung einer *additional minimum pension liability* der erfolgsneutralen Verbuchung unrealisierter Gewinne aus zu Tageswerten bilanzierten veräußerbaren Wertpapieren entgegen.[792]

Verstöße gegen das Kongruenzprinzip finden sich in erheblichem Umfang ebenfalls bei einer Bilanzierung nach IFRS. So verrechnen laut *von Keitz* 87% der nach IFRS bilanzierenden Unternehmen Aufwendungen und Erträge direkt mit

---

[788] Vgl. *Hüfner* (Aktienbewertung, 2000), S. 272.

[789] Vgl. *Zimmermann/Prokop* (Unternehmensbewertung, 2003), S. 139f.

[790] Vgl. *Isidoro/O'Hanlon/Young* (Dirty Surplus, 2004), S. 389f.

[791] Vgl. *Lo/Lys* (Ohlson, 2000), S. 341-343.

[792] Vgl. hierzu auch die Beispielrechnung bei *Kuhlewind* (Ergebnisrechnung, 2000), S. 299.

Autoren	Rechnungs-legungs-system(e)	Stichprobe, Untersuchungs-zeitraum	Definition Clean-Surplus-Gewinn	Wesentliche Ergebnisse
Lo/Lys (Ohlson, 2000)	US-GAAP	150.000 Firmenjahre, 1962–1997	Veränderung der Gewinnrücklagen, bereinigt um Dividenden	*Net income* weist im Median (arithmetischen Mittel) ein relatives Dirty-Surplus von 0,4% (15,71%) bei Skalierung mit *comprehensive income* auf. Bei Skalierung mit Buchwert des Eigenkapitals beläuft sich Dirty-Surplus im Median (arithmetischen Mittel) auf 0,06% (3,58%).
Haller/ Schloßgangl (Notwendig-keit, 2003)	IFRS	62 österreichische und deutsche Un-ternehmen, 2001	Nicht berücksichtigt	Summe der ergebnisneutral erfassten Nettovermögens-änderungen beläuft sich bei 13% (55%) der Unter-nehmen auf mehr als 50% (weniger als 10%) des Periodenergebnisses.
Zimmer-mann/ Prokop (Kongruenz, 2003)	Vorwiegend HGB	DAX-30 und MDAX-Unter-nehmen, 1990–2001	Veränderung Buchwert des Eigenkapitals, bereinigt um Netto-Dividenden-zahlungen	Jahresüberschuss weist im Median (arithmetischen Mittel) bei Skalierung mit Clean-Surplus-Gewinn Dirty-Surplus von 57,12% (55,82%) auf. Bei Skalie-rung mit Buchwert des Eigen-kapitals resultiert Dirty-Surplus von 5,45% (9,64%) für den Median (das arithmetische Mittel). M-DAX-Unternehmen weisen ein höheres Dirty-Surplus auf als DAX-Unternehmen.
Isidro/ O'Hanlon/ Young (Dirty Surplus, 2004)	HGB, US-GAAP, UK-GAAP, franz. Rech-nungslegung	80 Unternehmen je Rechnungs-legungsnorm, 1993–2001	Veränderung Buchwert des Eigenkapitals, bereinigt um Netto-Dividenden-zahlungen	Dirty-Surplus des Jahresüberschusses (*net income*) beläuft sich bei Skalierung mit Jahresüberschuss (*net income*) bei Abschlüssen nach HGB im arithmetischen Mittel auf 32%, bei französischen Abschlüssen auf 26% und bei englischen auf 12%. US-amerikanische Daten sind durch Ausreißer verzerrt.
Von Keitz (Praxis, 2005)	IFRS	300 deutsche Unternehmen, 2001–2003	Nicht berücksichtigt	87% der Unternehmen verrechnen Aufwendungen und/ oder Erträge direkt im Eigenkapital. Dirty-Surplus nicht ermittelt.

Tabelle 2: Überblick über empirische Studien zu Verletzungen des Kongru-enzprinzips

dem Eigenkapital.[793] *Haller/Schloßgangl* finden heraus, dass bei 13% der untersuchten Unternehmen das Dirty-Surplus mehr als 50% des Periodenergebnisses
ausmacht.[794]

Die Frage, welches Rechnungslegungssystem für eine Anwendung im Residual-
Income-Model am besten geeignet ist, lässt sich auf Basis der durchgeführten
empirischen Studien nicht beantworten. Keine der Studien befasst sich mit einer
Untersuchung der Kongruenzverstöße nach HGB, IFRS und US-GAAP. Auch
erweist sich ein Vergleich der Studien und somit des Dirty-Surplus der untersuchten Rechnungslegungsmethoden aus verschiedenen Gründen als schwierig.
So erfolgt die Ermittlung des Clean-Surplus-Gewinns in den Studien nicht
einheitlich. Die von *Lo/Lys* gewählte Definition weicht von der Definition der
Studien von *Zimmermann/Prokop* und *Isidoro/O'Hanlon/Young* ab und schließt
nicht alle Veränderungen des Buchwerts des Eigenkapitals ein.[795] In den Studien
von *Haller/Schloßgangl* und *von Keitz* findet der Clean-Surplus-Gewinn keine
Berücksichtigung. Weiter sind die Untersuchungszeiträume der Studien nicht
deckungsgleich. Die Studie von *Lo/Lys* deckt einen Zeitraum von 36 Jahren ab,
die anderen Untersuchungen von einem bis zu zwölf Jahren. Zwischenzeitliche
Veränderungen der Rechnungslegungssysteme spiegeln sich deshalb nicht in
gleichem Maße in den Ergebnissen wider. Darüber hinaus wählen die Studien
bei der Berechnung des arithmetischen Mittels kein einheitliches Vorgehen.
Lo/Lys und *Zimmermann/Prokop* begrenzen bei der Berechnung das relative
Dirty-Surplus einer Erfolgsgröße auf maximal 100%. *Isidro/O'Hanlon/Young*
nehmen dagegen keine Begrenzung vor.

2.2.3. Beurteilung des vermeintlichen Vorzugs

Eine breite Anwendbarkeit des Residual-Income-Model in verschiedenen Rechnungslegungssystemen ist aus Sicht von Wertrelevanzstudien grundsätzlich zu
befürworten. So vergleicht die Wertrelevanzforschung z. B. unterschiedliche
Rechnungslegungssysteme in Bezug auf die Relevanz und Verlässlichkeit der
vermittelten Informationen für Investoren.[796] Die Erweiterungen des Residual-
Income-Model eignen sich nur dann zu deren theoretischen Fundierung, wenn
sämtliche Rechnungslegungssysteme, die untersucht werden, das Kongruenzprinzip erfüllen. Dass dies für eine Rechnungslegung nach HGB, US-GAAP und
IFRS nicht zutrifft, zeigen die vorangegangenen Ausführungen.

---

[793] Vgl. *von Keitz* (Praxis, 2005), S. 217.
[794] Vgl. *Haller/Schloßgangl* (Notwendigkeit, 2003), S. 321f. Bei 55% der Unternehmen
beträgt der Verstoß jedoch weniger als 10% des Periodenergebnisses.
[795] Vgl. *Livinat* (Discussion, 2000), S. 368.
[796] Vgl. hierzu Kapitel VI.1.3.

Zwar gelangen empirische Untersuchungen über die Wertrelevanz des Dirty-Surplus zu dem Ergebnis, dass das Dirty-Surplus eine geringe Korrelation mit dem Börsenpreis besitzt.[797] Daraus lässt sich jedoch nicht – wie in den Studien vorgenommen[798] – der Schluss ziehen, dass auf eine Bereinigung der Kongruenzverstöße verzichtet werden kann, da aus dem fehlenden statistischen Zusammenhang eine Entscheidungsirrelevanz des Dirty-Surplus nicht abgeleitet werden kann.[799] Vielmehr sind in dem als Prognosegrundlage angesetzten gegenwärtigen Periodengewinn sämtliche Verstöße gegen das Kongruenzprinzip zu berücksichtigen.[800] Das ist jedoch auf Basis der bisherigen Offenlegungspflichten trotz aller Bemühungen nicht lückenlos möglich. So gelingt es nicht, mit dem bei einer Bilanzierung nach US-GAAP auszuweisenden *comprehensive income* sämtliche Verstöße gegen das Kongruenzprinzip transparent auszuweisen.[801] Zu einer direkten Verrechnung mit dem Gewinnvortrag kommt es etwa bei der Korrektur von Fehlern.[802] Von einer – aufgrund der Beschränkung auf das Kongruenzprinzip als einzige Anforderung an ein Rechnungslegungssystem – breiten Anwendbarkeit des Residual-Income-Model kann deshalb nicht gesprochen werden.

Des Weiteren ist das Kongruenzprinzip als Anforderung an ein Rechnungslegungssystem nicht frei von Kritik. Zwar gleichen sich – den Zinseffekt außer Acht gelassen[803] – bei Einhaltung des Kongruenzprinzips höhere (niedrigere) Buchwerte des Eigenkapitals und Gewinne in der Gegenwart durch niedrigere (höhere) Buchwerte und Gewinne in der Zukunft aus.[804] Jedoch lassen sich wahlweise der Buchwert des Eigenkapitals oder der Gewinn willkürlich festlegen.[805] Geht man von einem gegebenen zukünftigen Dividendenstrom aus, kann – ohne einen Bezug zu Rechnungslegungsnormen herzustellen – zu jedem

---

[797] Vgl. z.B. *Dhaliwal/Subramanyam/Trezevant* (Performance, 1999), S. 43-67; *O'Hanlon/Pope* (Value Relevance, 1999), S. 459-482; *Isidro/O'Hanlon/Young* (Dirty Surplus, 2004), S. 24-26, sowie Tabelle 5.

[798] Vgl. *Isidro/O'Hanlon/Young* (Dirty Surplus, 2004), S. 26.

[799] Vgl. *Kothari* (Capital Markets, 2001), S. 116.

[800] Vgl. *Lo/Lys* (Ohlson, 2000), S. 34; *Livnat* (Discussion, 2000), S. 369; *Zimmermann/Prokop* (Unternehmensbewertung, 2003), S. 136.

[801] Vgl. *Schildbach* (Kongruenz, 1999), S. 1817-1819.

[802] Vgl. *Schildbach* (Kongruenz, 1999), S. 1817-1819.

[803] Vgl. *Ordelheide* (Kongruenzprinzip, 1998), S. 518.

[804] Vgl. *Schildbach* (Kongruenz, 1999), S. 1814; *Kothari* (Capital Markets, 2001), S. 177. Grund dafür ist, dass sich bei einer mit dem Kongruenzprinzip konformen Rechnungslegung nur die Gewinne und Buchwerte einzelner Perioden, nicht aber deren Summe in der Totalperiode beeinflussen lassen. Auf diese Weise begrenzt das Kongruenzprinzip den Spielraum der Bilanzpolitik. Vgl. *Schildbach* (Kongruenz, 1999), S. 1814.

[805] Vgl. *Ordelheide* (Kongruenzprinzip, 1998), S. 518.

zukünftigen Gewinn ein mit dem Kongruenzprinzip konformer Buchwert des Eigenkapitals berechnet werden.[806]

Darüber hinaus folgt aus der Kongruenz, dass ein irrtümlich falsch bestimmter Buchwert des Eigenkapitals oder Gewinn in einer Periode bei Einhaltung des Kongruenzprinzips zu einer zweiten Korrektur in einer weiter in der Zukunft liegenden Periode führt, da sich der Irrtum in der Regel nicht rückwirkend korrigieren lässt. Verzichtet man auf das Kongruenzprinzip, tritt eine zweite Verfälschung hingegen nicht auf.[807] Weiterhin können Situationen auftreten, in denen sich der Totalerfolg einer Unternehmung nicht mehr sinnvoll bestimmen lässt. Dazu gehört z.B. der Umstand, dass die einzelnen, in Ländern mit unterschiedlichen Währungen beheimateten Eigner eines Unternehmens Einlagen und/oder Entnahmen in verschiedenen Währungen vornehmen. Der Totalgewinn des Unternehmens hängt in diesem Fall von derjenigen Währung ab, in der die Entnahmen und/oder Einlagen getätigt werden, und lässt sich nicht eindeutig bestimmen; das Kongruenzprinzip ist als nicht anwendbar zu betrachten.[808] Die Anwendbarkeit der Erweiterungen des Residual-Income-Model in Wertrelevanzstudien wird dadurch zusätzlich eingeschränkt.

Man kann festhalten, dass vor allem die zahlreichen Durchbrechungen des Kongruenzprinzips in der Bilanzierungspraxis gegen eine breite Anwendung des Residual-Income-Model in verschiedenen Rechnungslegungssystemen sprechen. Entkräftet wird der Vorzug der breiten Anwendbarkeit ferner durch Situationen, in denen der Totalerfolg eines Unternehmens nicht eindeutig bestimmt werden kann. Diese sind nicht auf ein bestimmtes Rechnungslegungssystem beschränkt.

2.3. Einfache Modellierung bei *Ohlson* (1995)

2.3.1. Empirische Erkenntnisse zum Informationsmodell

Aus Sicht einer Gesamtbeurteilung der Modellierung von *Ohlson* (1995) interessiert, ob die bei der Herleitung festgelegten Wertebereiche der Beständigkeitsparameter des Informationsmodells einer empirischen Überprüfung standhalten und ob das Informationsmodell zur Prognose zukünftiger Residualgewinne ge-

---

[806] Vgl. *Dechow/Hutton/Sloan* (Assessment, 1999), S. 4.

[807] Irrtümer können trotz der Abbildung vorwiegend historischer Sachverhalte im Jahresabschluss z.B. aus Ermessensentscheidungen bei dessen Erstellung resultieren. Vgl. *Schildbach* (Kongruenz, 1999), S. 1813f.

[808] Vgl. *Schildbach* (Kongruenz, 1999), S. 1814f.

eignet ist.[809] Die Beantwortung beider Fragen erfolgt durch Rückgriff auf vorhandene, in Kapitel IV.3. vorgestellte empirische Studien. Deren Ergebnisse fasst Tabelle 3 zusammen.

Die Ergebnisse der empirischen Studien stehen – vorbehaltlich von aus den Kritikpunkten an den Studien resultierenden Verzerrungen[810] – in Einklang mit dem Informationsmodell von *Ohlson* (1995) in Bezug auf den vorgegebenen Wertebereich für den Beständigkeitsparameter des Residualgewinns. Gleiches gilt im Wesentlichen für den Beständigkeitsparameter der sonstigen Informationen. Die empirisch ermittelten Werte für beide Beständigkeitsparameter liegen in der Regel zwischen Null und Eins.[811] Allerdings führt eine indirekte Bestimmung der Parameter über die Bewertungsgleichung, wie in der Arbeit von *Morel* vorgenommen, zu anderen Parameterwerten als deren direkte Bestimmung über das Informationsmodell.[812] Auch wenn in beiden Fällen die Parameter innerhalb des Wertebereichs liegen, deutet dies darauf hin, dass die mit dem Informationsmodell prognostizierten Residualgewinne nicht mit den von Investoren erwarteten Residualgewinnen übereinstimmen.

Autor(en)	Stichprobe, Untersuchungszeitraum	Behandlung der sonstigen Informationen	Wesentliche Ergebnisse
Hand/ Landsman (Ohlson, 1998)	105.510 Firmenjahre, 1974–1996	Zwei Szenarien: Vernachlässigung und Verwendung von Dividendenzahlungen des Unternehmens	Beständigkeitsparameter liegen innerhalb der Wertebereiche; AR (1)-Prozess ist besser geeignet als AR (2)-Prozess; Einbeziehung von Dividendenzahlungen führt zu besserer Prognose.
Dechow/ Hutton/ Sloan (Assessment, 1999)	50.133 Firmenjahre, 1950–1995	Zwei Szenarien: Vernachlässigung und Verwendung von Analystenschätzungen für Periodenerfolg	Beständigkeitsparameter liegen innerhalb der Wertebereiche; AR(1)-Prozess ist besser geeignet als autoregressive Prozesse höherer Ordnung; Prognose von Residualgewinnen durch Analystenschätzungen ist genauer als durch AR (1)-Prozess.

---

[809]   Vgl. *Dechow/Hutton/Sloan* (Assessment, 1999), S. 2. Die Konfrontation eines Modells und der Modellannahmen mit der Realität wird auch in der Wissenschaftstheorie als zulässiges Vorgehen zur der Beurteilung von Modellen gesehen. Vgl. *Wild* (Theorienbildung, 1976), Sp. 3893f.; *Opp* (Methodologie, 2005), S. 99f.

[810]   Vgl. hierzu Kapitel IV.3.7.

[811]   Eine Ausnahme bildet der für die Teilstichprobe der CDAX-Unternehmen bestimmte Beständigkeitsparameter der sonstigen Informationen bei *Stromann* (Wertrelevanz, 2003), S. 218f.

[812]   Vgl. *Morel* (Ohlson, 2003), S. 1353f.

Autor(en)	Stichprobe, Untersuchungszeitraum	Behandlung der sonstigen Informationen	Wesentliche Ergebnisse
Myers (Valuation, 1999)	44.980 Firmenjahre, 1975–1996	Vernachlässigung	Beständigkeitsparameter des Residualgewinns liegen im Wertebereich; Informationsmodell ist zur Schätzung der Zeitreihe der Residualgewinne ungeeignet.
McCrae/ Nilsson (Specifications, 2001)	1.339 Firmenjahre, 1987–1997	Zwei Szenarien: Vernachlässigung und Verwendung von Analystenschätzungen für Periodenerfolg	Beständigkeitsparameter liegen innerhalb der Wertebereiche; AR (1)-Prozess ist besser geeignet als autoregressive Prozesse höherer Ordnung; Prognose von Residualgewinnen durch Analystenschätzungen ist genauer als durch AR (1)-Prozess.
Morel (Ohlson, 2003)	735 Unternehmen, 1962–1996	Erfassung über eine Konstante im Regressionsmodell	Beständigkeitsparameter des Residualgewinns liegen innerhalb des Wertebereichs; die über Informationsmodell bestimmte Beständigkeit ist jedoch verschieden von der über die Bewertungsgleichung ermittelten.
Prokop (Bewertung, 2003)	740 Firmenjahre, 1988-2001	Zwei Szenarien: Vernachlässigung und Verwendung von Analystenschätzungen für Periodenerfolg	Beständigkeitsparameter liegen innerhalb der Wertebereiche; Parameter für deutsche Unternehmen sind unterhalb derer für US-amerikanische und schwedische Unternehmen.

Tabelle 3: Überblick über empirische Studien zum Informationsmodell von *Ohlson* (1995)

Im Hinblick auf den AR(1)-Prozess des Informationsmodells kommen die Studien von *Dechow/Hutton/Sloan* und *McCrae/Nilsson* zu dem Ergebnis, dass dieser zur Beschreibung des Zeitreihenverhaltens der Residualgewinne besser geeignet ist als autoregressive Prozesse höherer Ordnung.[813] Dieses Ergebnis lässt zunächst eine Eignung des Informationsmodells zur Beschreibung des Zeitreihenverhaltens der Residualgewinne vermuten. Ein Vergleich des AR(1)-Prozesses mit nichtlinearen Zeitreihenmodellen bleibt in den dargestellten Studien jedoch aus, so dass Rückschlüsse über eine Eignung des AR (1)-Prozesses voreilig erscheinen. Dies gilt insbesondere vor dem Hintergrund, dass vom *Ohlson*-Modell (1995) unabhängige Studien nichtlineare Zusammenhänge

---

[813] Vgl. *Dechow/Hutton/Sloan* (Assessment, 1999), S. 17f.; *McCrae/Nilsson* (Specifications, 2001), S. 329.

zwischen den Residualgewinnen verschiedener Perioden identifizieren.[814] Gegen das Informationsmodell spricht auch, dass die Studien Analystenschätzungen eine bessere Eignung zur Prognose zukünftiger Gewinne zusprechen als dem AR(1)-Prozess.[815] Dieses Ergebnis findet darüber hinaus in vom Ohlson-Modell (1995) unabhängigen empirischen Untersuchungen Bestätigung. Dort führen Analystenschätzungen zu einer exakteren Prognose zukünftiger (Residual-) Gewinne als einfache Zeitreihenmodelle.[816]

Einen Nachweis, dass das Zeitreihenverhalten der Residualgewinne durch das einfache, aber restriktive Informationsmodell von Ohlson (1995) im Einzelfall zuverlässig beschrieben werden kann, erbringen die empirischen Studien folglich nicht. Für die ernüchternden Ergebnisse der Untersuchungen bezüglich des empirischen Gehalts des Informationsmodells kommen drei Ursachen in Frage:[817] (i) das für die Implementierung des Informationsmodells von Ohlson (1995) gewählte Untersuchungsdesign führt zu einer Verzerrung der Untersuchungsergebnisse, (ii) das Informationsmodell von Ohlson (1995) basiert auf stochastischen Prozessen, welche für die Prognose von Zukunftserfolgen nicht geeignet sind, und (iii) die Zukunftserfolge eines Unternehmens lassen sich aus den modellierten Rechnungslegungsinformationen nicht prognostizieren.

Eine Eingrenzung der Ursachen ist an dieser Stelle nicht möglich. Obwohl verschiedene, an früheren empirischen Arbeiten zum Informationsmodell von Ohlson (1995) geäußerte Kritikpunkte auf neuere Untersuchungen wie die von Morel nicht zutreffen,[818] lässt sich das gewählte Untersuchungsdesign als Ursache für die Ergebnisse nicht ausschließen. Dies liegt vor allem daran, dass keine zufriedenstellende Lösung zur Konkretisierung der sonstigen Informationen

---

[814] Vgl. z.B. *Hayn* (Information, 1995), S. 125-153; *Berger/Ofek/Swary* (Option, 1996), S. 257-287; *Burgstahler/Dichev* (Adaption, 1997), S. 187-215; *Barth/Beaver/Landsman* (Valuation Roles, 1998), S. 1-34; *Collins/Pincus/Xie* (Negative Earnings, 1999), S. 29-61; *Biddle/Chen/Zhang* (Capital, 2001), S. 252.

[815] Vgl. *Dechow/Hutton/Sloan* (Assessment, 1999), S. 24f.; *McCrae/Nilsson* (Specifications, 2001), S. 331f.

[816] Vgl. etwa *Brown/Rozeff* (Forecasts, 1978), S. 6-12; *Collins/Hopwood* (Analysis, 1980), S. 396-402; *Fried/Givoly* (Forecasts, 1982), S. 85-107; *Elton/Gruber/Gultekin* (Expectations, 1984), S. 351-363; *O'Brien* (Forecasts, 1988), S. 53.

[817] Vgl. hierzu *Hand/Landsman* (Ohlson, 1998), S. 4f. Ähnliche Ursachen werden von *Begley/Feltham* in Zusammenhang mit der Berücksichtigung vorsichtiger Rechnungslegung in den Informationsmodellen von *Feltham/Ohlson* (1995) und (1996) genannt. Vgl. *Begley/Feltham* (Relation, 2002), S. 28. Zu möglichen Ursachen in einem allgemeineren Kontext vgl. *Opp* (Methodologie, 2005), S. 100.

[818] Vgl. *Morel* (Ohlson, 2003), S. 1341f. Zu den Kritikpunkten gehören z.B. die Verwendung von Querschnittsdaten bei der Modellimplementierung oder das Unterlassen eines Tests auf Stationarität bei Verwendung von Zeitreihendaten

---

vorliegt.[819] Zur Beurteilung der zweiten und dritten Ursache ist eine Auseinandersetzung mit empirischen Studien zu anderen Informationsmodellen notwendig, welche durch die Berücksichtigung nichtlinearer stochastischer Prozesse und/oder durch die Einbeziehung zusätzlicher Rechnungslegungsinformationen eine größere Komplexität aufweisen. Diese erfolgt im Kapitel VI.2.4. in Zusammenhang mit der Analyse, inwiefern die Erweiterbarkeit als Vorteil des *Ohlson*-Modells (1995) einzuschätzen ist.

2.3.2. Empirische Erkenntnisse zur Erklärung und Prognose von Börsenpreisen und -renditen

Wertrelevanzstudien beurteilen die Entscheidungsnützlichkeit der Rechnungslegung mit Hilfe von Regressionsrechnungen zwischen Rechnungslegungsdaten und Börsenkapitalisierungen sowie Aktienrenditen.[820] Ein zur theoretischen Fundierung der Studien in Frage kommendes Modell sollte deshalb geeignet sein, Börsenpreise und -renditen zu erklären und zu prognostizieren.[821] Die Ergebnisse von in diesem Zusammenhang für das Bewertungskalkül des *Ohlson*-Modells (1995) erstellten und in Kapitel IV.4. vorgestellten empirischen Studien fassen die Tabellen 4 und 5 zusammen.

Die Ergebnisse der Studien zeigen, dass sich aus dem *Ohlson*-Modell (1995) kein zuverlässiger Schätzer für den Börsenpreis eines Unternehmens generieren lässt. Der Börsenpreis des Eigenkapitals wird im Durchschnitt unterschätzt. Zudem offenbart ein Vergleich mit anderen in Wertrelevanzstudien eingesetzten Modellen, dass für das *Ohlson*-Modell (1995) die Schätzfehler im Durchschnitt nicht geringer ausfallen: In der Studie von *Dechow/Hutton/Sloan* führt das ewige Rentenmodell zu einer besseren Approximation des Börsenpreises als das *Ohlson*-Modell (1995),[822] bei *Callen/Segal* ist der Schätzfehler des *Ohlson*-Modells (1995) mit dem des ewigen Rentenmodells vergleichbar.[823]

---

[819] Vgl. hierzu die Kritik an den empirischen Studien in Kapitel IV.3.7.

[820] Vgl. *Barth* (Implications, 2000), S. 16; *Lo/Lys* (Gap, 2001), S. 6f.; *Barth/Beaver/Landsman* (Relevance, 2001), S. 79; *Dumontier/Raffournier* (Accounting, 2002), S. 128.

[821] Vgl. z.B. *Dechow/Hutton/Sloan* (Assessment, 1999), S. 2f.

[822] Vgl. *Dechow/Hutton/Sloan* (Assessment, 1999), S. 23f.

[823] Vgl. *Callen/Segal* (Tests, 2005), S. 421.

Autor(en)	Untersuchte Modelle, Referenzgrößen	Stichprobe, Untersuchungszeitraum	Wesentliche Ergebnisse	
			Erklärung von Börsenpreisen und -renditen	Prognose von Börsenpreisen und -renditen
Möller/Schmidt (Aktienbewertung, 1998)	*Ohlson*-Modell (1995), unendliches Rentenmodell	766 Unternehmen, 1987–1994	*Ohlson*-Modell (1995) erklärt Aktienkurse und -renditen besser als unendliches Rentenmodell (höheres Bestimmtheitsmaß bei Regression von Aktienkursen bzw. Aktienrenditen mit Inputvariablen der Bewertungsgleichungen).	Ewiges Rentenmodell zur Prognose von Aktienrenditen besser geeignet als *Ohlson*-Modell (1995) (höheres Bestimmtheitsmaß); Modelle zur Prognose von Aktienrenditen schlechter geeignet als zu deren Erklärung.
Dechow/Hutton/Sloan (Assessment, 1999)	*Ohlson*-Modell (1995), unendliches Rentenmodell, Buchwert des Eigenkapitals	50.133 Firmenjahre, 1976–1995	Börsenpreise vom unendlichen Rentenmodell am wenigsten unterschätzt, gefolgt vom *Ohlson*-Modell (1995) und vom Buchwert des Eigenkapitals.	Weder das *Ohlson*-Modell (1995) noch der Buchwert des Eigenkapitals und das unendliche Rentenmodell sind zur Prognose zukünftiger Renditen geeignet.
Hüfner/Möller (Aktienbewertung, 2002)	*Ohlson*-Modell (1995), unendliches Rentenmodell	3.590 Firmenjahre, 1981–1997	*Ohlson*-Modell (1995) erklärt Aktienkurse und -renditen besser als unendliches Rentenmodell (höheres Bestimmtheitsmaß bei Regression von Aktienkursen bzw. Aktienrenditen mit Inputvariablen der Bewertungsgleichungen).	Nicht untersucht.

Tabelle 4: Überblick über empirische Studien zur Erklärung und Prognose von Börsenpreisen und -renditen (Teil I)

Autor(en)	Untersuchte Modelle, Referenzgrößen	Stichprobe, Untersuchungszeitraum	Wesentliche Ergebnisse	
			Erklärung von Börsenpreisen und -renditen	Prognose von Börsenpreisen und -renditen
Callen/Segal (Test, 2005)	*Ohlson*-Modell (1995), *Feltham/Ohlson*-Modell (1995), unendliches Rentenmodell	49.131 Firmenjahre, 1990–2001	*Ohlson*-Modell (1995) führt zu geringerer Unterschätzung des Börsenpreises als *Feltham/Ohlson*-Modell (1995); unendliches Rentenmodell führt zu Überschätzung des Börsenpreises, absoluter Schätzfehler im Bereich von *Ohlson* (1995).	Nicht untersucht.
Myers (Valuation, 1999)	*Ohlson*-Modell (1995), *Feltham/Ohlson*-Modelle (1995) und (1996), Buchwert des Eigenkapitals	44.980 Firmenjahre, 1975–1996	Alle Modelle unterschätzen Börsenpreis; Schätzfehler für *Feltham/Ohlson*-Modell (1996) am geringsten, Rendite wird vom *Ohlson*-Modell (1995) und vom *Feltham/Ohlson*-Modell (1995) sowie dem Buchwert des Eigenkapitals jedoch besser erklärt.	Nicht untersucht.
Callen/Morel (Valuation, 2001)	*Ohlson*-Modell (1995), *Callen/Morel*-Modell (2001), Buchwert des Eigenkapitals	19.789 Firmenjahre, 1962–1996	Alle Modelle unterschätzen Börsenpreis des Eigenkapitals eines Unternehmens; *Callen/Morel*-Modell (2001) führt zu keiner genaueren Schätzung als das *Ohlson*-Modell (1995) und der Buchwert des Eigenkapitals.	Nicht untersucht.

Tabelle 5: Überblick über empirische Studien zur Erklärung und Prognose von Börsenpreisen und -renditen (Teil II)

Zu einem anderen Ergebnis gelangen *Möller/Schmidt*, die das *Ohlson*-Modell (1995) mit anderen in Wertrelevanzstudien eingesetzten Modellen durch Regressionsrechnungen zwischen Börsenpreisen und den Inputvariablen der Bewertungskalküle vergleichen.[824] Aufgrund des im Durchschnitt höheren Bestimmtheitsmaßes der Regressionen wird auf eine Überlegenheit des *Ohlson*-Modells (1995) gegenüber den alternativ in Frage kommenden Modellen geschlossen.

Der diesen Studien zugrunde liegende Untersuchungsansatz wird jedoch als weniger aussagekräftig erachtet, da er implizit voraussetzt, dass (i) der Börsenpreis eines Unternehmens ein zuverlässiger Schätzer für den Wert des Eigenkapitals darstellt[825] und (ii) dass die gemessene Korrelation ein Indikator für die Informationswirkung der untersuchten Variablen ist. Beide Annahmen werden in der Literatur kritisiert.[826] Als Kritikpunkt an den Annahmen des Untersuchungsdesigns lässt sich vor allem anführen, dass bei Unternehmensübernahmen regelmäßig über der Börsenkapitalisierung liegende Preise für Unternehmen bezahlt werden.[827] Es kann auch nicht ausgeschlossen werden, dass andere Informationsquellen Ursache für den empirisch gemessenen Zusammenhang zwischen Börsenpreis und den Variablen der Bewertungsgleichungen sind.[828] Außerdem kann der Untersuchungsansatz bei einer fehlenden Skalierung der Variablen zu verzerrten Bestimmtheitsmaßen führen. Dies gilt auch dann, wenn wie im Falle von *Möller/Schmidt* Aktienkurse anstelle von Marktkapitalisierungen regressiert werden.[829]

Ein ähnliches Bild wie für die Erklärung der Börsenpreise ergibt sich bezüglich der Eignung des *Ohlson*-Modells (1995) zur Erklärung von Börsenrenditen. Leitet man die Renditen aus mit dem Modell berechneten Marktwerten des Eigenkapitals ab, zeigt sich, dass das *Ohlson*-Modell (1995) nicht vermag, Börsenrenditen zuverlässig zu erklären. Auch ist das Modell anderen in Wertrelevanzstudien verwendeten Modellen nicht überlegen.[830] Ein positiveres, jedoch mit den beiden oben genannten Kritikpunkten am Untersuchungsansatz behaf-

---

[824]   Vgl. *Möller/Schmidt* (Aktienbewertung, 1998), S. 496f.
[825]   Andernfalls lässt sich eine Regression zwischen Börsenpreisen und den Variablen der Bewertungsgleichung mit den Modellen nicht rechtfertigen, da mit den Modellen der (Markt-)Wert des Eigenkapitals berechnet wird.
[826]   Vgl. etwa *Hüfner/Möller* (Valuation, 2002), S. 142; *Wagenhofer/Ewert* (Unternehmensrechnung, 2003), S. 132-134; *Laux* (Kapitalmarkt, 2006), S. 476, sowie die Kritik an den empirischen Studien in Kapitel IV.4.5.
[827]   Vgl. *Gaughan* (Mergers, 2002), S. 521.
[828]   Dieser Kritikpunkt wird auch Wertrelevanzstudien entgegengehalten. Vgl. *Wagenhofer/Ewert* (Unternehmensrechnung, 2003), S. 132f.
[829]   Vgl. *Barth/Kallapur* (Scale, 1996), S. 528; *Akbar/Stark* (Discussion, 2003), S. 57f.; *Easton/Sommers* (Scale, 2003), S. 25f.
[830]   Vgl. etwa *Myers* (Valuation, 1999), S. 17; *Callen/Morel* (Valuation, 2001), S. 197.

tetes Bild für das *Ohlson*-Modell (1995) ergibt sich bei einer Regression von Börsenrenditen als abhängige Variable mit den Inputfaktoren der Bewertungsgleichungen.[831]

Darüber hinaus kann durch die empirischen Untersuchungen weder dem *Ohlson*-Modell (1995) noch dem Buchwert des Eigenkapitals und dem ewigen Rentenmodell eine besondere Eignung zur Prognose zukünftiger Börsenrenditen attestiert werden. Die entsprechenden Untersuchungen weisen entweder eine schwache oder keine statistische Signifikanz auf.[832]

Schließlich zeigt sich, dass aus der Regression des Börsenpreises und den jeweils bewertungsrelevanten Rechnungslegungsdaten Gewichtungsfaktoren für die Variablen des Bewertungskalküls von *Ohlson* (1995) resultieren, die sich von den über die Parameter des Informationsmodells berechneten Gewichtungsfaktoren signifikant unterscheiden. Beide Vorgehensweisen sollten zu identischen Werten für die Faktoren führen, wenn sich das *Ohlson*-Modell (1995) zur Bestimmung von Börsenpreisen des Eigenkapitals eignet.[833] Die Ergebnisse werfen daher ebenfalls Zweifel auf, ob mit dem *Ohlson*-Modell (1995) Börsenpreise zuverlässig erklärt werden können.

2.3.3. Beurteilung des vermeintlichen Vorzugs

Von einem zur theoretischen Fundierung von Wertrelevanzstudien geeigneten Modell wird verlangt, dass es eine Verbindung zwischen Rechnungslegungsinformationen und dem (Börsen-)Preis eines Unternehmens herstellt.[834] Das *Ohlson*-Modell (1995) leistet dieser Forderung Folge, indem zukünftige Residualgewinne aus dem gegenwärtigen Residualgewinn und sonstigen, für die Prognose zukünftiger Residualgewinne relevanten Informationen in einem auf AR(1)-Prozessen basierenden linearen Informationsmodell prognostiziert werden.[835] Im darauf aufbauenden Bewertungskalkül ergibt sich der Marktwert oder Preis des Eigenkapitals aus dem Buchwert des Eigenkapitals, dem gegenwärtigen Residualgewinn und den sonstigen Informationen.[836] Dass das vermeintlich einfache, auf wenigen Variablen der Rechnungslegung basierende

---

[831] Vgl. *Möller/Schmidt* (Aktienbewertung, 1998), S. 498; *Hüfner/Möller* (Valuation, 2002), S. 157-166.

[832] Vgl. *Möller/Schmidt* (Aktienbewertung, 1998), S. 498f.; *Dechow/Hutton/Sloan* (Assessment, 1999), S. 27-29.

[833] Vgl. *Morel* (Ohlson, 2003), S. 1349.

[834] Vgl. *Beaver* (Reporting, 1998), S. 69.

[835] Vgl. *Ohlson* (Valuation, 1995), S. 667f.

[836] Vgl. *Ohlson* (Valuation, 1995), S. 668f.

Ohlson-Modell (1995) hilft, die Entscheidungsnützlichkeit von Rechnungslegungsinformationen deduktiv zu begründen, ist jedoch trotz der hergestellten
Verbindung zwischen dem Buchwert des Eigenkapitals, dem Periodengewinn
und dem Preis eines Unternehmens zweifelhaft.[837]

Gegen eine Verwendung des *Ohlson*-Modells (1995) als theoretisches Gerüst
von Wertrelevanzstudien sprechen zunächst – wie in den beiden vorangegangenen Kapiteln dargestellt – die Erkenntnisse aus den empirischen Studien zum
Modell und den Modellannahmen. Danach ist das Informationsmodell nicht in
der Lage, zukünftige Residualgewinne eines Unternehmens zuverlässig zu prognostizieren. Auch besitzt das Bewertungskalkül im Vergleich zu den alternativ
für Wertrelevanzstudien in Frage kommenden Modellen keine besondere Eignung zur Erklärung und Prognose von Börsenpreisen und -renditen.

Als weiterer Kritikpunkt gegen die vermeintlich einfache Modellierung ist anzu-
führen, dass die Auswahl der beiden Rechnungslegungsinformationen im Informationsmodell und deren Relevanz zur Prognose von Zukunftserfolgen von
Ohlson nicht näher begründet wird.[838] Zwar deuten vom *Ohlson*-Modell (1995)
unabhängige empirische Studien Korrelationen insbesondere zwischen dem
gegenwärtigen Periodenerfolg und der Marktkapitalisierung oder Aktienrendite
eines Unternehmens an.[839] Einen Beweis über die Entscheidungsnützlichkeit des
Periodenerfolgs erbringen die Untersuchungen freilich nicht. Dem Kapitalmarkt
stehen neben den beiden Rechnungslegungsgrößen weitere Informationen wie
z. B. makroökonomische Erwartungen zur Preisbildung zur Verfügung,[840] welche möglicherweise ursächlich für die empirisch beobachtete Korrelation
sind.[841] Zudem kommen Befragungen von Analysten und Fondsmanagern zu
dem Ergebnis, dass Jahresabschlussinformationen kaum zur Prognose von Zukunftserfolgen, sondern eher zur Plausibilisierung der Schätzungen verwendet
werden.[842] Ebenso baut die Modellierung von *Ohlson* (1995) nicht auf analytischen und/oder empirischen Kenntnissen über den Prozess der individuellen
Informationsverarbeitung eines Investors auf.[843] Auch wenn die Rolle der
Rechnungslegungsinformationen im individuellen Entscheidungsfindungspro-

---

[837] Vgl. *Streim* (Vermittlung, 2000), S. 124.
[838] Vgl. hierzu *Walker* (Clean Surplus, 1997), S. 352; *Streim* (Vermittlung, 2000), S. 124.
[839] Vgl. z.B. die Studien von *Easton* (Accounting, 1985), S. 54-77; *Easton/Harris* (Ear-
       nings, 1991), S. 19-36; *Easton/Harris/Ohlson* (Accounting, 1992), S. 119-142; *Biddle/
       Bowen/Wallace* (EVA, 1997), S. 301-336; *Stark/Thomas* (Residual Income, 1998),
       S. 445-460; *Chen/Dodd* (Income, 2001), S. 65-86; *Feltham/Isaac/Mbagwu/Vaidyana-
       than* (Evidence, 2003), S. 83-88.
[840] Vgl. *Zimmermann* (EVA, 1997), S. 105; *Beaver* (Reporting, 1998), S. 105f.
[841] Vgl. *Wagenhofer/Ewert* (Unternehmensrechnung, 2003), S. 132.
[842] Vgl. etwa *Barker* (Dividends, 1999), S. 195-218.
[843] Vgl. *Ohlson* (Valuation, 1995), S. 667f.

zess eines Investors schwer zu prüfen ist,[844] sind Kenntnisse über diesen Prozess für einen Nachweis der Entscheidungsrelevanz des Periodenerfolgs und des Buchwerts des Eigenkapitals für einen individuellen Investor unerlässlich.[845] Zur deduktiven Begründung, dass dem Periodenerfolg und dem Buchwert des Eigenkapitals bei der Prognose von Zukunftserfolgen mehr als eine Ergänzungsfunktion zukommt, eignet sich das *Ohlson*-Modell (1995) daher nicht.

Weiter spricht die Beschränkung des Modells auf den gegenwärtigen Periodenerfolg und den Buchwert des Eigenkapitals als die beiden einzigen für die Prognose zukünftiger Residualgewinne relevanten Rechnungslegungsinformationen gegen das *Ohlson*-Modell (1995).[846] Unklar bleibt, weshalb andere Informationen aus der externen Rechnungslegung im Informationsmodell keine Berücksichtigung finden.[847] Zu nennen sind z. B. qualitative Rechnungslegungsinformationen zum Zustandekommen des Periodenerfolgs, zur Unternehmensstrategie und der künftigen Entwicklung eines Unternehmens.[848] Bei einer Rechnungslegung nach HGB sind derartige Informationen zumindest teilweise im nach § 289 HGB und § 315 HGB zu erstellenden Lagebericht eines Unternehmens enthalten.[849] Dieser gibt Auskunft über Vorgänge von besonderer Bedeutung nach Ablauf des Geschäftsjahres (Nachtragsbericht), über die voraussichtliche Entwicklung eines Unternehmens (Prognosebericht) und über die For-

---

[844] Vgl. *Ballwieser* (Informations-GoB, 2002), S. 117. Die individuellen Entscheidungsmodelle sind deshalb weitgehend unbekannt. Vgl. *Ordelheide* (Aktienanalyse, 1998), S. 508; *Kahle* (Zukunft, 2003), S. 266. Unklar ist ebenso, ob Rechnungslegungsinformationen bei der Prognose von Zukunftserfolgen überhaupt eine Informationsfunktion zukommt. Vgl. etwa *Schneider* (Rechnungswesen, 1997), S. 201f.; *Schneider* (Wettbewerb, 2000), S. 39.

[845] Vgl. *Demski* (Impossiblity, 1973), S. 718; *Ballwieser* (Begründbarkeit, 1982), S. 772; *Ballwieser* (Nutzen, 1996), S. 18f.; *Ballwieser* (Konzeptionslosigkeit, 2005), S. 733. Kritisch zur Annahme, dass die Bilanz und GuV eines Unternehmens überhaupt einen zuverlässigen Anhaltspunkt zur Prognose von Zukunftserfolgen liefern, vgl. z.B. *Schneider* (Reform, 1983), S. 144; *Moxter* (Mythen, 2000), S. 2148; *Streim/Esser* (Informationsvermittlung, 2003), S. 839f., sowie in allgemeinerem Kontext *Schneider* (Methoden, 2001), S. 331.

[846] Der Periodenerfolg und der Buchwert des Eigenkapitals sind im Informationsmodell über den gegenwärtigen Residualgewinn vertreten. Vgl. *Ohlson* (Valuation, 1995), S. 667f.

[847] Vgl. *Walker/Wang* (Profitability, 2003), S. 235.

[848] Vgl. *Schulte* (Rechnungslegung, 1996), S. 91; *Ballwieser* (Anforderungen, 2001), S. 162; *Esser* (Goodwillbilanzierung, 2005), S. 59; *Moxter* (Rechnungslegung, 2003), S. 243; *Wöhe/Döring* (Einführung, 2005), S. 940f.

[849] Vgl. auch *Streim* (Stellenwert, 1998), S. 718; *Ewert/Wagenhofer* (Ansätze, 2000), S. 45; *Ballwieser* (Informations-GoB, 2002), S. 115; *Streim/Bieker/Esser* (Vermittlung, 2003), S. 478; *Baetge/Kirsch/Thiele* (Konzernbilanzen, 2004), S. 608f. Zu einer Diskussion weiterer Instrumente der Informationsvermittlung in Jahresabschlüssen vgl. z.B. *Böcking* (Verhältnis, 1998), S. 46-52.

schungs- und Entwicklungsaktivitäten eines Unternehmens (Forschungs- und Entwicklungsbericht).[850] Es wird davon ausgegangen, dass derartige Informationen für Kapitalmarktteilnehmer bei der Prognose der Zukunftserfolge mindestens dieselbe Relevanz wie der Periodenerfolg selbst besitzen.[851] Die Relevanz weiterer (Rechnungslegungs-)Informationen für die Prognose zukünftiger Residualgewinne wird darüber hinaus durch vom Residual-Income-Model unabhängige empirische Untersuchungen gestützt.[852] Deren Nichtberücksichtigung in einem zur Prognose der Zukunftserfolge eines Unternehmens gedachten Modell ist dementsprechend zu bemängeln.

Ein weiterer Kritikpunkt bezieht sich auf eine Verwendung des *Ohlson*-Modells (1995) zur Erklärung von Börsenpreisen und/oder -renditen, wie dies bei einem Einsatz des Modells zur Fundierung von Wertrelevanzstudien implizit notwendig ist, da in den Studien der empirische Zusammenhang zwischen Börsenpreisen und Rechnungslegungsinformationen untersucht wird. Der mit dem Modell berechnete Marktwert oder Preis des Eigenkapitals eines Unternehmens ist unter den Annahmen der Neoklassik konstruiert. Dass diese Größe z.B. aufgrund von bei Unternehmenstransaktionen gezahlten Prämien häufig nicht mit dem Börsenpreis eines Unternehmens übereinstimmt,[853] wurde in Kapitel IV.4.5. diskutiert.

Nachvollziehbar wirkt zunächst die Wahl eines AR(1)-Prozesses zur Prognose der Zukunftserfolge eines Unternehmens. Durch die Eingrenzung der Wertebereiche der extern vorgegebenen Parameter des Informationsmodells konvergieren die Übergewinne eines Unternehmens im Zeitablauf gegen Null und erlauben daher dauerhaft keine über den Kapitalkosten liegenden Renditen.[854]

---

[850]   Ähnliche Informationen finden sich nach SFAC 5 in der *Management's Discussion and Analysis of Financial Condition and Results of Operations* (MD&A). Vgl. *Coenenberg* (Jahresabschluss, 2005), S. 907. Einen IFRS-Lagebericht gibt es bisher jedoch nicht. Vgl. *Pellens/Fülbier/Gassen* (Rechnungslegung, 2006), S. 908f.

[851]   Vgl. *Ballwieser* (Anforderungen, 2001), S. 162f. *Ballwieser* merkt hierzu an gleicher Stelle an, dass „die Abhängigkeit der Kapitalmarktteilnehmer von der Gewinnziffer [...] nicht überschätzt werden [sollte, Anm. d. Verf.]". Allerdings erweist es sich für Externe als schwierig, den Wahrheitsgehalt derartiger Zusatzinformationen zu überprüfen. Vgl. *Ewert/Wagenhofer* (Ansätze, 2000), S. 45; *Dobler* (Risikoberichterstattung, 2004), S. 174f.

[852]   Vgl. z.B. *Lipe* (Information, 1990), S. 49-71; *Baginski/Lorek/Willinger/Branson* (Relationship, 1999), S. 105-120. Unterstützung findet die Relevanz dieser Informationen für Investoren auch durch das Experiment bei *Dietrich/Kachelmeier/Kleinmuntz/Linsmeier* (Disclosures, 2001), S. 243-268, hier S. 243.

[853]   Vgl. *Gaughan* (Mergers, 2002), S. 521. Ebenso weicht der Zuschlag im Einzelfall erheblich vom Durchschnittswert ab.

[854]   Vgl. *Ohlson* (Valuation, 1995), S. 665.

Mit dieser Modellierung folgt das *Ohlson*-Modell (1995) Erkenntnissen der Industrieökonomik, wonach die Überrenditen von Unternehmen im langfristigen Konkurrenzgleichgewicht bedingt durch Wettbewerbsdruck erodieren.[855]

Gegen die Modellierung spricht jedoch, dass es einzelne Unternehmen gibt, denen es dauerhaft gelingt, über den Kapitalkosten liegende Renditen zu erzielen.[856] Es ist aufgrund der spezifischen Charakteristika jedes einzelnen Unternehmens nicht zu erwarten, dass ein einheitlicher stochastischer Prozess ausreichend ist, um die Zukunftserfolge sämtlicher Unternehmen abzubilden.[857] Darüber hinaus basiert die Auswahl des stochastischen Prozesses nicht auf analytischen oder empirischen Kenntnissen über den Informationsverarbeitungsprozess eines individuellen Investors.[858] Diese Kenntnisse sind jedoch unerlässlich, um beurteilen zu können, ob Investoren auf die unterstellte Art und Weise Prognosen für die Zukunftserfolge eines Unternehmens generieren.[859] Aufrund der Ergebnisse empirischer Studien zur Prognoseeignung der AR(1)-Prozesse ist schließlich nicht zu erwarten, dass die Preisbildung am Markt mit dem stochastischen Prozess erklärt werden kann. Die Ergebnisse von *Dechow/Hutton/Sloan* zeigen, dass Analystenschätzungen das Zeitreihenverhalten der zukünftigen Residualgewinne besser abbilden können als AR(1)-Prozesse.[860] Zur Begründung der Entscheidungsnützlichkeit von Rechnungslegungsinformationen außerhalb der Modellwelt hilft der AR(1)-Prozess deshalb nicht weiter. Der Zusammenhang zwischen vergangenheitsorientierten Rechnungslegungsinformationen und den Zukunftserfolgen eines Unternehmens bleibt ungeklärt[861] und die stochastischen Prozesse ohne ökonomischen Gehalt.[862]

In ähnlicher Weise wie die Wahl eines AR(1)-Prozesses wirkt die Einbeziehung einer zweiten Variablen für sonstige bewertungsrelevante Informationen auf den

---

[855] Vgl. *Kothari* (Capital Markets, 2001), S. 176; *Hoffmann* (Wettbewerbsvorteile, 2005), S. 324.

[856] Vgl. *Hoffmann* (Wettbewerbsvorteile, 2005), S. 330.

[857] Vgl. *O'Hanlon* (Regression, 1995), S. 53; *Kothari* (Capital Markets, 2001), S. 181. Unterstützt wird diese Vermutung z.B. durch die Ergebnisse der empirischen Studie von *Kormendi/Lipe* (Persistence, 1987), S. 323-345.

[858] Die Modellierung wird deshalb als algebraische Transformation der Rechnungslegungsinformationen bezeichnet. Vgl. *Verrecchia* (Discussion, 1998), S. 113.

[859] Vgl. *Ballwieser* (Anforderungen, 2001), S. 164.

[860] Vgl. *Dechow/Hutton/Sloan* (Assessment, 1999), S. 24f.

[861] Vgl. *Mujkanovic* (International, 2002), S. 197; *Streim* kritisiert an dieser Annahme des *Ohlson*-Modells (1995), dass das Prognoseproblem einfach wegdefiniert wird. Vgl. *Streim* (Vermittlung, 2000), S. 124.

[862] Vgl. *Verrecchia* (Discussion, 1998), S. 113.

ersten Blick plausibel.[863] Mit dieser Überlegung trägt das Informationsmodell dem Umstand Rechnung, dass es eine Vielzahl weiterer Informationsquellen gibt, welche entscheidungsnützliche Informationen für Investoren beinhalten und deshalb bei der Prognose von Zukunftserfolgen mit dem Informationsmodell zu berücksichtigen sind.[864] Da die analytischen und empirischen Arbeiten zum *Ohlson*-Modell (1995) keine zufriedenstellende Lösung anbieten, wie die sonstigen Informationen bei einer Anwendung des Informationsmodells zu konkretisieren sind,[865] erscheint jedoch eine zuverlässige Prognose zukünftiger Gewinne eines Unternehmens mit dem Informationsmodell bis jetzt nicht möglich, unabhängig davon, ob der gegenwärtige Periodenerfolg für Investoren tatsächlich Relevanz besitzt.[866]

2.4. Erweiterbarkeit der Modellierung von *Ohlson* (1995)

2.4.1. Empirische Erkenntnisse zu den Informationsmodellen

Zur Beantwortung der Frage, inwiefern durch bestehende analytische Erweiterungen des Informationsmodells von *Ohlson* (1995) – z.B. durch die Modelle von *Feltham/Ohlson* (1995) und (1996), *Ohlson* (1999), *Callen/Morel* (2001) und *Yee* (2000) – eine Annäherung an die Realität gelingt,[867] greift die vorliegende Arbeit auf in Kapitel IV.3. vorgestellte empirische Studien zurück. Deren Ergebnisse fasst Tabelle 6 zusammen.

Autor(en)	Untersuchtes Informations-modell	Stichprobe, Untersuchungs-zeitraum	Wesentliche Ergebnisse
Stober (Tests, 1996)	*Feltham/ Ohlson* (1995)	ca. 79.000 Firmenjahre, 1964–1993	Beständigkeitsparameter des Residual-gewinns liegt innerhalb, Vorsichtspara-meter in der Regel außerhalb des Werte-bereichs.

---

[863]   Vgl. hierzu *Schulte* (Rechnungslegung, 1996), S. 78, der auf die Bedeutung von Marktfaktoren bei der Bildung von Aktienkursen hinweist.

[864]   Vgl. *Bauman* (Fundamental Analysis, 1996), S. 22f.; *Beaver* (Reporting, 1998), S. 105f.

[865]   Vgl. hierzu die Kritik an den empirischen Studien zum Informationsmodell in Kapitel IV.3.7.

[866]   Zur Bedeutung der sonstigen Informationen im Informationsmodell vgl. auch *Ohlson* (Perspective, 2001), S. 112.

[867]   Ein Überblick über die bisherigen Erweiterungen des Informationsmodells von *Ohlson* (1995) wird in Kapitel III. gegeben.

Autor(en)	Untersuchtes Informationsmodell	Stichprobe, Untersuchungszeitraum	Wesentliche Ergebnisse
Myers (Valuation, 1999)	*Feltham/ Ohlson* (1995)	44.980 Firmenjahre, 1975–1996	Beständigkeitsparameter des Residualgewinns liegt innerhalb, Vorsichtsparameter außerhalb des Wertebereichs.
Stromann (Wertrelevanz, 2003)	*Feltham/ Ohlson* (1995)	346 CDAX-Unternehmen, 407 S&P-500-Unternehmen, 1987–2000	Beständigkeit der Residualgewinne und der sonstigen Informationen liegen im Wertebereich; Vorsichtsparameter häufig nicht signifikant.
Callen/Segal (Tests, 2005)	*Feltham/ Ohlson* (1995)	49.131 Firmenjahre, 1990–2001	Beständigkeit der Residualgewinne und der sonstigen Informationen liegen in den meisten Szenarien nicht im Wertebereich.
Myers (Valuation, 1999)	*Feltham/ Ohlson* (1996)	44.980 Firmenjahre, 1975–1996	Beständigkeit der Residualgewinne und Parameter für Abschreibungen liegen im Wertebereich; Vorsichtsparameter ist im Median negativ.
Ahmed/Morton/ Schaefer (Feltham, 2000)	*Feltham/ Ohlson* (1996)	1.074 Unternehmen, 1979–1997	Beständigkeit der Residualgewinne und der sonstigen Informationen liegen innerhalb des Wertebereichs; Vorsichtsparameter im Durchschnitt negativ; Vorsichtsparameter darüber hinaus nicht mit anderen Maßgrößen für vorsichtige Rechnungslegung korreliert.
Barth/Beaver/Hand/ Landsman (Equity Values, 1999)	*Ohlson* (1999)	15.405 Firmenjahre, 1987–1996	Für alle Industrien liegt der Beständigkeitsparameter des Residualgewinns im Wertebereich; *transitory earnings* haben negativen Parameter.
Barth/Beaver/Hand/ Landsman (Accruals, 2005)	*Ohlson* (1999)	17.601 Firmenjahre, 1987–2001	Beständigkeitsparameter des Residualgewinns ist in einigen Industrien oberhalb des Wertebereichs.
Bar-Yosef/ Callen/Livinat (Ohlson, 1996)	Auf autoregressiven Prozessen höherer Ordnung basierendes Modell	348 Unternehmen; 1960–1987	Informationsmodell auf Basis von AR (2)-Prozessen ist dem Informationsmodell von *Ohlson* (1995) überlegen.

Autor(en)	Untersuchtes Informations- modell	Stichprobe, Untersuchungs- zeitraum	Wesentliche Ergebnisse
Morel (Spe- cification, 1999)	*Morel* (1999), *Ohlson* (1995)	16.050 Firmen- jahre, 1962– 1996	Ausschließliches Abstellen des Informa- tionsmodells auf AR (1)-Prozesse führt zu weniger zuverlässigen Prognosen von Gewinnen als die Einbindung von AR (2)-Prozessen.
Callen/Morel (Valuation, 2001)	*Callen/Morel* (2001), *Ohlson* (1995)	19.789 Firmen- jahre, 1962– 1996	Beständigkeitsparameter der Residual- gewinne liegt bei AR (2)-Prozessen nicht im Wertebereich.
Biddle/ Chen/Zhang (Capital, 2001)	Nichtlineares Informations- modell	83.826 Firmen- jahre, 1981– 1998	Nichtlineares Zeitreihenverhalten der Residualgewinne eines Unternehmens (S-förmiger oder konvexer Verlauf des Informationsmodells).

Tabelle 6:   Überblick über empirische Studien zu Erweiterungen des Informationsmodells von *Ohlson* (1995)

Die Ergebnisse der empirischen Studien bestätigen im Wesentlichen – vorbehaltlich von aus den Kritikpunkten an den Studien möglicherweise resultierenden Veränderungen[868] – die Erweiterungen des Informationsmodells von
Ohlson (1995) in Bezug auf den Wertebereich für den Beständigkeitsparameter
des Residualgewinns.[869] Ähnliches gilt für den Beständigkeitsparameter der
sonstigen Informationen. Hingegen hält die Modellierung vorsichtiger Rechnungslegung in den Informationsmodellen von *Feltham/Ohlson* (1995) und
(1996) einer empirischen Überprüfung nicht Stand. Die Studien von *Stober*,
Myers, *Stromann* und *Ahmed/Morton/Schaefer* kommen in verschiedenen
Szenarien zu einem nicht signifikanten oder außerhalb des Wertebereichs
liegenden Vorsichtsparameter,[870] welcher nicht mit den bei der Herleitung der
beiden Modelle getroffenen Annahmen in Einklang steht.

---

[868]   Vgl. hierzu IV.3.7.
[869]   Eine Ausnahme bildet die Studie von *Callen/Segal*, welche in den meisten Szenarien zu
einem nicht signifikanten Beständigkeitsparameter der Residualgewinne und der sonstigen Informationen führt. Vgl. *Callen/Segal* (Tests, 2005), S. 418f. Das nichtlineare
Informationsmodell von *Biddle/Chen/Zhang* wird nicht auf eine Einhaltung des Wertebereichs der Parameter untersucht.
[870]   Vgl. *Stober* (Tests, 1996), S. 30f.; *Myers* (Valuation, 1999), S. 19 und S. 21; *Ahmed/
Morton/Schaefer* (Feltham, 2000), S. 280f.; *Stromann* (Wertrelevanz, 2003), S. 218f.

Zur Erklärung werden drei Ursachen diskutiert:[871] (i) das Untersuchungsdesign führt zu einer ungenauen Schätzung des Parameters, (ii) die Unternehmen bilanzieren nicht vorsichtig, oder (iii) der Parameter erfasst vorsichtige Rechnungslegung nicht zutreffend. Vor dem Hintergrund, dass die aufgeführten empirischen Untersuchungen zu einem einheitlichen Ergebnis gelangen und dass vom Residual-Income-Model unabhängige Studien vorsichtige Rechnungslegung in der Bilanzierungspraxis bestätigen,[872] erscheinen die beiden erstgenannten Ursachen weniger plausibel als eine nicht zutreffende Abbildung vorsichtiger Rechnungslegung durch die Modelle.[873] Nach dem bisherigen Stand der Forschung ist deshalb zu mutmaßen, dass eine Annäherung an die Realität in Bezug auf die Berücksichtigung vorsichtiger Rechnungslegung mit den Informationsmodellen von *Feltham/Ohlson* nicht gelingt.[874]

Ebenfalls zeigen die empirischen Studien, dass zur Beschreibung des Zeitreihenverhaltens der Residualgewinne möglicherweise andere stochastische Prozesse anstelle des in den Modellen von *Ohlson* (1995) und (1999) sowie *Feltham/Ohlson* (1995) und (1996) verankerten AR(1)-Prozesses besser geeignet sind.[875] Ein eindeutiges Bild, wie zukünftige Residualgewinne aus gegenwärtigen zu extrapolieren sind, ergibt sich aus den empirischen Untersuchungen jedoch nicht.[876] Vom Informationsmodell unabhängige empirische Untersuchungen kommen überdies zu dem Ergebnis, dass Analystenschätzungen zur Prognose zukünftiger Gewinne besser geeignet sind als Zeitreihenmodelle.[877] Einen Nachweis, dass das Zeitreihenverhalten durch einen bestimmten, in den Informations-

---

[871] Vgl. *Begley/Feltham* (Relation, 2002), S. 28.

[872] Vgl. etwa *Brooks/Buckmaster* (Evidence, 1976), S. 1359-1373; *Elgers/Lo* (Reduction, 1994), S. 290-303; *Basu* (Conservatism, 1997), S. 3-37; *Beaver/Ryan* (Biases, 2000), S. 127-148; *García Lara/Mora* (Conservatism, 2004), S. 261-292.

[873] Vgl. *Watts* (Evidence, 2003), S. 290f.

[874] Siehe hierzu auch die Kritik an den Erweiterungen des Informationsmodells im vorherigen Kapitel.

[875] Vgl. *Bar-Yosef/Callen/Livnat* (Ohlson, 1996), S. 207f.; *Morel* (Test, 1999), S. 153-158; *Biddle/Chen/Zhang* (Capital, 2001), S. 252.

[876] Diskutiert werden in diesem Zusammenhang vor allem auf autoregressiven Prozessen höherer Ordnung basierende Informationsmodelle sowie solche Modelle, die ein nichtlineares Zeitreihenverhalten der Residualgewinne abbilden.

[877] Vgl. etwa *Brown/Rozeff* (Forecasts, 1978), S. 6-12; *Collins/Hopwood* (Analysis, 1980), S. 396-402; *Fried/Givoly* (Forecasts, 1982), S. 85-107; *Elton/Gruber/Gultekin* (Expectations, 1984), S. 351-363; *O'Brien* (Forecasts, 1988), S. 53. In Analystenschätzungen wird eine Vielzahl von Informationen aggregiert, welche als relevant für die Prognose zukünftiger Gewinne erachtet werden. Zeitreihenmodelle spielen bei der Generierung der Analystenschätzung nur eine untergeordnete Rolle. Vgl. *Ordelheide* (Aktienanalyse, 1998), S. 506f.; *Barth/Hutton* (Forecast Revisions, 2004), S. 59f.; *Cheng* (Forecasts, 2005), S. 12-20.

modellen verankterten stochastischen Prozess zuverlässig beschrieben werden kann, erbringen die empirischen Studien daher nicht.

Wie in Zusammenhang mit empirischen Studien zum Informationsmodell von *Ohlson* (1995) angeführt, werden vor allem drei Ursachen für die bisher enttäuschenden Ergebnisse zur Leistungsfähigkeit der Informationsmodelle diskutiert. Diese beziehen sich auf: (i) das Untersuchungsdesign der empirischen Studien, (ii) den im Informationsmodell implementierten stochastischen Prozess und (iii) die grundsätzliche Eignung der in den Informationsmodellen berücksichtigten Rechnungslegungsinformationen zur Prognose von Zukunftserfolgen eines Unternehmens.

Eine Eingrenzung der Ursachen ist auf Basis der bisher durchgeführten Untersuchungen zu den Erweiterungen des *Ohlson*-Modells (1995) nicht möglich. Dazu fehlen neben einer zuverlässigen Konkretisierung der sonstigen Informationen insbesondere empirische Untersuchungen, welche eine Prognose von zukünftigen Residualgewinnen mit den Erweiterungen des Informationsmodells von *Ohlson* (1995) vornehmen.[878] Es bleibt deshalb aus empirischer Sicht weitestgehend unklar, ob

1) die Auflösung der Annahme einer unverzerrten Rechnungslegung zugunsten der Verankerung vorsichtiger Rechnungslegung (wie z. B. in den *Feltham/Ohlson*-Modellen [1995] und [1996]),
2) die Aufspaltung der Gewinngröße in nachhaltige und transitorische Komponenten anstelle der Berücksichtigung einer aggregierten Erfolgsgröße (wie z. B. im *Ohlson*-Modell [1999]),
3) die Einbindung autoregressiver Prozesse höherer Ordnung anstelle des AR(1)-Prozesses (wie z. B. im *Callen/Morel*-Modell [2001]) und
4) die Modellierung eines konvexen anstelle linearen Verlaufs des Informationsmodells (wie z. B. im *Biddle/Chen/Zhang*-Modell [2001])

eine zuverlässigere Beschreibung des Zeitreihenverhaltens der Residualgewinne eines Unternehmens erlauben.

---

[878] Entsprechende Untersuchungen werden bis heute ausschließlich für das *Ohlson*-Modell (1995) vorgenommen. Vgl. z.B. die Studie von *Dechow/Hutton/Sloan* (Assessment, 1999), S. 1-34.

2.4.2.   Empirische Erkenntnisse zur Erklärung und Prognose von Börsenpreisen und -renditen

Empirische Studien, welche die Eignung der Erweiterungen des *Ohlson*-Modells (1995) zur Erklärung und Prognose von Börsenpreisen und -renditen zum Gegenstand haben,[879] fassen die Tabellen 4 und 5 in Kapitel VI.2.3.2. zusammen. Demnach beziehen sich die in diesem Zusammenhang durchgeführten Untersuchungen bisher auf die *Feltham/Ohlson*-Modelle (1995) und (1996) sowie auf das *Callen/Morel*-Modell (2001). Für die übrigen Erweiterungen des *Ohlson*-Modells (1995) liegen nach Kenntnis des Verfassers noch keine empirischen Untersuchungen vor, welche eine entsprechende Forschungsfrage zum Gegenstand haben.[880]

Die Ergebnisse der Studien attestieren den *Feltham/Ohlson*-Modellen (1995) und (1996) und dem *Callen/Morel*-Modell (2001) keine Eignung zur zuverlässigen Erklärung von gegenwärtigen Börsenpreisen. Die untersuchten Modelle führen zu Marktwerten des Eigenkapitals, welche im Durchschnitt den Börsenpreis eines Unternehmens unterschätzen.[881] Des Weiteren lässt sich in zwei der drei Studien durch die Erweiterungen des *Ohlson*-Modells (1995) keine bessere Approximation des Börsenpreises erzielen als durch das *Ohlson*-Modell (1995).[882] Lediglich die Studie von *Myers* bestätigt für die *Feltham/Ohlson*-Modelle (1995) und (1996) einen geringeren Schätzfehler.[883]

Im Vergleich zum teilweise ebenfalls untersuchten unendlichen Rentenmodell und zum Buchwert des Eigenkapitals erzielen die Erweiterungen des Residual-Income-Model ebenfalls keine Verbesserung der Schätzgenauigkeit. So kommt die Studie von *Callen/Segal* zu dem Ergebnis, dass der absolute Schätzfehler für das unendliche Rentenmodell geringer ausfällt als für das *Feltham/Ohlson*-Modell (1995).[884]

Ein ähnliches Bild ergibt sich bei der Analyse der Ergebnisse zur Erklärung von gegenwärtigen Börsenrenditen. Mit den *Feltham/Ohlson*-Modellen (1995) und (1996) und dem *Callen/Morel*-Modell (2001) können Börsenrenditen nicht

---

[879]   Ein Überblick über die bisherigen Erweiterungen des Informationsmodells von *Ohlson* (1995) wird in Kapitel III. gegeben.

[880]   Vgl. hierzu Tabelle 4 und Tabelle 5.

[881]   Vgl. *Myers* (Valuation, 1999), S. 19 und S. 21; *Callen/Morel* (Valuation, 2001), S. 199; *Callen/Segal* (Tests, 2005), S. 421.

[882]   Vgl. *Callen/Morel* (Valuation, 2001), S. 199; *Callen/Segal* (Tests, 2005), S. 421.

[883]   Vgl. *Myers* (Valuation, 1999), S. 17 und S. 19.

[884]   Vgl. *Callen/Segal* (Tests, 2005), S. 421.

169

zuverlässig erklärt werden.[885] Außerdem schneiden die Erweiterungen des Residual-Income-Model in den Studien in Bezug auf eine Erklärung von Börsenrenditen nicht besser ab als die generischen Vergleichsmodelle (Buchwert des Eigenkapitals, unendliches Rentenmodell).[886]

Keine Aussage lässt sich aus den empirischen Studien über die Eignung der Erweiterungen des *Ohlson*-Modells (1995) zur Prognose von zukünftigen Aktienrenditen treffen, da dieser Fragestellung in den Untersuchungen nicht nachgegangen wird.

2.4.3. Beurteilung des vermeintlichen Vorzugs

Die vorgenommenen analytischen Erweiterungen des *Ohlson*-Modells (1995) verändern verschiedene mit Kritik behaftete Annahmen des Modells von *Ohlson*. Schwerpunkte der Erweiterungen bilden – wie in Kapitel III. – dargestellt

1) die Auflösung der Annahme einer unverzerrten Rechnungslegung zugunsten der Verankerung vorsichtiger Rechnungslegung (wie z.B. in den *Feltham/Ohlson*-Modellen [1995] und [1996]),
2) die Aufspaltung der Gewinngröße in nachhaltige und transitorische Komponenten anstelle der Berücksichtigung einer aggregierten Erfolgsgröße (wie z.B. im *Ohlson*-Modell [1999]),
3) die Einbindung autoregressiver Prozesse höherer Ordnung anstelle des AR(1)-Prozesses (wie z.B. im *Callen/Morel*-Modell [2001]) und
4) die Modellierung eines konvexen anstelle linearen Verlaufs des Informationsmodells (wie z.B. im *Biddle/Chen/Zhang*-Modell [2001])

Die Erweiterungen des *Ohlson*-Modells (1995) stellen – wie das *Ohlson*-Modell (1995) selbst – eine Verbindung zwischen dem fiktiven Marktwert oder Preis eines Unternehmens und Rechnungslegungsinformationen her. Dass die Modellerweiterungen zur Fundierung von Wertrelevanzstudien besser geeignet sind, ist jedoch trotz der Auflösung einiger restriktiver Annahmen des *Ohlson*-Modells (1995) nicht ersichtlich.

Zu bemängeln sind zunächst die – wie in den beiden vorangegangenen Kapiteln dargestellt – enttäuschenden Ergebnissen der empirischen Studien zu den Erweiterungen des *Ohlson*-Modells (1995). Danach halten weder die untersuchten

---

[885] Andere Erweiterungen des Residual-Income-Model werden nach Kenntnis des Verfassers auf eine Eignung zur Erklärung von Börsenrenditen noch nicht untersucht.

[886] Vgl. *Myers* (Valuation, 1999), S. 19 und S. 21; *Callen/Morel* (Valuation, 2001), S. 199.

Informationsmodelle einer empirischen Überprüfung stand noch verbessert sich durch die vorgenommenen Modifikationen einzelner Annahmen die Eignung der Modelle zur Erklärung und Prognose von Börsenpreisen und -renditen im Vergleich zum *Ohlson*-Modell (1995).

Ein anderer, aus Sicht einer möglichen Verwendung der Erweiterungen des Residual-Income-Model in Wertrelevanzstudien anzuführender Kritikpunkt bezieht sich auf die fehlende Begründung der Entscheidungsnützlichkeit der zur Prognose der zukünftigen Residualgewinne verwendeten Rechnungslegungsinformationen. Wie beim *Ohlson*-Modell (1995) basiert die Auswahl der verwendeten Rechnungslegungsdaten nicht auf empirischen oder analytischen Kenntnissen über den Prozess der individuellen Informationsverarbeitung der Investoren.[887] Die untersuchten Modelle unterstellen folglich implizit, dass bestimmte Rechnungslegungsinformationen für Investoren bei der Prognose von Zukunftserfolgen relevant und verlässlich sind, ohne die Frage nach dem Entscheidungsmodell der Investoren zum Gegenstand zu haben. Zur deduktiven Begründung der Entscheidungsnützlichkeit von Rechnungslegungsinformationen helfen die Modelle deshalb nicht weiter.[888]

Ähnliches gilt für die Extrapolation der Rechnungslegungsinformationen. Zwar beschäftigt sich die Literatur neben den aus dem *Ohlson*-Modell (1995) bekannten AR(1)-Prozessen mit weiteren stochastischen Prozessen (z.B. autoregressive Prozesse höherer Ordnung) und deren Eignung zur Beschreibung des Zeitreihenverhaltens von Residualgewinnen. Nicht thematisiert wird jedoch, ob der jeweils gewählte stochastische Prozess mit dem Informationsverarbeitungsprozess eines Investors in Einklang steht. Empirische Studien zur Prognoseeignung der Informationsmodelle lassen dies bezweifeln. Gleiches gilt für die Frage nach dem ökonomischen Gehalt der stochastischen Prozesse.[889] Deshalb ist weitgehend unbekannt, welche Faktoren das Zeitreihenverhalten der zukünftigen Residualgewinne beeinflussen.[890]

Ungeklärt bleibt überdies die Konkretisierung der sonstigen Informationen, welche in den Erweiterungen des *Ohlson*-Modells (1995) Berücksichtigung finden. Deren Ableitung aus Analystenschätzungen ist – wie in Zusammenhang

---

[887]   Kenntnisse über diesen Informationsverarbeitungsprozess sind Voraussetzung für einen deduktiven Nachweis der Entscheidungsrelevanz von Rechnungslegungsinformationen. Vgl. *Ballwieser* (Nutzen, 1996), S. 18f.; *Ballwieser* (Anforderungen, 2001), S. 164; *Mujkanovic* (International, 2002), S. 85f.

[888]   Vgl. *Streim* (Vermittlung, 2000), S. 124.

[889]   Vgl. *Verrecchia* (Discussion, 1998), S. 113.

[890]   Vgl. z.B. *Burgstahler/Dichev* (Adaption, 1997), S. 212; *Lo/Lys* (Ohlson, 2000), S. 347; *Yee* (Opportunities, 2000), S. 226 und S. 253.

mit der Analyse der empirischen Studien zu den Informationsmodellen als Kritikpunkt angeführt – nicht als zufriedenstellende Lösung zu erachten.[891] Ferner sind vielversprechende Alternativen zu den Analystenschätzungen nicht zu erkennen.

Neben diesen für sämtliche Erweiterungen des Residual-Income-Model geltenden Kritikpunkten wird an den vorsichtige Rechnungslegung berücksichtigenden Modellen ein vereinfachendes, mit der Realität nicht zu vereinbarendes Vorgehen bemängelt.[892] So berücksichtigen das *Feltham/Ohlson*-Modell (1995) keinerlei Ursachen und das *Feltham/Ohlson*-Modell (1996) die Abschreibungspolitik als einzige Ursache für vorsichtige Rechnungslegung.[893] Beide Modellierungen halten einer empirischen Überprüfung nicht Stand. Verschiedene empirische Studien kommen entgegen der Modellannahmen zu einem nicht signifikanten oder negativen Vorsichtsparameter.[894] Eine Annäherung an die Realität gelingt mit den Modellen, wie in der Literatur teilweise unterstellt,[895] nicht.

Ebenso fraglich ist, ob die Aufspaltung des Unternehmenserfolgs in eine transitorische und eine nachhaltige Komponente etwa im Modell von *Ohlson* (1999) eine Verbesserung bei der Prognose zukünftiger (Residual-)Gewinne zur Folge hat. Zwar weisen empirische Studien eine höhere Korrelation zwischen Börsenpreisen und für nachhaltig erachtete Gewinnkomponenten aus.[896] Diese Korrelationsstudien unterliegen jedoch der bekannten Kritik.[897] Ebenso gelten Gewinne mit starker Wiederkehrvermutung im Grundsatz als prognosegeeigneter.[898] Jedoch erweist sich die Identifikation transitorischer Gewinnkomponenten als Problem behaftet,[899] da diese von verschiedenen unternehmensspezifischen

---

[891]   Vgl. hierzu Kapitel VI.2.3.1.

[892]   Vgl. *Ryan* (Discussion, 2000), S. 294 und S. 297.

[893]   Vgl. *Ryan* (Discussion, 2000), S. 297. Weitere mögliche Ursachen werden nicht modelliert. Vgl. auch *Stromann* (Wertrelevanz, 2003), S. 126-130; *Richardson/Tinaikar* (Accounting, 2004), S. 229. In Bezug auf die Konkretisierung der Rechnungslegungsregeln im Informationsmodell ist deshalb weiterer Forschungsbedarf vorhanden. Vgl. *Ohlson* (Projects, 2003), S. 14.

[894]   Vgl. *Stober* (Tests, 1996), S. 30f.; *Myers* (Valuation, 1999), S. 19 und S. 21; *Ahmed/Morton/Schaefer* (Feltham, 2000), S. 280f.; *Stromann* (Wertrelevanz, 2003), S. 218f.

[895]   Vgl. etwa *Lobe* (Terminal Value, 2006), S. 61.

[896]   Vgl. z.B. *Dhaliwal/Subramanyam/Trezevant* (Performance, 1999), S. 61-64; *Cahan/Courtenay/Gronewoller/Upton* (Relevance, 2000), S. 1290-1292.

[897]   Vgl. Kapitel IV.4.5. sowie *Wagenhofer/Ewert* (Unternehmensrechnung, 2003), S. 131-135.

[898]   Vgl. *Moxter* (Rechnungslegung, 2003), S. 235; *Esser* (Goodwillbilanzierung, 2005), S. 52.

[899]   Vgl. *Moxter* (Mythen, 2000), S. 2147.

Faktoren abhängen.[900] Zudem gilt bei einer Aufspaltung der Gewinngröße, dass einzelne Gewinnkomponenten nur bei gleichbleibenden Umweltbedingungen Anhaltspunkte für zukünftige Unternehmenserfolge liefern können.[901] Im Falle sich verändernder Bedingungen ist eine Prognose zukünftiger (Residual-) Gewinne aus vergangenen Gewinnkomponenten nur bedingt möglich, da die Vergangenheit zur Abbildung zukünftiger Ereignisse nicht geeignet ist.[902]

2.5. Falsifizierbarkeit der Informationsmodelle

Die empirische Falsifizierbarkeit der Informationsmodelle zum Residual-Income-Model ist aus Sicht von Studien zur Wertrelevanz von Rechnungslegungsinformationen positiv zu beurteilen, da in ihr ein Kriterium für die Qualität eines Modells gesehen wird.[903] Zweifelhaft ist jedoch, ob die Informationsmodelle tatsächlich empirisch überprüfbar sind.

Als wesentliches Problem bei der Falsifizierung erweist sich die Konkretisierung der sonstigen Informationen.[904] Diese umfassen sämtliche Informationen, welche für die Prognose von zukünftigen Residualgewinnen eines Unternehmens relevant sind und die nicht in den gegenwärtigen Rechnungslegungsinformationen enthalten sind.[905] Folgt man den aus der Unternehmensbewertung bekannten Erkenntnissen, gehört zu den sonstigen Informationen eine Vielzahl von makroökonomischen und unternehmensspezifischen Faktoren, beispielsweise über die zukünftige Konjunkturentwicklung oder die Entwicklung zu erwartender Marktanteile und Produktpreise.[906] Die sonstigen Informationen können deshalb nicht direkt beobachtet werden.[907]

---

[900] Vgl. *Stark* (Relationship, 1997), S. 225. Als Einflussfaktoren werden u.a. die Branche und die Struktur des Unternehmens gesehen.

[901] Vgl. *Kahle* (Informationsversorgung, 2002), S. 101.

[902] Vgl. *Streim* (Vermittlung, 2000), S. 125; *Leippe* (Bilanzierung, 2002), S. 80f.; *Moxter* (Mythen, 2000), S. 2147, weist in ähnlichem Zusammenhang darauf hin, dass selbst nach Regionen oder Tätigkeitsbereichen aufgegliederte Umsatzerlöse nicht als „hinreichend zuverlässige Grundlage für Umsatzprognosen gelten."

[903] Grundlegend hierzu vgl. etwa *Wild* (Theorienbildung, 1976), Sp. 3893-3896; *Opp* (Methodologie, 2005), S. 189-215. Kritisch zum Kriterium der Falsifikation in der ökonomischen Forschung vgl. z.B. *Schor* (Lenkung, 1991), S. 143-153.

[904] Vgl. *Lo/Lys* (Ohlson, 2000), S. 418; *Ohlson* (Perspective, 2001), S. 112.

[905] Vgl. z.B. *Ohlson* (Valuation, 1995), S. 667f.

[906] Vgl. etwa *Schultze* (Methoden, 2003), S. 23f.; *Aders/Schröder* (Ermittlung, 2004), S. 107-109; *Ballwieser* (Unternehmensbewertung, 2004), S. 47-49; *Palepu/Healy/Bernard* (Analysis, 2004), Kap. 6 S. 2.

[907] Vgl. *Ohlson* (Perspective, 2001), S. 112.; *Prokop* (Bewertung, 2003), S. 183; *Richardson/Tinaikar* (Accounting, 2004), S. 234.

173

Die Aggregation dieser Vielzahl an Informationen in einer Variablen im Rahmen einer empirischen Überprüfung der Informationsmodelle gestaltet sich schwierig.[908] Dies ist zum einen darauf zurückzuführen, dass insbesondere die für die Prognose der Zukunftserfolge relevanten unternehmensspezifischen Informationen vielfach nicht in vollem Umfang öffentlich verfügbar sind. Zum anderen sieht sich der Forscher mit der Schwierigkeit konfrontiert, die verschiedenen Informationen aggregieren zu müssen, um sie in einer Variablen abbilden zu können. Es stellen sich die – bislang unbeantworteten – Fragen, wie die einzelnen Informationen zu gewichten sind und wie qualitative Informationen, etwa über die Stärken und Schwächen eines Unternehmens, quantifiziert werden können.[909]

Aufgrund der Schwierigkeiten und des mit der Erfassung und Aggregation der Informationen verbundenen Aufwands greift eine Vielzahl an Studien, welche die Informationsmodelle empirisch überprüfen, zur Ableitung der sonstigen Informationen auf Analystenschätzungen für den Unternehmensgewinn und das Gewinnwachstum zurück.[910] Deren Verwendung ist mit dem Vorteil verbunden, dass die schwierige und aufwendige Erfassung und Aggregation der Informationen nicht vom Forscher selbst erledigt werden muss. Analysten beziehen sich ihrerseits zur Schätzung der zukünftigen Unternehmenserfolge auf Informationen, welche als relevant für die Prognose von Zukunftserfolgen angesehen werden.[911] Da die Analystenschätzungen für den Unternehmensgewinn jedoch regelmäßig zu optimistisch ausfallen,[912] ist die Ableitung der sonstigen Informationen aus Analystenschätzungen kritisch zu sehen. Außerdem verarbeiten Analysten bei der Ableitung von Gewinnschätzungen Rechnungslegungsinformationen,[913] so dass es zu einer Doppelerfassung der Informationen kommt. Im besten Fall stellen die Analystenschätzungen deshalb eine Näherungslösung für die sonstigen Informationen dar.[914]

Nach Kenntnis des Verfassers wurde noch nicht untersucht, ob die Analystenschätzungen, wie z. B. im *Ohlson*-Modell (1995) gefordert, selbst einem AR(1)-Prozess folgen. Die Konkretisierung der sonstigen Informationen ist daher als

---

[908] Vgl. *Hand* (Discussion, 2001), S. 125; *Ohlson* (Perspective, 2001), S. 112f.; *Richardson/Tinaikar* (Accounting, 2004), S. 234

[909] Vgl. *Schultze* (Methoden, 2003), S. 236f.

[910] Vgl. etwa *Dechow/Hutton/Sloan* (Assessment, 1999), S. 7; *Stromann* (Wertrelevanz, 2003), S. 140-143; *Callen/Segal* (Tests, 2005), S. 414.

[911] Vgl. *Zimmermann* (Unternehmenspublizität, 2002), S. 309; *Cheng* (Forecasts, 2005), S. 12-20.

[912] Vgl. z.B. *O'Brien* (Forecasts, 1988), S. 53; *Philbrick/Ricks* (Forecasts, 1991), S. 404-408; *Chopra* (Error, 1998), S. 38-40; *Dechow/Hutton/Sloan* (Assessment, 1999), S. 21f.

[913] Vgl. *Ordelheide* (Aktienanalyse, 1998), S. 507f.

[914] Vgl. *Prokop* (Bewertung, 2003), S. 184, Fn. 804.

nicht zufriedenstellend gelöst zu erachten. Nach dem aktuellen Stand der Forschung zu den Erweiterungen des Residual-Income-Model ist eine (endgültige) Falsifizierung der Informationsmodelle nicht möglich. Eine nicht vollständige Konkretisierung der sonstigen Informationen lässt sich als Kritik an allen empirischen Implementierungen der Informationsmodelle äußern.[915]

Ein neben der Konkretisierung der sonstigen Informationen zweites Problemfeld bei der Falsifizierung der Informationsmodelle stellt die Erhebung eines ausreichend großen Datensatzes für die Residualgewinne eines Unternehmens dar. Da die Erweiterungen des Residual-Income-Model zur Anwendung bei einzelnen Unternehmen konzipiert sind,[916] erfordert eine Überprüfung der Prognoseeignung der Informationsmodelle Zeitreihendaten.[917] Um zu einer zuverlässigen Prognose zu gelangen, empfiehlt die Literatur, aus mindestens 50 Beobachtungen bestehende Zeitreihendaten zu verwenden.[918] Für eine Überprüfung der Prognoseeignung der Informationsmodelle auf Basis jährlicher Beobachtungen bedeutet dies, dass für jedes Unternehmen der Stichprobe der Jahresabschluss in mindestens 50 aufeinanderfolgenden Jahren vorliegen muss. Für in Deutschland ansässige Unternehmen erscheint diese Anforderung lediglich für eine kleine Stichprobe erfüllbar.[919] Ferner schränkt z. B. die aus der Neufassung des Aktiengesetzes resultierende Änderung der Rechnungslegung die Vergleichbarkeit der Jahresabschlussdaten vor 1967 mit späteren Jahresabschlüssen ein, was die Überprüfung der Informationsmodelle mit Hilfe von Zeitreihendaten für deutsche Unternehmen zusätzlich erschwert.[920]

Aus Sicht einer Anwendung der Erweiterungen des Residual-Income-Model in Wertrelevanzstudien ist darüber hinaus – wie in anderem Zusammenhang in dieser Arbeit bereits angemerkt[921] – zu bemängeln, dass die Informationsmodelle nicht auf empirischen oder analytischen Kenntnissen über den Prozess der individuellen Informationsverarbeitung der Investoren basieren. Der vermeintliche Vorteil der Falsifizierbarkeit bezieht sich also auf einen Sachverhalt, der die Frage unbeantwortet lässt, ob Rechnungslegungsinformationen etwas

---

[915] Vgl. *Callen/Segal* (Tests, 2005), S. 409.
[916] Vgl. z.B. *Ohlson* (Valuation, 1995), S. 663.
[917] Vgl. *Dornbusch* (Aktienanalyse, 1999), S. 136; *Morel* (Ohlson, 2003), S. 1343.
[918] Vgl. *Box/Jenkins* (Analysis, 1976), S. 33.
[919] Grund dafür ist, dass nur wenige Unternehmen über einen entsprechenden Zeitraum existieren. Vgl. *Dornbusch* (Aktienanalyse, 1999), S. 137. Ähnliche Datenprobleme treten auf, wenn anstelle von Jahresabschlüssen Zwischenberichte als Grundlage der Überprüfung herangezogen werden. So schreibt die in Deutschland ausschließlich börsenrechtlich geregelte Zwischenberichterstattung eine Erstellung von Quartalsberichten für die Unternehmen des Prime Standard erst seit Anfang 2003 vor. Vgl. § 63 BO.
[920] Vgl. *Dornbusch* (Aktienanalyse, 1999) S. 138.
[921] Vgl. die Kapitel VI.2.3.3. und VI.2.4.3.

über die Zukunftserfolge eines Unternehmens aussagen.[922] Die Überprüfbarkeit der Informationsmodelle ist daher aus Sicht einer theoretischen Fundierung von Wertrelevanzstudien unabhängig von bei der empirischen Implementierung vorhandenen Problemen (Konkretisierung der sonstigen Informationen, Zeitreihendaten für Residualgewinne) wertlos. Wünschenswert ist deshalb die Entwicklung von Informationsmodellen, welche Kenntnisse über die Verarbeitung von Informationen bei Investoren einbeziehen und die gleichzeitig einer empirischen Überprüfung leichter zugänglich sind als die bisherigen Modelle.[923]

2.6.   Manipulationsresistenz bei der Modellimplementierung

Durch die auf stochastischen Prozessen basierenden Informationsmodelle kann bei einer Anwendung der Erweiterungen des Residual-Income-Model im Gegensatz zu anderen Bewertungsverfahren wie den Discounted-Cash-Flow-Verfahren und der Ertragswertmethode auf eine explizite Prognose der Zukunftserfolge verzichtet werden.[924] Mit einer Reduzierung des Manipulationsspielraums bei der Modellanwendung ist dies jedoch nicht unmittelbar verbunden. Zwar können die gegenwärtigen Rechnungslegungsinformationen und die zu deren Fortschreibung verwendeten stochastischen Prozesse im jeweiligen Informationsmodell vom Modellanwender nicht beeinflusst werden. Spielräume eröffnen sich jedoch bei der Bestimmung der Parameter eines Informationsmodells.[925] Da diese als exogen vorgegeben unterstellt werden,[926] bleibt es im Ermessensspielraum des Anwenders, welches Vorgehen er zur Bestimmung des Modelltyps und der Parameter als richtig erachtet.[927] Dies hat zur Folge, dass sich z. B. für die Beständigkeit des Residualgewinns und der sonstigen Information eines Unternehmen im *Ohlson*-Modell (1995) Werte zwischen Null und Eins rechtfertigen lassen, mit entsprechenden Auswirkungen auf den Marktwert des Eigenkapitals.

Erhebliche Spielräume bei der Implementierung der Informationsmodelle bietet ferner die Bestimmung der Variablen für sämtliche über die Rechnungslegungsinformationen hinausgehenden bewertungsrelevanten Informationen („sonstige

---

[922]   Vgl. hierzu *Streim* (Vermittlung, 2000), S. 124.

[923]   Eine ähnliche Diskussion in Bezug auf das CAPM findet sich bei *Perridon/Steiner* (Finanzwirtschaft, 2004), S. 288. Beim CAPM erweist sich die Identifikation des Marktportfolios als Problem bei der Falsifizierung des Modells. Vgl. hierzu *Roll* (Critique, 1977), S. 129-176.

[924]   Vgl. *Prokop* (Bewertung, 2003), S. 178f.

[925]   Vgl. *Lobe* (Terminal Value, 2006), S. 52.

[926]   Vgl. etwa *Ohlson* (Valuation, 1995), S. 668; *Feltham/Ohlson* (Valuation, 1995), S. 703.

[927]   Eine allgemein akzeptierte Empfehlung, wie die Parameter zu bestimmen sind, gibt es in der Literatur nicht. Vgl. hierzu auch die unterschiedlichen Vorgehensweisen der in Kapitel IV.3. vorgestellten empirischen Arbeiten zu den Informationsmodellen.

Informationen"). Wie im vorherigen Kapitel ausgeführt, bieten die Modelle keine Anhaltspunkte, wie die verschiedenen, die zukünftigen Residualgewinne eines Unternehmens beeinflussenden Informationen zu aggregieren sind, um sie in der Variablen für sonstige Informationen abbilden zu können. Offen bleibt etwa, wie die einzelnen Informationen zu gewichten sind und wie qualitative Informationen z.B. über die Stärken und Schwächen eines Unternehmens quantifiziert werden sollen. Eine häufig vorzufindende Verwendung von Analystenschätzungen für den Unternehmensgewinn stellt keine Alternative zur Reduzierung der Spielräume dar.[928] Zwar erhöht sich dadurch möglicherweise die Vergleichbarkeit der Untersuchungsergebnisse. Die Probleme der Informationsgewichtung und -quantifizierung verlagern sich jedoch vom Forscher zum Analysten.

Des Weiteren steht eine Vielzahl von Erweiterungen des Residual-Income-Model zur Verfügung, welche sich in den unterstellten Informationsmodellen unterscheiden.[929] Eine Empfehlung, welches Modell zur Fundierung von Wertrelevanzstudien am besten geeignet ist, sucht man in der Literatur vergeblich.[930] Eine Analyse der empirischen Untersuchungen zu den verschiedenen Erweiterungen des Residual-Income-Model und deren Informationsmodelle sieht ebenfalls keines der Modelle eindeutig im Vorteil.[931] In der willkürlichen Auswahl des Modells offenbart sich folglich ein weiterer Manipulationsspielraum bei der Anwendung der Erweiterungen des Residual-Income-Model.

3.   Fazit

Ein Ausgangspunkt der Arbeit war die Fragestellung, ob das Residual-Income-Model zur theoretischen Fundierung von empirischen Studien geeignet ist, welche aus dem statistischen Zusammenhang mit Börsenpreisen Rückschlüsse über die Relevanz und Verlässlichkeit von Rechnungslegungsinformationen für die Bewertung von Unternehmen ziehen. Durch den von *Ohlson* (1995) entwickelten Ansatz, mit Hilfe eines auf stochastischen Prozessen basierenden Informationsmodells zukünftige Residualgewinne zu prognostizieren, stehen diesen sogenannten Wertrelevanzstudien mit den Erweiterungen des Residual-

---

[928]   Vgl. etwa *Dechow/Hutton/Sloan* (Assessment, 1999), S. 7; *Stromann* (Wertrelevanz, 2003), S. 140-143; *Callen/Segal* (Tests, 2005), S. 414.

[929]   Für einen Überblick über die zur Verfügung stehenden Modelle vgl. Kapitel III.

[930]   Häufige Verwendung findet vor allem das *Ohlson*-Modell (1995). Vgl. etwa *Holthausen/Watts* (Relevance, 2001), S. 53; *Barth/Beaver/Landsman* (Relevance, 2001), S. 91; *Dumontier/Raffournier* (Accounting, 2002), S. 129. Ein Beweis für die Überlegenheit des Modells ist dies freilich nicht. Vgl. *Easton* (Security Returns, 1999), S. 402f.

[931]   Vgl. die Kapitel VI.2.4.1. und VI.2.4.2.

Income-Model Modelle zur Verfügung, welche eine Verbindung zwischen Rechnungslegungsinformationen und dem Marktwert oder Preis des Eigenkapitals eines Unternehmens herstellen.

Ziel dieses Kapitels war es, die Erweiterungen des Residual-Income-Model durch eine Auseinandersetzung mit den vermeintlichen Vorzügen aus Sicht der Wertrelevanzforschung zu würdigen. Als den Modellen attestierte vermeintliche Vorzüge wurden (i) eine durch die Beschränkung auf das Kongruenzprinzip als einzige rechnungslegungsspezifische Anforderung breite Anwendbarkeit in verschiedenen Rechnungslegungssystemen, (ii) die einfache, auf nachvollziehbaren Annahmen basierende Modellierung von *Ohlson* (1995), (iii) die Erweiterbarkeit der Modellierung von *Ohlson* (1995), (iv) die Falsifizierbarkeit der Informationsmodelle und (v) eine hohe Manipulationsresistenz bei der Modellimplementierung identifiziert.

Einer grundsätzlich zu befürwortenden breiten Anwendbarkeit der Erweiterungen des Residual-Income-Model in verschiedenen Rechnungslegungssystemen stehen bei einer Rechnungslegung nach HGB, US-GAAP und IFRS zahlreiche Durchbrechungen des Kongruenzprinzips im Weg. Eine für die Anwendung der Modelle lückenlose Bereinigung der Kongruenzverstöße ist darüber hinaus in den untersuchten Rechnungslegungssystemen nicht möglich. Ferner schränkt der Umstand, dass der Totalerfolg eines Unternehmens unter bestimmten Bedingungen nicht bestimmbar ist,[932] die Anwendbarkeit der Modelle weiter ein.

Die vermeintlich einfache Modellierung bei *Ohlson* (1995) erweist sich für eine Anwendung in Wertrelevanzstudien als wenig geeignet. Da die Beziehung zwischen gegenwärtigen Rechnungslegungsinformationen und den Zukunftserfolgen eines Unternehmens nicht aus Kenntnissen über den Entscheidungsprozess einzelner Investoren abgeleitet wird, hilft das Modell bei der deduktiven Begründung der Wertrelevanz von Rechnungslegungsinformationen nicht weiter. Zudem hält weder das Bewertungskalkül noch das Informationsmodell von *Ohlson* (1995) einer empirischen Überprüfung stand.

Die Erweiterbarkeit eines Modells ist im Grundsatz positiv zu beurteilen. Da die in der Literatur vorhandenen Erweiterungen auf einer Fortschreibung der Rechnungslegungsinformationen mit stochastischen Prozessen beharren, können die dem *Ohlson*-Modell (1995) entgegengehaltenen zentralen Kritikpunkte nicht

---

[932] Dies gilt z.B. dann, wenn die einzelnen, in Ländern mit unterschiedlichen Währungen beheimateten Eigner eines Unternehmens Einlagen und/oder Entnahmen in verschiedenen Währungen vornehmen. Vgl. *Schildbach* (Kongruenz, 1999), S. 1814f.

entkräftet werden. Ein ähnlich ernüchterndes Bild wie für das *Ohlson*-Modell (1995) ergibt sich für die Modellerweiterungen darüber hinaus aus den empirischen Tests. Für eine Begründung des Informationswerts von Rechnungslegungsinformationen für Investoren eignen sich die Erweiterungen des Modells deshalb ebenso wenig wie das *Ohlson*-Modell (1995) selbst.

Gegen die Falsifizierbarkeit der Informationsmodelle als Vorzug der Erweiterungen des Residual-Income-Model spricht, dass es keine zuverlässige Konkretisierung der sonstigen Informationen gibt. Dies ist darauf zurückzuführen, dass die sonstigen Informationen nicht direkt beobachtet werden können. Außerdem gestaltet sich eine Aggregation sämtlicher Informationen, welche für die Prognose der Zukunftserfolge eines Unternehmens als relevant erachtet werden, schwierig. Solange das Problem der Konkretisierung der sonstigen Informationen nicht gelöst wird, besteht keine Möglichkeit, die Informationsmodelle endgültig zu falsifizieren.

Auch die Manipulationsresistenz bei der Modellimplementierung kann den Erweiterungen des Residual-Income-Model nur eingeschränkt zugute gehalten werden. Zwar kann der Modellanwender weder die prognoserelevanten Variablen noch die stochastischen Prozesse beeinflussen. Aber fehlende Aussagen in den Modellen zum Vorgehen bei der Bestimmung des Modelltyps und der Parameter der Informationsmodelle sowie der sonstigen Informationen haben zahlreiche Spielräume bei der Modellimplementierung zur Folge. Ferner eröffnet die Vielzahl an Erweiterungen des Residual-Income-Model Manipulationsspielräume bei der Auswahl des für eine Wertrelevanzstudie herangezogenen Modells.

Damit sind die fünf identifizierten, mit den Erweiterungen des Residual-Income-Model verbundenen Vorzüge zu relativieren. Die teilweise euphorische Aufnahme der Modelle vor allem in der Wertrelevanzliteratur wird durch die vorliegende Arbeit folgerichtig nicht geteilt.

VII. Synopse

Als mögliche Anwendungsbereiche, bei denen das Residual-Income-Model anderen Bewertungsverfahren vorzuziehen ist, gelten in der Literatur der Impairment-Test und die Wertrelevanzforschung. Unter Berücksichtigung der aus den beiden Anwendungen resultierenden Anforderungen und den Erkenntnissen empirischer Studien wurde das Modell durch eine kritische Auseinandersetzung mit den vermeintlichen Vorzügen umfassend gewürdigt.

Im Ergebnis zeigt sich, dass bei der Überprüfung der Werthaltigkeit des Goodwill eine Überlegenheit des Residual-Income-Model gegenüber den Discounted-Cash-Flow-Verfahren und der Ertragswertmethode nicht erkennbar ist, da

(1) sich das Prognoseproblem der Bewertung durch die Einbeziehung von Rechnungslegungsinformationen in das Bewertungskalkül nicht vereinfachen lässt,
(2) sich die Wettbewerbssituation anhand der zukünftigen Residualgewinne eines Unternehmens nur unzureichend beurteilen lässt und
(3) aus den vorhandenen empirischen Untersuchungen nicht auf eine größere Genauigkeit bei der Bestimmung von Unternehmenswerten geschlossen werden kann.

Eine Analyse der Erweiterungen des Residual-Income-Model zeigt, dass sämtliche Modelle eine Verbindung zwischen dem Marktwert des Eigenkapitals und Rechnungslegungsinformationen herstellen. Auf eine Eignung der Modelle zur Fundierung von Wertrelevanzstudien kann jedoch nicht geschlossen werden, da

(1) in der Bilanzierungspraxis zahlreiche Kongruenzdurchbrechungen identifiziert werden können, welche einer breiten Anwendung der Modelle in empirischen Studien im Wege stehen,
(2) das *Ohlson*-Modell (1995) auf Annahmen basiert, welche weder einer empirischen Überprüfung noch einer theoretischen Analyse standhalten,
(3) mit den analytischen Erweiterungen des *Ohlson*-Modells (1995) keine wesentliche Annäherung an die Realität erreicht werden kann,
(4) eine nicht zufriedenstellend gelöste Konkretisierung der sonstigen Informationen der Falsifizierbarkeit der Informationsmodelle im Wege steht und
(5) bei der Modellimplementierung erhebliche Spielräume in Bezug auf die Bestimmung der sonstigen Informationen und der Parameter der Informationsmodelle bestehen.

Der Beitrag des Residual-Income-Model zur umfangreichen Literatur über die Bewertung von Unternehmen ist daher begrenzt. Gegen eine Verwendung im

Impairment-Test spricht, dass das Residual-Income-Model mit den Nachteilen der Mischverfahren verbunden ist, denen es zuzuordnen ist. Aus Sicht der Wertrelevanzforschung liefert das Residual-Income-Model erste Anhaltspunkte, wie eine Verbindung zwischen Rechnungslegungsinformationen und dem Marktwert des Eigenkapitals aussehen kann. Belastbar sind die getroffenen Annahmen jedoch nicht.

VIII. Thesenförmige Zusammenfassung

(1) Das Residual-Income-Model stellt ein Bewertungsverfahren dar, mit welchem der Unternehmenswert aus dem Buchwert des Eigenkapitals und dem Barwert der zukünftigen Residualgewinne eines Unternehmens ermittelt wird. Die wissenschaftliche Literatur schlägt eine Verwendung des Modells zur Folgebewertung des Goodwill aus Kapitalkonsolidierung und als konzeptionellen Rahmen, aus welchem Hypothesen über die Wertrelevanz von Rechnungslegungsinformationen ableitbar sind, vor. Ziel der Arbeit ist die kritische Würdigung des Residual-Income-Model aus Sicht dieser beiden Anwendungsbereiche. Das Urteil über die Eignung des Modells wird ausgehend von den vermeintlichen Vorzügen unter Berücksichtigung empirischer Befunde und von aus dem Impairment-Test sowie den Wertrelevanzstudien resultierenden Anforderungen entwickelt. Die Ergebnisse befruchten die Diskussion zum Nutzen des Residual-Income-Model für die Bewertungsliteratur.

(2) Das Kongruenzprinzip vorausgesetzt, kann das Residual-Income-Model aus den Discounted-Cash-Flow-Verfahren und der Ertragswertmethode hergeleitet werden. Bei konsistenten Plan-Bilanzen und Plan-GuV-Rechnungen führt das Modell deshalb zum selben Unternehmenswert wie die genannten, auf dem klassischen Kapitalwertkalkül basierenden Bewertungsverfahren. Aufgrund der Addition einer Substanzgröße (Buchwert des Eigenkapitals) zum Barwert der Übergewinne ist das Residual-Income-Model den Mischverfahren und nicht den Gesamtbewertungsverfahren zuzuordnen.

(3) Die Einbeziehung stochastischer Prozesse zur Modellierung zukünftiger Residualgewinne stellt die wesentliche Neuerung des Modells von Ohlson (1995) im Vergleich zur Grundform des Residual-Income-Model dar. *Ohlson* stellt bei unverzerrter Rechnungslegung und unter den Annahmen der Neoklassik mit Hilfe von AR(1)-Prozessen eine lineare Beziehung zwischen dem Perioden(residual)erfolg, dem Buchwert und dem Marktwert des Eigenkapitals eines Unternehmens her. Um die dem Modell zugrunde liegenden einfachen, aber restriktiven Annahmen der Realität anzunähern, haben zahlreiche theoretische Arbeiten wie die von *Feltham/Ohlson* (1995) und (1996) eine Modifikation des Informationsmodells und des Bewertungskalküls des *Ohlson*-Modells (1995) zum Gegenstand.

(4) Empirische Studien zum Kongruenzprinzip sprechen gegen eine ungeprüfte Verwendung von nach HGB, IFRS und US-GAAP erstellten Jahresabschlüssen bei der Implementierung des Residual-Income-Model. Die Stu-

dien zeigen für alle drei Rechnungslegungssysteme teilweise erhebliche Kongruenzverstöße in der Bilanzierungspraxis. Ein Vergleich der empirischen Ergebnisse in Bezug auf das Ausmaß des Dirty-Surplus in den analysierten Rechnungslegungssystemen ist aufgrund des unterschiedlichen Untersuchungsdesigns der Studien nicht möglich.

(5) Die empirischen Studien zum Kongruenzprinzip sind zu kritisieren, falls Erfolgsgrößen untersucht werden, die explizit einzelne Gewinnkomponenten ausklammern, da dem Residual-Income-Model ein „all-inclusive"-Konzept des Gewinns zugrunde liegt. Ebenso missfällt die Bestimmung des Dirty-Surplus über lange Zeiträume, welche kaum sinnvolle Aussagen über das aktuelle Ausmaß von Kongruenzdurchbrechungen zulässt. Zuletzt erscheint die Aggregation des Dirty-Surplus über verschiedene Rechnungslegungssysteme nicht zweckmäßig.

(6) Aus den Ergebnissen der empirischen Studien zu den Informationsmodellen lässt sich erkennen, dass die jeweils implementierten stochastischen Prozesse Analystenschätzungen bei der Prognose zukünftiger Residualgewinne unterlegen sind. Offensichtlich wird aus den empirischen Studien zudem, dass die Modellierung vorsichtiger Rechnungslegung in den Informationsmodellen von *Feltham/Ohlson* (1995) und (1996) einer empirischen Überprüfung nicht stand hält. Der Vorsichtsparameter liegt weder im vorgegebenen Wertebereich noch ist er mit herkömmlichen Maßen für vorsichtige Rechnungslegung korreliert.

(7) Kritik lässt sich an den Studien zu den Informationsmodellen äußern, sofern sie auf Querschnittsdaten basieren. Dieses Vorgehen steht nicht in Einklang mit den Erweiterungen des Residual-Income-Model, welche zur Anwendung bei einem einzelnen Unternehmen bestimmt sind. An den auf Zeitreihendaten basierenden Studien missfällt der Verzicht auf die Überprüfung der Stationarität der Daten, da Scheinregressionen entstehen können. Unabhängig vom zugrunde liegenden Datensatz sehen sich sämtliche Studien zu den Informationsmodellen mit dem Problem einer zutreffenden Konkretisierung der sonstigen Informationen konfrontiert. Die Literatur bietet dazu keine zufriedenstellende Lösung.

(8) Die Ergebnisse empirischer Studien zur Erklärung und Prognose von Börsenpreisen und -renditen lassen nicht auf eine Überlegenheit des Residual-Income-Model gegenüber dem ewigen Rentenmodell und dem Bilanzmodell schließen. Mit den Erweiterungen des Residual-Income-Model werden Börsenpreise regelmäßig unterschätzt. Eine Verbesserung der Schätzgenauigkeit im Vergleich zum ewigen Rentenmodell und dem

Bilanzmodell kann durch die Studien zudem nicht nachgewiesen werden. Gleiches gilt in Bezug auf die Eignung des Modells zur Erklärung und Prognose von Börsenrenditen.

(9) Die Untersuchungen zur Erklärung von Börsenpreisen und -renditen sind aufgrund der Annahme effizienter Kapitalmärkte zu kritisieren. Vom Residual-Income-Model unabhängige empirische Untersuchungen zeigen, dass an Kapitalmärkten in Abhängigkeit von z.b. der Firmengröße oder dem Wetter systematisch Überrenditen erzielt werden können und dass der Börsenpreis keinen zuverlässigen Schätzer für den Marktwert eines Unternehmens darstellt. Ebenso ist die fehlerhafte Anpassung der Erweiterungen des Residual-Income-Model an risikoaverse Investoren und die Vernachlässigung einzelner Gewinnkomponenten, welche nicht in Einklang mit den Anforderungen des Residual-Income-Model steht, zu bemängeln.

(10) Ergebnisse bisheriger empirischer Untersuchungen zum Vergleich alternativer Bewertungsmodelle können bei der Beurteilung der Bewertungsgenauigkeit des Residual-Income-Model nicht sinnvoll verwertet werden. Gegen eine Verwendung der Ergebnisse spricht, dass die Studien Börsenpreise als Referenzgröße für die Beurteilung der Modelle verwenden. Weitere Einwände beziehen sich auf die regelmäßige Vernachlässigung des Fortführungswerts eines Unternehmens und auf die Inkonsistenz der Wachstumsraten zur Fortschreibung der Residualgewinne und Erträge im Restwert.

(11) Bei der Durchführung des Impairment-Tests ist dem Residual-Income-Model nicht der Vorzug vor den Discounted-Cash-Flow-Verfahren und der Ertragswertmethode zu geben. Eine Analyse der vermeintlichen Vorzüge zeigt, dass mit der Anwendung des Residual-Income-Model keine Vereinfachung des Prognoseproblems verbunden ist, da die Werthaltigkeit des Buchwerts des Eigenkapitals nicht vorausgesetzt werden kann. Die Transparenz der Bewertungsannahmen lässt sich durch das Residual-Income-Model zudem nicht erhöhen, da sich die Wettbewerbsposition eines Unternehmens anhand zukünftiger Residualgewinne nicht zuverlässig beurteilen lässt. Zuletzt können auf Basis durchgeführter empirischer Untersuchungen keine verlässlichen Aussagen über die Bewertungsgenauigkeit der drei Bewertungsverfahren getroffen werden, so dass diesbezüglich kein Vorteil für das Residual-Income-Model zu erkennen ist.

(12) Zur theoretischen Fundierung beziehen sich Wertrelevanzstudien auf Modelle, welche eine Beziehung zwischen Rechnungslegungsinformationen und dem Marktwert des Eigenkapitals eines Unternehmens herstellen.

Als vermeintliche Vorzüge der Erweiterungen des Residual-Income-Model gelten (i) eine durch die Beschränkung auf das Kongruenzprinzip als einzige rechnungslegungsspezifische Anforderung breite Anwendbarkeit in verschiedenen Rechnungslegungssystemen, (ii) die einfache, auf nachvollziehbaren Annahmen basierende Modellierung von *Ohlson* (1995), (iii) die Erweiterbarkeit der Modellierung von *Ohlson* (1995), (iv) die Falsifizierbarkeit der Informationsmodelle und (v) eine hohe Manipulationsresistenz bei der Modellimplementierung.

(13) Gegen eine breite Verwendung des Residual-Income-Model in verschiedenen Rechnungslegungssystemen sprechen Verletzungen des Kongruenzprinzips in den Rechnungslegungsnormen nach HGB, US-GAAP und IFRS. Die Kongruenzverstöße sind vor einer Implementierung des Modells zu bereinigen. Dies gelingt in den untersuchten Rechnungslegungssystemen nicht lückenlos. Zusätzlich eingeschränkt wird die Anwendbarkeit des Modells durch Situationen, in denen sich der Totalerfolg z.B. aufgrund von in Ländern mit unterschiedlicher Währung beheimateten Eignern nicht sinnvoll bestimmen lässt.

(14) Das Kernproblem der einfachen Modellierung von *Ohlson* (1995) liegt in der fehlenden Berücksichtigung von Kenntnissen über den individuellen Informationsverarbeitungsprozess eines Investors. Die Auswahl und Fortschreibung der verwendeten Variablen erfolgt ohne Begründung. Ein Nachweis über die Relevanz und Verlässlichkeit der berücksichtigten Rechnungslegungsinformationen für Investoren wird durch das *Ohlson*-Modell (1995) deshalb nicht erbracht. Dass die einfache Modellierung zur Fundierung von Wertrelevanzstudien ungeeignet ist, zeigen auch empirische Studien. Dem Informationsmodell fehlt es an der Fähigkeit, zukünftige Residualgewinne zuverlässig zu prognostizieren. Dem Bewertungskalkül kann im Vergleich zu alternativ in Frage kommenden Modellen keine Vorteilhaftigkeit bei der Erklärung von Börsenpreisen und -renditen zugesprochen werden. Erweiterungen des Modells können die genannten Kritikpunkte nicht entkräften. In der Erweiterbarkeit des Ohlson-Modells (1995) ist deshalb kein Vorzug zu erkennen.

(15) Die Falsifizierbarkeit ist als Vorteil der Informationsmodelle nur dann haltbar, wenn man sich auf die den Modellen zugrunde liegenden stochastischen Prozesse bezieht. Diese können bei ausreichend großen Datensätzen überprüft werden. Nicht falsifizierbar sind hingegen die Informationsmodelle als Ganzes, da es an einer zufriedenstellenden Lösung für die Konkretisierung der sonstigen Informationen fehlt. Ebenso ist die Manipulationsresistenz für das Residual-Income-Model als Ganzes nicht

haltbar. Neben dem Vorgehen bei der Auswahl der sonstigen Informationen eröffnen sich dem Modellanwender bei der Bestimmung der Parameter
der Informationsmodelle zahlreiche Spielräume.

(16) Für die Beurteilung, welchen Beitrag das Residual-Income-Model für die
umfangreiche Literatur zur Bewertung von Unternehmen zu leisten imstan-
de ist, wurde eine an zwei identifizierten Anwendungsbereichen orientierte
kritische Würdigung vorgenommen. Die dezidierte Auseinandersetzung mit
den vermeintlichen Vorzügen wirft Zweifel auf, dass das Residual-Income-
Model anderen Bewertungsmodellen bei der Anwendung im Impairment-
Test und in Wertrelevanzstudien vorzuziehen ist. Die teilweise euphorische
Aufnahme des Residual-Income-Model und seiner Erweiterungen in der
Literatur wird durch die im Rahmen dieser Arbeit vorgebrachten Argumente folgerichtig nicht gestützt.

Anhang: **Überleitung der Wachstumsrate des Residual-Income-Model bei konstant wachsenden Residualgewinnen**

Ausgangspunkt der Überleitung der Wachstumsrate des Residual-Income-Model bei konstant wachsenden Residualgewinnen ist Gleichung (2.8) sowie das Gordon-Wachstums-Modell. Danach gilt:[933]

$$EK_t^B + \frac{R_{t+1}}{r_f - g_R} = \frac{D_{t+1}}{r_f - g_D}.$$

Multipliziert man diese Gleichung mit $\left(r_f - g_R\right)$, wird daraus:

$$EK_t^B \cdot \left(r_f - g_R\right) + R_{t+1} = \frac{D_{t+1} \cdot \left(r_f - g_R\right)}{r_f - g_D}.$$

Subtrahiert man von der Gleichung $EK_t^B \cdot \left(r_f - g_R\right)$ und klammert auf der rechten Seite den Term $\left(r_f - g_R\right)$ aus, folgt:

$$R_{t+1} = \left(\frac{D_{t+1}}{r_f - g_D} - EK_t^B\right) \cdot \left(r_f - g_R\right).$$

Dividiert man diese Gleichung durch $\left(\dfrac{D_{t+1}}{r_f - g_D} - EK_t^B\right)$ und löst nach g_R auf,

gilt:

$$g_R = r_f - \frac{R_{t+1}}{\dfrac{D_{t+1}}{r_f - g_D} - EK_t^B}.$$

---

[933]   Vgl. auch *Prokop* (Bewertung, 2003), S. 229f.

Literaturverzeichnis

AAA Financial Accounting Standards Committee (Implications, 2003): Implications of Accounting Research for the FASBs Initiatives on Disclosure of Information about Intangible Assets, in: AH, 17. Jg., S. 175-185.

AAA Financial Accounting Standards Committee (Goodwill, 2001): Equity Valuation Models and Measuring Goodwill Impairment, in: AH, 15. Jg., S. 161-170.

Aders, Christian/Schröder, Jakob (Ermittlung, 2004): Konsistente Ermittlung des Fortführungswertes bei nominellem Wachstum, in: Richter, Frank (Hrsg.), Unternehmensbewertung: Moderne Instrumente und Lösungsansätze, Stuttgart.

Ahmed, Anwer S./Morton, Richard M./Schaefer, Thomas F. (Feltham, 2000): Accounting Conservatism and the Valuation of Accounting Numbers: Evidence on the Feltham-Ohlson (1996) Model, in: JAAF, 15 Jg., S. 271-292.

Akaike, Hirotugu (Information, 1973): Information Theory and an Extension of the Maximum Likelihood Principle, in: Petrov, B. N./Caski, F. (Hrsg.), Second International Symposium on Information Theory, Akademiai Kiado, Budapest, S. 267-281.

Akbar, Saeed/Stark, Andrew W. (Discussion, 2003): Discussion of Scale and the Scale Effect in Market-Based Accounting Research, in: JBFA, 30. Jg., S. 57-72.

Akerlof, George A. (Market, 1970): The Market for "Lemons": Quality Uncertainty and the Market Mechanism, in: QJE, 84. Jg., S. 488-500.

Alford, Andrew/Jones, Jennifer/Leftwich, Richard/Zmijewski, Mark (Informativeness, 1993): The Relative Informativeness of Accounting Disclosures in Different countries, in: JAR, Ergänzungsheft, 31. Jg., S. 183-223.

Ali, Ashiq/Hwang, Lee-Seok/Trombley, Mark A. (Evidence, 2003): Residual-Income-Based Valuation Predicts Future Stock Returns: Evidence on Mispricing vs. Risk Explanations, in: AR, 78. Jg., S. 377-396.

Amir, Eli (Information, 1993): The Market Valuation of Accounting Information: The Case of Post Retirement Benefits other than Pensions, in: AR, 68. Jg., S. 703-734.

Amir, Eli/Lev, Baruch (Information, 1996): Value-Relevance of Non-Financial Information: The Wireless Communication Industry, in: JAE, 22. Jg., S. 3-30.

Ang, Andrew/Liu, Jun (Valuation, 2001): A General Affine Earnings Valuation Model, in: RAS, 6. Jg., S. 397-425.

Arce, Miguel/Mora, Araceli (Evidence, 2002): Empirical Evidence of the Effect of European Accounting Differences on the Stock Market Valuation of Earnings and Book Value, in: EAR, 11. Jg., S. 573-599.

Arrow, Kenneth J. (Economics, 1985): The Economcis of Agency, in: Pratt, John W./Zeckhauser, Richard J. (Hrsg.), Principals and Agents: The Structure of Business, Boston, S. 37-51.

Arrow, Kenneth J. (Aversion, 1970): The Theory of Risk Aversion, in: Arrow, Kenneth J. (Hrsg.), Essays in the Theory of Risk Bearing, Amsterdam, London, S. 90-120.

Ashton, David/Cooke, Terry/Tippett, Mark (Theorem, 2003): An Aggregation Theorem for the Valuation of Equity Under Linear Information Dynamics, in: JBFA, 30. Jg., S. 413-440.

Ashton, David/Cooke, Terry/Tippett, Mark/Wang, Pengguo (Dirty Surplus, 2004): Linear Information Dynamics, Aggregation, Dividends and "Dirty Surplus" Accounting, in: ABR, 34. Jg., S. 277-299.

Backhaus, Klaus/Erichson, Bernd/Plinke, Wulff/Weiber, Rolf (Analysemethoden, 2006): Multivariate Analysemethoden, 11. Auflage, Berlin und Heidelberg.

Baetge, Jörg/Kirsch, Hans-Jürgen/Thiele, Jürgen (Konzernbilanzen, 2004): Konzernbilanzen, 7. Aufl., Düsseldorf.

Baetge, Jörg/Kümmel, Jens (Rechnungslegung, 2003): Unternehmensbewertung in der externen Rechnungslegung, in: Richter, Frank/Schüler, Andreas/Schwetzler, Bernhard (Hrsg.), Kapitalgeberansprüche, Marktwertorientierung und Unternehmenswert – Festschrift für Prof. Dr. Dr. h.c. Jochen Drukarczyk zum 65. Geburtstag, München, S. 1-17.

Baetge, Jörg/Zülch, Henning (Accounting, 2001): Fair Value-Accounting, in: BFuP, 53. Jg., S. 543-562.

Baginski, Stephen P./Lorek, Kenneth S./Willinger, G. Lee/Branson, Bruce C. (Relationship, 1999): The Relationship between Economic Characteristics and Alternative Annual Earnings Persistence Measures, in: AR, 74. Jg., S. 105-120.

Ball, Ray/Brown, Philip (Evaluation, 1968): An Empirical Evaluation of Accounting Income Numbers, in: JAR, 6. Jg., S. 159-178.

Ballhaus, Werner/Futterlieb, Christian (Accounting, 2003): Fair Value Accounting auf Basis diskontierter Cash-Flows gemäß Concept Statement No. 7, in: KoR, 3. Jg., S. 564-574

Ballwieser, Wolfgang (Bilanzierung, 2006): Unternehmensbewertung in der IFRS-Bilanzierung, in: Börsig, Clemens/Wagenhofer, Alfred (Hrsg.), IFRS in Rechnungswesen und Controlling, Stuttgart, S. 265-282.

Ballwieser, Wolfgang (Konzeptionslosigkeit, 2005): Die Konzeptionslosigkeit des International Accounting Standards Board (IASB), in: Crezelius, Georg/Hirte, Heribert/Vieweg, Klaus (Hrsg.), Festschrift für Volker Röhricht zum 65. Geburtstag, Köln.

Ballwieser, Wolfgang (Unternehmensbewertung, 2004): Unternehmensbewertung – Prozeß, Methoden und Probleme, Stuttgart.

Ballwieser, Wolfgang (Reporting, 2004): The Limitations of Financial Reporting, in: Leuz, Christian/Pfaff, Dieter/Hopwood, Anthony (Hrsg.), The Economics and Politics of Accounting, Oxfort, New York, S. 58-77.

Ballwieser, Wolfgang (Residualgewinnmodell, 2004): Das Residualgewinnmodell für Zwecke der Unternehmensbewertung, in: Albrecht, Peter/ Lorenz, Egon/ Rudolph, Bernd (Hrsg.), Risikoforschung und Versicherung. Festschrift für Elmar Helten zum 65. Geburtstag, Karlsruhe, S. 51-64.

Ballwieser, Wolfgang (Marktdaten, 2003): Unternehmensbewertung durch Rückgriff auf Marktdaten, in: Heintzen, Markus/Kruschwitz, Lutz (Hrsg.), Unternehmen bewerten, Berlin, S. 13-30.

Ballwieser, Wolfgang (Fragen, 2002): Aktuelle Fragen der Unternehmensbewertung in Deutschland, in: ST, 9. Jg., S. 745-750.

Ballwieser, Wolfgang (Informations-GoB, 2002): Informations-GoB – auch im Lichte von IAS und US-GAAP, in: KoR, 2. Jg., S. 115-121.

Ballwieser, Wolfgang (Kalkulationszinsfuß, 2002): Der Kalkulationszinsfuß in der Unternehmensbewertung: Komponenten und Ermittlungsprobleme, in: WPg, 55. Jg., S. 736-743.

Ballwieser, Wolfgang (Shareholder Value, 2002): Shareholder Value, in: Küpper, Hans-Ulrich/Wagenhofer, Alfred (Hrsg.), Handwörterbuch Unternehmensrechnung und Controlling I, 4. Aufl., Stuttgart, Sp. 1745-1754.

Ballwieser, Wolfgang (Wertorientierung, 2002): Wertorientierung und Betriebswirtschaftslehre: Von Schmalenbach bis heute, in: Macharzina, Klaus/ Neuburger, Heinz-Joachim (Hrsg.), Wertorientierte Unternehmensführung: Strategien – Strukturen – Controlling, Stuttgart, S. 69-98.

Ballwieser, Wolfgang (Anforderungen, 2001): Anforderungen des Kapitalmarkts an Bilanzansatz- und Bilanzbewertungsregeln, in: KoR, 1. Jg., S. 160-164.

Ballwieser, Wolfgang (Marktorientierung, 2001): Unternehmensbewertung, Marktorientierung und Ertragswertverfahren, in: Wagner, Udo (Hrsg.), Zum Erkenntnisstand der Betriebswirtschaftlehre am Beginn des 21. Jahrhunderts, Festschrift für Erich Loitlsberger zum 80. Geburtstag, Berlin, S. 17-31.

Ballwieser, Wolfgang (Rechnungslegung, 2000): US-amerikanische Rechnungslegung: Grundlagen und Vergleiche mit deutschem Recht, 4. Aufl., Stuttgart.

Ballwieser, Wolfgang, (Umstellung, 2000): Was bewirkt eine Umstellung der Rechnungslegung vom HGB auf US-GAAP?, in: Ballwieser, Wolfgang (Hrsg.) US-amerikanische Rechnungslegung – Grundlagen und Vergleiche mit deutschem Recht, 4. Aufl., S. 447-465.

Ballwieser, Wolfgang (Kalkulationszinsfuß, 1997): Kalkulationszinsfuß und Steuern, in: DB, 48. Jg., S. 2393-2396.

Ballwieser, Wolfgang (Verhältnis, 1997): Das Verhältnis von Aussagegehalt und Nachprüfbarkeit amerikanischer Rechnungslegung, in: Wirtschaftsprüferkammer-Mitteilungen, Sonderheft Juni 1997, 36. Jg., S. 51-56.

Ballwieser, Wolfgang (Nutzen, 1996): Zum Nutzen handelsrechtlicher Rechnungslegung, in: Ballwieser, Wolfgang/Moxter, Adolf/Nonnenmacher, Rolf (Hrsg.), Rechnungslegung – warum und wie. Festschrift für Hermann Clemm, S. 1-25.

Ballwieser, Wolfgang (Komplexitätsreduktion, 1990): Unternehmensbewertung und Komplexitätsreduktion, 3. Aufl., Wiesbaden.

Ballwieser, Wolfgang (Geldentwertung, 1988): Unternehmensbewertung bei unsicherer Geldentwertung, in: zfbf, 40. Jg., S. 798-812.

Ballwieser, Wolfgang (Kapitalmarkt, 1987): Kapitalmarkt und Informationsversorgung mit Jahresabschlüssen, in: Claussen, Carsten P./Hübl, Lothar/ Schneider, Hans-Peter (Hrsg.), Zweihundert Jahre Geld und Brief. Herausforderungen an die Kapitalmärkte. Festgabe an die Niedersächsische Börse zu Hannover aus Anlass ihres 200-jährigen Bestehens, Frankfurt am Main, S. 163-178.

Ballwieser, Wolfgang (Begründbarkeit, 1982): Zur Begründbarkeit informationsorientierter Jahresabschlussverbesserungen, in: zfbf, 34. Jg., S. 772-793.

Ballwieser, Wolfgang (Wahl, 1981): Die Wahl des Kalkulationszinsfues bei der Unternehmensbewertung unter Berücksichtigung von Risiko und Geldentwertung, in: BFuP, 33. Jg., S. 97-114.

Ballwieser, Wolfgang/Beyer, Sven/Zelger, Hansjörg (Hrsg.) (Unternehmenskauf, 2005): Unternehmenskauf nach IFRS und US-GAAP – Purchase Price Allocation, Goodwill und Impairment-Test, Stuttgart.

Ballwieser, Wolfgang/Coenenberg, Adolf G./Schultze, Wolfgang (Unternehmensbewertung, 2002): Unternehmensbewertung, erfolgsorientierte, in: Ballwieser, Wolfgang/Coenenberg, Adolf G./Wysocki, Klaus von (Hrsg.), Handwörterbuch der Rechnungslegung und Prüfung, 3. Aufl., Stuttgart, Sp. 2412-2432.

Ballwieser, Wolfgang/Leuthier, Rainer (Grundprinzipien, 1986): Betriebswirtschaftliche Steuerberatung: Grundprinzipien, Verfahren und Probleme der Unternehmensbewertung, in: DStR, 24. Jg., S. 545-551 und S. 604-610.

Bamberger, Burkhard (Bewertungsfehler, 1999): Unternehmensbewertung in Deutschland: Die zehn häufigsten Bewertungsfehler, in: BFuP, 51. Jg., S. 653-670.

Barker, Richard G. (Dividends, 1999): The Role of Dividends in Valuation Models Used by Analysts and Fund Managers, in: EAR, 8. Jg., S. 195-218.

Bärtl, Oliver (Unternehmenssteuerung, 2001): Wertorientierte Unternehmenssteuerung - Zum Zusammenhang von Kapitalmarkt, externer und interner Rechnungslegung, Frankfurt a. M. u. a.

Bar-Yosef, Sasson/Callen, Jeffrey L./Livnat, Joshua (Ohlson, 1996): Modeling Dividends, Earnings and the Book Value of Equity: An Empirical Investigation of the Ohlson Valuation Dynamics, in: RAS, 1. Jg., S. 207-224.

Barth, Mary E. (Implications, 2000): Valuation-Based Accounting Research: Implications for Financial Reporting and Opportunities for Future Research, in: AF, 40. Jg., S. 7-31.

Barth, Mary E. (Accounting, 1994): Fair Value Accounting: Evidence from Investment Securities and the Market Valuation of Banks, in: AR, 69. Jg., S. 1-25.

Barth, Mary E./Beaver, William H./Hand, John M./Landsman, Wayne R. (Accruals, 2005): Accruals, Accounting-Based Valuation Models, and the Prediction of Equity Values, in: JAAF, 20. Jg., S. 311-345.

Barth, Mary E./Beaver, William H./Hand, John M./Landsman, Wayne R. (Equity Values, 1999): Accruals, Cash Flows, and Equity Values, in: RAS, 3. Jg., S. 205-229.

Barth, Mary E./Beaver, William H./Landsman, Wayne R. (Relevance, 2001): The Relevance of the Value Relevance Literature for Financial Accounting Standard Setting: Another View, in: JAE, 31. Jg., S. 77-104.

Barth, Mary/Beaver, William H./Landsman, Wayne R. (Valuation Roles, 1998): Relative Valuation Roles of Equity Book Value and Net Income as a Function of Financial Health, in: JAE, 25. Jg., S. 1-34.

Barth, Mary E./Hutton, Amy P. (Forecast Revisions, 2004): Analyst Earnings Forecast Revisions and the Pricing of Accruals, in: RAS, 9. Jg., S. 59-96.

Barth, Mary E./Kallapur, Sanjay (Scale, 1996): The Effects of Cross-Sectional Scale Differences on Regression Results in Empirical Accounting Research, in: CAR, 13. Jg., S. 527-567.

Basu, Sudipta (Conservatism, 1997): The Conservatism Principle and the Asymmetric Timeliness of Earnings, in: JAE, 24. Jg., S. 3-37.

Bauman, Mark P. (Fundamental Analysis, 1996): A Review of Fundamental Analysis Research in Accounting, in: JAL, 15. Jg., S. 1-33.

Baur, Daniel (Evidenz, 2004): Residual Income Model: Theorie und empirische Evidenz für die Schweiz, Zürich.

Bausch, Andreas (Multiplikator, 2000): Die Multiplikator-Methode, in: FB, 2. Jg., S. 448-459.

Beaver, William H. (Perspectives, 2002): Perspectives on Recent Capital Market Research, in: AR, 77. Jg., S. 453-474.

Beaver, William H. (Discussion, 1999): Discussion of "On Transitory Earnings", in: RAS, 4. Jg., S. 163-167.

Beaver, William H. (Comments, 1999): Comments on "An Empirical Assessment of the Residual Income Valuation Model", in: JAE, 26. Jg., S. 35-42.

Beaver, William H. (Reporting, 1998): Financial Reporting: An Accounting Revolution, 3. Aufl., London u.a.

Beaver, William H. (Information, 1968): The Information Content of Annual Earnings Announcements, in: JAR, Supplement 6. Jg., S. 67-92.

Beaver, William H./Ryan, Stephen G. (Biases, 2000): Biases and Lags in Book Value and Their Effects on the Ability of the Book-to-Market Ratio to Predict Book Return on Equity, in: JAR, 38. Jg., S. 127-148.

Begley, Joy/Feltham, Gerald A. (Relation, 2002): The Relation between Market Values, Earnings Forecasts, and Reported Earnings, in: CAR, 19. Jg., S. 1-48.

Bentele, Martina (Vermögenswerte, 2004): Immaterielle Vermögenswerte in der Unternehmensberichterstattung, Frankfurt a.M. u.a.

Berger, Philip G./Ofek, Eli/Swary, Itzhak (Option, 1996): Investor Valuation of the Abandonment Option, in: JFE, 42. Jg., S. 257-287.

Bernard, Victor L. (Ohlson, 1995): The Feltham-Ohlson Framework: Implications for Empiricists, in: CAR, 11. Jg., S. 733-747.

Biddle, Gary, C./Bowen, Robert M./Wallace, James S. (EVA, 1997): Does EVA Beat Earnings? Evidence on Associations with Stock Returns and Firm Values, in: JAE, 24. Jg., S. 301-336.

Biddle, Gary C./Chen, Peter/Zhang, Gouchang (Capital, 2001): When Capital Follows Profitability: Non-linear Residual Income Dynamics, in: RAS, 6. Jg., S. 229-265.

Böcking, Hans-J. (Verhältnis, 1998): Zum Verhältnis von Rechnungslegung und Kapitalmarkt: Vom „financial accounting" zum „business reporting", in: Ballwieser, Wolfgang/Schilbach, Thomas (Hrsg.), Rechnungslegung und Steuern international, zfbf Sonderheft 40, Düsseldorf und Frankfurt a.M., S. 17-53.

Booth, G. Geoffrey/Broussard, John P./Loistl, Otto (Evidence, 1997): Earnings and Stock Returns: Evidence from Germany, in: EAR, 6. Jg., S. 589-603.

Booth, G. Geoffrey/Loistl, Otto (Aktienkursprognosen, 1998): Aktienkursprognosen auf der Basis von Jahresabschlußdaten, in: Kleeberg, Jochen M./ Rehkugler, Heinz (Hrsg.), Handbuch Portfoliomanagement, Bad Soden, S. 297-314.

Box, George E.P./Jenkins, Gwilym M. (Analysis, 1976): Time Series Analysis, Forecasting and Control, 2. Aufl., Oakland.

Brealey, Richard A./Myers, Stewart, C. (Finance, 2003): Principles of Corporate Finance, 7. Aufl., New York u.a.

Bretzke, Wolf-Rüdiger (Prognoseproblem, 1975): Das Prognoseproblem bei der Unternehmensbewertung, Düsseldorf.

Bromwich, Michael/Walker, Martin (Residual Income, 1998): Residual Income Past and Future, in: MAR, 9. Jg., S. 391-419.

Brooks, LeRoy D./Buckmaster, Dale A. (Evidence, 1976): Further Evidence of the Time Series Properties of Accounting Income, in: JoF, 31. Jg., S. 1359-1373.

Brown, Stephen/Lo, Kin/Lys, Thomas (Value Relevance, 1999): Use of R^2 in Accounting Research: Measuring Changes in Value Relevance over the Last Four Decades, in: JAE, 28. Jg., S. 83-115.

Brown, Lawrence D./Rozeff, Michael S. (Forecasts, 1978): The Superiority of Analysts' Forecasts as Measures of Expectations: Evidence from Earnings, in: JoF, 33. Jg., S. 1-16.

Brücks, Michael/Kerkhoff, Guido/Richter, Michael (Impairmenttest, 2005): Impairmenttest für den Goodwill nach IFRS – Vergleich mit den Regelungen nach US-GAAP: Gemeinsamkeiten und Unterschiede, in: KoR, 5. Jg., S. 1-7.

Büning, Herbert/Trenkler, Götz (Methoden, 1994): Nichtparametrische statistische Methoden, 2. Aufl., Berlin und New York.

Burgstahler, David/Dichev, Ilia (Adaption, 1997): Earnings, Adaptation and Equity Value, in: AR, 56. Jg., S. 187-215.

Buscher, Herbert S. (Zeitreihenanalyse, 2002): Angewandte Zeitreihenanalyse, in: Schröder, Michael (Hrsg.), Finanzmarktökonometrie. Basistechniken, fortgeschrittene Verfahren, Prognosemodelle, Stuttgart.

Cahan, Steven F./Courtenay, Stephen M./Gronewoller, Paul L./Upton, David R. (Relevance, 2000): Value Relevance of Mandated Comprehensive Income Disclosures, in: JBFA, 27. Jg., S. 1273-1301.

Callen, Jeffrey L./Morel, Mindy (Valuation, 2001): Linear Accounting Valuation when Abnormal Earnings are AR(2), in: RQFA, 16. Jg., S. 191-203.

Callen, Jeffrey L./Segal, Dan (Tests, 2005): Empirical Tests of the Feltham-Ohlson (1995) Model, in: RAS, 10 Jg., S. 409-429.

Casey, Christopher (Unternehmensbewertung, 2000): Unternehmensbewertung und Marktpreisfindung: Zur Mikrostruktur des Kapitalmarktes, Wiesbaden.

Chen, Shimin/Dodd, James L. (Income, 2001): Operating Income, Residual Income and EVATM: Which Metric is More Value Relevant?, in: JMI, 13. Jg., S. 65-86.

Chen, Peter F./Zhang, Guochang (Investment, 2003): Heterogeneous Investment Opportunities in Multiple-Segment Firms and the Incremental Value Relevance of Segment Accounting Data, in: AR, S. 397-428.

Cheng, Qiang (Forecasts, 2005): The Role of Analysts' Forecasts in Accounting-Based Valuation: A Critical Evaluation, in: RAS, 10. Jg., S. 5-31.

Choi, Young-Soo/O'Hanlon, John/Pope, Peter (Accounting, 2005): Conservative Accounting and Linear Valuation Models, Working Paper, Lancaster University, S. 1-41 [Download unter http://www.cass.city.ac.uk/facfin/events/Research Seminars/ohanlon.pdf, Stand: 11. September 2005].

Chopra, Vijay K. (Error, 1998): Why so much Error in Analysts' Earnings Forecasts, in: FAJ, 54. Jg., S. 35-42.

Clubb, Colin D.B. (Valuation, 1996): Valuation and Clean Surplus Accounting: Some Implications of the Feltham and Ohlson Model for the Relative Information Content of Earnings and Cash Flows, in: CAR, 13. Jg., S. 329-337.

Coenenberg, Adolf G. (Jahresabschluss, 2005): Jahresabschluss und Jahresabschlussanalyse: Betriebswirtschaftliche, handelsrechtliche, steuerrechtliche und internationale Grundsätze – HGB, IAS/IFRS, US-GAAP und DRS, 20. Aufl., Stuttgart.

Coenenberg, Adolf G. (Methoden, 2003): Strategische Jahresabschlussanalyse – Zwecke und Methoden, in: KoR, 3. Jg., S. 165-177.

Coenenberg, Adolf G./Schultze, Wolfgang (Unternehmensbewertung, 2003): Residualgewinn- vs. Ertragswertmethode in der Unternehmensbewertung, in: Richter, Frank/Schüler, Andreas/Schwetzler, Bernhard (Hrsg.): Kapitalgeberansprüche, Marktwertorientierung und Unternehmenswert, Festschrift für Prof. Dr. Dr. h.c. Jochen Drukarczyk, München, S. 117-141.

Coenenberg, Adolf G./Schultze, Wolfgang (Konzeptionen, 2002): Unternehmensbewertung: Konzeptionen und Perspektiven, in: DBW, 62. Jg., S. 597-621.

Collins, Daniel W./Maydew, Edward L./Weiss, Ira S. (Changes, 1997): Changes in the Value Relevance of Earnings and Book Values over the past forty Years, in: JAE, 24. Jg., S. 39-67.

Collins, Daniel, W./Pincus, Morton/Xie, Hong (Negative Earnings, 1999): Equity Valuation and Negative Earnings: The Role of Book Value, in: AR, 74. Jg., S. 29-61.

Collins, Julie H./Kemsley, Deen (Dividend Taxes, 2000): Capital Gains and Divi-dend Taxes in Firm Valuation: Evidence of Triple Taxation, in: AR, 75. Jg., S. 405-427.

Collins, William A./Hopwood, William S. (Analysis, 1980): A Multivariate Analysis of Annual Earnings Forecasts Generated from Quarterly Forecasts of Financial Analysts and Univariate Time-Series Models, in: JAR, 53. Jg., S. 390-406.

Courteau, Lucie/Kao, Jennifer/Richardson, Gordon D. (Terminal Value, 2001): Equity Valuation Employing the Ideal versus Ad Hoc Terminal Value Expressions, in: CAR, 18. Jg., S. 625-661.

Crasselt, Nils/Pellens, Bernhard/Schremper, Ralf (Konvergenz, 2000): Konvergenz wertorientierter Kennzahlen, in: WISU, 29. Jg., S. 72-75 und S. 205-208.

Damodaran, Aswath (Valuation, 2002): Investment Valuation – Tools and Techniques for Determining the Value of Any Asset, 2. Aufl., New York.

Daniel, Kent D. (Discussion, 2004): Discussion of: "Testing Behavioral Finance Theories Using Trends and Sequences in Financial Performance" (by Wesley Chan, Richard Frankel, and S.P. Kothari), in: JAE, 38. Jg., S. 51-64.

Dausend, Florian/Lenz, Hansrudi (Steuern, 2005): Unternehmensbewertung mit dem Residualgewinnmodell unter Einschluss persönlicher Steuern, in: WPg, 59. Jg., S. 719-729.

Dechow, Patricia M./Hutton, Amy P./Sloan, Richard G. (Assessment, 1999): An Empirical Assessment of the Residual Income Valuation Model, in: JAE, 26. Jg., S.1-34.

Deller, Dominic (Auswirkungen, 2002): Auswirkungen von Dirty Surplus Accoun-ting auf Investitionspolitik und Unternehmenskennzahlen, Lohmar und Köln.

Demski, Joel S. (Impossibility, 1973): The General Impossibility of Normative Accounting Standards, in: AR, 48. Jg., S. 718-723.

Dhaliwal, Dan S./Subramanyam, K.R./Trezevant, Robert (Performance, 1999): Is Comprehensive Income Superior to Net Income as a Measure of Performance?, in: JAE, 26. Jg., S. 43-67.

Dietrich, Richard J./Kachelmeier, Steven J./Kleinmuntz, Don N./Linsmeier, Thomas J. (Disclosures, 2001): Market Efficiency, Bounded Rationality, and Supplemental Business Reporting Disclosures, in: JAR, 39. Jg., S. 243-268.

Dixit, Avinash K. (Uncertainty, 1989): Entry and Exit Decisions under Uncertainty, in: JPE, 97. Jg., S. 620-638.

Dixit, Avinash K./Pindyck, Robert S. (Investment, 1994): Investment und Uncer-tainty, Princeton, New Jersey.

Dobler, Michael (Auswirkungen, 2006): Auswirkungen des Wechsels der Rechnungslegung von HGB zu IFRS auf die Gewinnsteuerung, Working Paper 2006-24, Munich School of Management, Ludwig-Maximilians-Universität München, S. 1-21.

Dobler, Michael (Folgebewertung, 2005): Folgebewertung des Goodwill nach IFRS 3 und IAS 36, in: Praxis der internationalen Rechnungslegung, 1. Jg., S. 24-29.

Dobler, Michael (Risikoberichterstattung, 2004): Risikoberichterstattung – Eine ökonomische Analyse, Frankfurt a.M.

Dornbusch, Daniel (Aktienanalyse, 1999): Untersuchung von Modellen der fundamentalen und technischen Aktienanalyse, Frankfurt a.M.

Drukarczyk, Jochen (Unternehmensbewertung, 2003): Unternehmensbewertung, 4. Aufl., München.

Dumontier, Pascal/Raffournier, Bernard (Accounting, 2002): Accounting and Capital Markets: A Survey of the European Evidence, in: EAR, 11. Jg., S. 119-151.

DVFA/SG (Fortentwicklung, 1998): Fortentwicklung des Ergebnisses nach DVFA/SG, in: DB, 51. Jg., S. 2537-2542.

DVFA/SG (Ergebnis, 1990): Ergebnis nach DVFA/SG. Gemeinsame Empfehlung, Darmstadt.

Easton, Peter D. (Security Returns, 1999): Security Returns and the Value Relevance of Accounting Data, in: AH, 13. Jg., S. 399-412.

Easton, Peter D. (Discussion, 1998): Discussion of Revalued Financial, Tangible, and Intangible Assets: Association with Share Prices and Non-Market-Based Value Estimates, in: JAR, 36. Jg., S. 235-247.

Easton, Peter D. (Accounting, 1985): Accounting Earnings and Security Valuation: Empirical Evidence of the Fundamental Links, in: JAR, 23. Jg., S. 54-77.

Easton, Peter D./Harris, Trevor S. (Earnings, 1991): Earnings as an Explanatory Variable for Returns, in: JAR, 29. Jg., S. 19-36.

Easton, Peter D./Harris, Trevor S./Ohlson, James A. (Accounting, 1992): Aggregate Accounting Earnings can Explain most of Security Returns, in: JAE, 15. Jg., S. 119-142.

Easton, Peter D./Pae, Jinhan (Conservatism, 2004): Accounting Conservatism and the Relation Between Returns and Accounting Data, in: RAS, 9. Jg, S. 495-521.

Easton, Peter D./Sommers, Gregory A. (Scale, 2003): Scale and Scale Effects in Market-Based Accounting Research, in: JBFA, 30. Jg., S. 25-55.

Edwards, Edgar O./Bell, Philip W. (Theory, 1961): The Theory of Measurement of Business Income, Berkeley, California.

Elgers, Pieter T./Lo, May H. (Reduction, 1994): Reduction in Analysts' Annual Earnings Forecast Errors Using Information in Prior Earnings and Security Returns, in: JAR, 32. Jg., S. 290-303.

Elton, Edwin J./Gruber, Martin J./Gultekin, Mustafa L. (Expectation, 1984): Professional Expectations: Accuracy and Diagnosis of Errors, in: JFQA, 19. Jg., S. 351-363.

Ely, Kristen/Waymire, Gregory B. (Accounting, 1999): Accounting Standard-Setting Organizations and Earnings Relevance: Longitudinal Evidence From NYSE Common Stocks, 1927-1993, in: JAR, 37. Jg., S. 293-317.

Enders, Walter (Time Series, 1995): Applied Econometric Time Series, New York u.a.

Esser, Maik (Goodwillbilanzierung, 2005): Goodwillbilanzierung nach SFAS 141/ 142: Eine ökonomische Analyse, Frankfurt a.M.

Ewert, Ralf/Wagenhofer, Alfred (Unternehmensrechnung, 2005): Interne Unternehmensrechnung, 6. Aufl., Berlin u.a.

Ewert, Ralf/Wagenhofer, Alfred (Ansätze, 2000): Neuere Ansätze zur theoretischen Fundierung von Rechnungslegung und Prüfung, in: Lachnit, Laurenz/Freidank, Carl-Christian (Hrsg.), Investororientierte Unternehmenspublizität, Wiesbaden, S. 31-60.

Fama, Eugene F. (Market Efficiency, 1999): Market Efficiency, Long-Term Returns, and Behavioral Finance, in: JFE, 49 Jg., S. 283-306.

Fama, Eugene F. (Capital Markets, 1991): Efficient Capital Markets: II, in: JoF, 46. Jg., S. 1575-1617.

Fama, Eugene F. (Capital Markets, 1970): Efficient Capital Markets: A Review of Theory and Empirical Work, in: JoF, 25. Jg., S. 38-417.

Fama, Eugene/French, Kenneth R. (Cost of Equity, 1997): Industry Cost of Equity, in: JFE, 43. Jg., S. 153-193.

Feltham, Gerald A./Isaac, Grant E./Mbagwu, Chima/Vaidyanathan, Ganesh (Evidence, 2004): Perhaps EVA Does Beat Earnings – Revisiting Previuos Evidence, in: JACF, 17. Jg., S. 83-88.

Feltham, Gerald A./Ohlson, James A. (Risk, 1999): Residual Earnings Valuation with Risk and Stochastic Interest Rates, in: AR, 74. Jg., S. 165-183.

Feltham, Gerald A./Ohlson, James A. (Uncertainty, 1996): Uncertainty Resolution and the Theory of Depreciation Measurement, in: JAR, 34. Jg., S. 209-234.

Feltham, Gerald A./Ohlson, James A. (Valuation, 1995): Valuation and Clean Surplus Accounting for Operating and Financial Activities, in: CAR, 11. Jg., S. 689-731.

Feltham, Gerald A./Pae, Jinhan (Analysis, 2000): Analysis of the Impact of Accounting Accruals on Earnings Uncertainty and Response Coefficients, in: JAAF, 15. Jg., S. 199-220.

Fernandez, Pablo (Valuation, 2002): Valuation Methods and Shareholder Value Creation, Amsterdam u.a.

Francis, Jennifer/Olsson, Per/Oswald, Dennis R. (Accuracy, 2000): Comparing the Accuracy and Explainability of Dividend, Free Cash Flow, and Abnormal Earnings Equity Value Estimates, in: JAR, 38. Jg., S. 45-70.

Francis, Jennifer/Schipper, Katherine (Relevance, 1999): Have Financial Statements Lost Their Relevance?, in: JAR, 37. Jg., S. 319-353.

Franke, Günter/Hax, Herbert (Finanzwirtschaft, 2004): Finanzwirtschaft des Unternehmens und Kapitalmarkt, 5. Aufl., Berlin u.a.

Franke, Jürgen/Härdle, Wolfgang/Hafner, Christian (Statistik, 2004): Einführung in die Statistik der Finanzmärkte, 2. Aufl., Heidelberg.

Frankel, Richard/Lee, Charles M.C. (Valuation, 1999): Accounting Diversity and International Valuation, Working Paper, University of Michigan und Cornell University, S. 1-55, [Download unter http://www.jpmorganfunds.com/pdfs/other/FrankelLee_International.pdf, Stand: 14. Juli 2006].

Frankel, Richard/Lee, Charles M.C. (Expectation, 1998): Accounting Valuation, Market Expectation, and Cross-Sectional Stock Returns, in: JAE, 25. Jg., S. 283-319.

Fried, Don/Givoly, Dan (Forecasts, 1982): Financial Analysts' Forecasts of Earnings: A Better Surrogate for Market Expectations, in: JAE, 4. Jg., S. 85-107.

Gaber, Christian (Erfolgsausweis, 2005): Der Erfolgsausweis im Wettstreit zwischen Prognosefähigkeit und Kongruenz, in: BFuP, 57. Jg., S. 279-295.

Gaber, Christian (Gewinnermittlung, 2005): Gewinnermittlung und Investitionssteuerung, Wiesbaden.

García Lara, Juan M./Mora, Araceli (Conservatism, 2004): Balance Sheet vs. Earnings Conservatism in Europe, in: EAR, 13. Jg., S. 261-292.

Garman, Mark B./Ohlson, James A. (Information, 1980): Information and the Sequential Valuation of Assets in Arbitrage-Free Economics, in: JAR, 18. Jg., S. 420-440.

Gaughan, Patrick A. (Mergers, 2002): Mergers, Acquisitions, and Corporate Restructurings, 3. Aufl., New York u.a.

Gebhardt, William R./Lee, Charles M.C./Swaminathan, Bhaskaran (Cost of Capital, 2001): Toward an Implied Cost of Capital, in: JAR, 39. Jg., S. 135-176.

Gode, Dhananjy K./Ohlson, James A. (Interest Rates, 2004): Accounting-Based Valuation with Changing Interest Rates, in: RAS, 9. Jg., S. 419-441.

Gordon, Myron J. (Earnings, 1959): Dividends, Earnings, and Stock Prices, in: RESt, 41. Jg., S. 99-105.

Granger, Clive W.J./Newbold, Paul (Regression, 1974): Spurious Regressions in Econometrics, in: JE, 2. Jg., S. 111-120.

Gregory, Alan/Saleh, Walid/Tucker, Jon (Ohlson, 2005): A UK Test of an Inflation-Adjusted Ohlson-Model, in: JBFA, 32. Jg., S. 487-534.

Gu, Zhaoyang (Scale Factor, 2005): Scale Factor, R2, and the Choice between Levels versus Return Models, in: JAAF, 20. Jg., S. 71-91.

Hachmeister, Dirk (Impairment, 2005): Impairment-Test nach IFRS und US-GAAP, in: Ballwieser, Wolfgang/Beyer, Sven/Zelger, Hansjörg (Hrsg.), Unternehmenskauf nach IFRS und US-GAAP, Stuttgart, S. 191-223.

Hachmeister, Dirk (Maß, 2000): Der Discounted Cash Flow als Maß der Unternehmenswertsteigerung, 4. Aufl., Frankfurt a.M.

Hail, Luzi/Meyer, Conrad (Unternehmensbewertung, 2002): Unternehmensbewertung: Ansatzpunkte und Methoden zur Umwandlung der Gewinn- und Cash-Flow-Prognosen in konkrete Wertansätze für die Investoren, in: ST, 76. Jg., S. 573-584.

Haller, Axel (Ziele, 2000): Wesentliche Ziele und Merkmale US-amerikanischer Rechnungslegung, in: Ballwieser, Wolfgang (Hrsg.), US-amerikanische Rechnungslegung: Grundlagen und Vergleiche mit deutschem Recht, 4. Aufl., Stuttgart, S. 1-28.

Haller, Axel/Schloßgangl, Maria (Notwendigkeit, 2003): Notwendigkeit einer Neugestaltung des Performance Reporting nach International Accounting (Financial Reporting) Standards, in: KoR, 5. Jg., S. 317-327.

Hand, John R. (Discussion, 2001): Discussion of "Earnings, Book Values, and Dividends in Equity Valuation: An Empirical Perspective", in CAR, 18. Jg., S.121-130.

Hand, John R./Landsman, Wayne R. (Ohlson, 1998): Testing the Ohlson Model: v or not v, that is the Question, Working Paper, University of North Carolina Chapel Hill, S. 1-38, [Download unter www.ssrn.com, Stand: 11. September 2005].

Harris, Trevor S./Kemsley, Deen (Taxation, 1999): Dividend Taxation in Firm Valuation, in: JAR, 37. Jg., S. 275-291.

Harris, Trevor S./Lang, Mark/Möller, Hans P. (Relevanz, 1995): Zur Relevanz der Jahresabschlussgrößen Erfolg und Eigenkapital für die Aktienbewertung in Deutschland und den USA, in: zfbf, 47. Jg., S. 996-1028.

Harris, Trevor S./Lang, Mark/Möller, Hans P. (Relevance, 1994): The Value Relevance of German Accounting Measures: An Empirical Analysis, in: JAR, 32. Jg., S. 187-209.

Hayn, Carla (Information, 1995): The Information Content of Losses, in: JAE, 20. Jg., S.125-153.

Hayn, Marc (Unternehmen, 2003): Bewertung junger Unternehmen, 3. Aufl., Berlin.

Hayn, Sven/Graf Waldersee, Georg (Vergleich, 2004): IAS/US-GAAP/HGB im Vergleich: Synoptische Darstellung für den Einzel- und Konzernabschluss, 5. Aufl., Stuttgart.

Hertz, David B. (Risk, 1964): Risk Analysis in Capital Investment, HBR, 42. Jg., S. 95-106.

Hess, Dieter/Lüders, Erik (Compensation, 2001): Accounting for Stock Based Compensation: an Extended Clean Surplus Relation, Arbeitspapier Zentrum für Europäische Wirtschaftsforschung, S. 1-20, [Download unter http://www.uni-magdeburg.de, Stand: 13. Mai 2004].

Hesselmann, Christoph (Residualgewinnkonzepte, 2006): Residualgewinnkonzepte zur externen Aktienanalyse, Wiesbaden.

Hitz, Jörg-Markus (Rechnungslegung, 2005): Rechnungslegung zum fair value. Konzeption und Entscheidungsnützlichkeit, Frankfurt a. M.

Hitz, Jörg-Markus/ Kuhner, Christoph (Neuregelung, 2002): Die Neuregelung zur Bilanzierung des derivativen Goodwill nach SFAS 141 und 142 auf dem Prüfstand, in: WPg, 55. Jg., S. 273-287.

Hoffmann, Werner (Wettbewerbsvorteile, 2005): Nachhaltige Schaffung von Unternehmenswert und temporäre Wettbewerbsvorteile, in: FB, 7. Jg., S. 323-332.

Holthausen, Robert, W./Watts, Roos L. (Relevance, 2001): The Relevance of the Value-Relevance Literature for Financial Accounting Standard Setting, in: AE, 31. Jg., S. 3-75.

Holzer, Peter/Ernst, Christian (Ausweis, 1999): (Other) Comprehensive Income and Non-Ownership Movements in Equity – Erfassung und Ausweis des Jahresergebnisses und des Eigenkapitals nach US-GAAP und IAS, in: WPg, 52. Jg., S. 353-370.

Hostettler, Stephan (EVA, 2002): Economic Value Added (EVA): Darstellung und Anwendung auf Schweizer Aktiengesellschaften, 2. Aufl., Bern, Stuttgart, Wien.

Hüfner, Bernd (Aktienbewertung, 2000): Fundamentale Aktienbewertung und Rechnungslegung – Eine konzeptionelle Eignungsanalyse, Frankfurt a.M.u.a.

Hüfner, Bernd/Möller Hans P. (Valuation, 2002): Valutation of German Stocks: Are DVFA/SG Earnings Superior to GAAP Earnings, in: sbr, Special Issue 1/2002, S. 135-170.

Hütten, Christoph (Geschäftsbericht, 2000): Der Geschäftsbericht als Informationsinstrument. Rechtsgrundlagen – Funktionen – Optimierungsmöglichkeiten, Düsseldorf.

Hütten, Christoph/Lorson, Peter (Rechnungslegung, 2000): Internationale Rechnungslegung in Deutschland. Teil 3: Grundlagen der angelsächsischen Finanzberichterstattung, in: BuW, 54. Jg., S. 801-811.

Hüttner, Manfred (Prognoseverfahren, 1986): Prognoseverfahren und ihre Anwendung, Berlin und New York.

Hurvich, Clifford M./Shumway, Robert H./Tsai, Chih-L. (Estimators, 1990): Improved Estimators of Kullback-Leibler Information for Autoregressive Model Selection in Small Samples, in: BM, 77 Jg., S. 708-719.

Hurvich, Clifford M./Tsai, Chih.-L. (Regression, 1989): Regression and Time Series Moel Selection in Small Samples, in: BM, 76. Jg., S. 297-307.

IDW (Grundsätze, 2005): IDW Standard: Grundsätze zur Durchführung von Unternehmensbewertungen (IDW S1), in: WPg, 58. Jg., S. 1303-1321.

IDW (Grundsätze, 2000): IDW Standard: Grundsätze zur Durchführung von Unternehmensbewertungen (IDW S1), in: WPg, 53. Jg., S. 825-842.

Isidoro, Helena/O'Hanlon, John/Young, Steve (Dirty Surplus, 2004): Dirty Surplus Accounting Flows: International Evidence, in: ABR, 34. Jg., S. 383-411.

Ittner, Christopher D./Larcker, David F. (Measures, 1998): Are Nonfinancial Measures Leading Indicators of Financial Performance? An Analysis of Customer Satisfaction, in: JAR, Ergänzungsheft, 36. Jg., S. 1-35.

Joos, Peter/Lang, Mark (Accounting, 1994): The Effects of Accounting Diversity: Evidence from the European Union, in: JAR, Supplement 32. Jg., S. 141-168.

Jörg, Petra/Pichler, Karl/Roth, Lukas/Zgraggen, Pius (Handbuch, 2005): Handbuch der Bewertung: Praktische Methoden und Modelle zur Bewertung von Projekten, Unternehmen und Strategien, 3. Aufl., Zürich.

Kahle, Holger (Zukunft, 2003): Die Zukunft der Rechnungslegung in Deutschland: IAS im Einzel- und Konzernabschluss?, in: WPg, 56. Jg., S. 262-275.

Kahle, Holger (Informationsversorgung, 2002): Informationsversorgung des Kapitalmarkts über internationale Rechnungslegung, in: KoR, 2. Jg., S. 95-107.

Kähler, Jürgen (Regressionsanalyse, 2002): Regressionsanalyse, in: Schröder, Michael (Hrsg.), Finanzmarktökonometrie: Basistechniken, Fortgeschrittene Verfahren, Prognosemodelle, S. 33-129.

King, Raymond D./Langli, John C. (Accounting, 1998): Accounting Diversity and Firm Valuation, in: IJA, 33. Jg., S. 529-567.

Knieps, Günter/Küpper, Hans-U./Langen, René (Abschreibungen, 2000): Abschreibungen bei fallenden Wiederbeschaffungspreisen in stationären und nicht-stationären Märkten, Arbeitspapier, Ludwig-Maximilians-Universität München [Download unter http://www.intranet-lehrstuhl.bwl.uni-muenchen.de, Stand: 1. Juni 2006], S. 1-39.

Koch, Joachim (Verfahren, 2005): Rechnungswesenbasierte Verfahren der Aktienbewertung, Wiesbaden.

Kormendi, Roger/Lipe, Robert (Persistence, 1987): Earnings Innovation, Earnings Persistence, and Stock Returns, JB, 60. Jg., S. 323-345.

Kothari, S.P. (Capital Markets, 2001): Capital Markets Research in Accounting, in: JAE, 31. Jg., S. 105-231.

Kothari, S.P./Zimmermann, Jerold L. (Price, 1995): Price and Return Models, in: JAE, 20. Jg., S. 155-192.

Kraus-Gründewald, Marion (Unternehmenswert, 1995): Gibt es einen objektiven Unternehmenswert?, in: BB, 50. Jg., S. 1839-1844.

Krämling, Markus (Goodwill, 1998): Der Goodwill aus der Kapitalkonsolidierung: Bestandsaufnahme der Bilanzierungspraxis und deren Relevanz für die Aktienbewertung, Frankfurt a.M.u.a.

Kruschwitz, Lutz (Finanzierung, 2004): Finanzierung und Investition, 4. Aufl., München und Wien.

Kruschwitz, Lutz (Übungsbuch, 2002): Übungsbuch zur betrieblichen Finanzwirtschaft, 6. Aufl., München und Wien.

Kuhner, Christoph (Zielsetzungen, 2005): Die Zielsetzungen von IFRS, US-GAAP und HGB und deren Konsequenzen für die Abbildung von Unternehmenskäufen, in: Ballwieser, Wolfgang/Beyer, Sven/Zelger, Hansjörg (Hrsg.), Unternehmenskauf nach IFRS und US-GAAP, Stuttgart, S. 191-223.

Kümmel, Jens (Grundsätze, 2002): Grundsätze für die Fair-Value-Ermittlung mit Barwertkalkülen, Düsseldorf.

Küpper, Hans-Ulrich (Controlling, 2005): Controlling – Konzeption, Aufgaben, Instrumente, 4. Aufl., Stuttgart.

Küting, Karlheinz (Firmenwert, 2000): Der Geschäfts- oder Firmenwert – ein Spielball der Bilanzpolitik in deutschen Konzernen, in: AG, 45. Jg., S. 97-106.

Küting, Karlheinz (Kapitalkonsolidierung, 1995): Aktuelle Fragen der Kapitalkonsolidierung (Teil I), in: DStR, 33. Jg., S. 192-196.

Küting, Karlheinz/Wirth, Johannes (Firmenwertbilanzierung, 2005): Firmenwertbilanzierung nach IAS 36 (rev. 2004) unter Berücksichtigung von Minderheitenanteilen an erworbenen Unternehmen, in: KoR, 5. Jg., S. 199-206.

Kuhlewind, Andreas-Markus (Ergebnisrechnung, 2000): Die amerikanische Ergebnisrechnung: Ausweis des Unternehmenserfolgs im Abschluß nach US-GAAP, in: Ballwieser, Wolfgang (Hrsg.), US-amerikanische Rechnungslegung, 4. Aufl., Stuttgart.

Kwon, Young K. (Information, 2001): Book Value, Residual Earnings, and Equilibrium Firm Value with Asymmetric Information, in: RAS, 6. Jg., S. 387-395.

Laux, Helmut (Kapitalmarkt, 2006): Wertorientierte Unternehmenssteuerung und Kapitalmarkt, 2. Aufl., Berlin u.a.

Laux, Helmut (Anreiz, 2005): Unternehmensrechnung, Anreiz und Kontrolle, 3. Aufl., Berlin u.a.

Lee, Charles M.C. (Effiziency, 2001): Market Efficiency and Accounting Research, in: JAE, 31. Jg., S. 233-253.

Lee, Charles M.C. (Valuation, 1999): Accounting-Based Valuation: Impact on Business Practices and Research, in: AH, 13. Jg., S. 413-425.

Leippe, Britta (Bilanzierung, 2002): Die Bilanzierung von Leasinggeschäften nach deutschem Handelsrecht und US-GAAP, Frankfurt a.M. u.a.

Lev, Baruch (Usefulness, 1989): On the Usefulness of Earnings and Earnings Research: Lessons and Directions from two Decades of Empirical Research, in: JAR, 27. Jg., S. 152-201.

Lev, Baruch/Zarowin, Paul (Reporting, 1999): The Boundaries of Financial Reporting and How to Extend Them, in: JAR, 37. Jg., S. 353-385.

Lintner, John (Security Prices, 1965): Security Prices, Risk, and Maximal Gains from Diversification, in: JoF, 20. Jg., S. 587-615.

Lintner, John (Valuation, 1965): The Valuation of Risk Assets and the Selection of Risky Investments in Stock Portfolios and Capital Budgets, in: RESt, 47. Jg., S. 13-37.

Lipe, Robert (Information, 1990): The Relation between Stock Returns and Accounting Earnings given Alternative Information, in: AR, 65. Jg., S. 49-71.

Liu, Jing/Ohlson, James (Implications, 2000): The Feltham-Ohlson (1995) Model: Empirical Implications, in: JAAF, 15. Jg., S. 321-331.

Livinat, Joshua (Discussion, 2000): Discussion: "The Ohlson Model: Contribution to Valuation Theory, Limitations, and Empirical Applications", in: JAAF, 15. Jg., S. 368-370.

Lo, Kin/Lys, Thomas (Ohlson, 2000): The Ohlson Model: Contribution to Valuation Theory, Limitations, and Empirical Applications, in: JAAF, 15. Jg., S. 337-367.

Lo, Kin/Lys, Thomas (Gap, 2000): Bridging the Gap Between Value Relevance and Information Content, Working Paper, University of British Columbia and Northwestern University, S. 1-42 [Download unter www.ssrn.com, Stand: 11. September 2005].

Lobe, Sebastian (Terminal Value, 2006): Unternehmensbewertung und Terminal Value, Frankfurt a. M.

Lücke, Wolfgang (Investitionsrechnungen, 1955): Investitionsrechnungen auf der Grundlage von Ausgaben und Kosten, in: zfbf, 7. Jg., S. 310-324.

Lundholm, Russell J. (Tutorial, 1995): A Tutorial on the Ohlson and Feltham/Ohlson Models: Answers to Some Frequently Asked Questions, in: CAR, 11. Jg., S. 749-761.

Lundholm, Russel J./O'Keefe, Terrence B. (Response, 2001): On Comparing Residual Income and Discounted Cash Flow Models of Equity Valuation: A Response to Penman 2001, in: CAR, 18. Jg., S. 693-696.

Lundholm, Russel J./O'Keefe, Terrence B. (Value, 2001): Reconciling Value Estimates from the Discounted Cash Flow Model and the Residual Income Model, in: CAR, 18. Jg., S. 311-335.

Madden, Bartley J. (CFROI, 2002): CFROI Valuation – A Total System Approach to Valuing the Firm, Oxford.

Magee, John F. (Decision Trees, 1964): How to Use Decision Trees in Capital Investment, in: HBR, 4. Jg. S. 79-96.

Mandl, Gerwald/Rabel, Klaus (Einführung, 1997): Unternehmensbewertung: Eine praxisorientierte Einführung, Wien.

McCrae, Michael/Nilsson, Henrik (Specifications, 2001): The Explanatory and Predictive Power of the Different Specifications of the Ohlson (1995) Valuation Models, in: EAR, 10. Jg., S. 315-341.

Meyer, Bernhard H. (Unternehmensbewertung, 2006): Stochastische Unternehmensbewertung: Der Wertbeitrag von Realoptionen, Wiesbaden.

Miller, Merton H./Modigliani, Franco (Cost of Capital, 1966): Some Estimates of the Cost of Capital to the Electric Utility Industry, 1954-1957, in: AER, 56 Jg., S. 333-391.

Miller, Merton H./Modigliani, Franco (Valuation, 1961): Dividend Policy, Growth and the Valuation of Shares, in: JB, 34. Jg., S. 411-433.

Modigliani, Franco/Miller, Merton H. (Cost of Capital, 1958): The Cost of Capital, Corporation Finance, and the Theory of Investment, in: AER, 48. Jg., S. 261-297.

Möller, Hans-P. (Informationseffizienz, 1985): Die Informationseffizienz des deutschen Aktienmarktes – eine Zusammenfassung und Analyse der empirischen Untersuchungen, in: zfbf, 37. Jg., S. 500-518.

Möller, Hans P./Hüfner, Bernd (Aktienmarkt, 2002): Zur Bedeutung der Rechnungslegung für den deutschen Aktienmarkt – Begründung, Messprobleme und Erkenntnisse empirischer Forschung, in: Seicht, Gerhard (Hrsg.), Jahrbuch für Controlling und Rechnungswesen 2002, Wien, S. 405-463.

Möller, Hans P./Hüfner, Bernd (Forschung, 2002): Empirische Forschung, in: Küpper, Hans-Ulrich/Wagenhofer, Alfred (Hrsg.), Handwörterbuch Unternehmensrechnung und Controlling, 4. Aufl., Stuttgart, Sp. 351-360.

Möller, Hans P./Hüfner, Bernd (Kapitalmarktforschung, 2001): Kapitalmarktforschung, empirische, in: Gerke, Wolfgang/Steiner, Martin (Hrsg.), Handwörterbuch des Bank- und Finanzwesens, Stuttgart, Sp. 1276-1293.

Möller, Hans P./Hüfner, Bernd/Kavermann, Markus (Tauglichkeit, 2003): Zur Tauglichkeit unterschiedlicher Rechnungslegungssysteme für den deutschen Aktienmarkt – Ein empirischer Vergleich von Jahresabschlüssen nach deutschem HGB und IAS bzw. US-GAAP, in: Rathgeber, Andreas/Tebroke, Hermann-J./Wallmeier, Martin (Hrsg.), Finanzwirtschaft, Kapitalmarkt und Banken, Festschrift für Professor Dr. Manfred Steiner zum 60. Geburtstag, Stuttgart.

Möller, Hans-Peter/Schmidt, Franz (Aktienbewertung, 1998): Zur Bedeutung von Jahresabschlüssen und DVFA/SG-Daten für die fundamentale Aktienbewertung, in: Möller, Hans-Peter/Schmidt, Franz (Hrsg.), Rechnungswesen als Instrument für Führungsentscheidungen, Stuttgart, S. 477-504.

Morel, Mindy (Ohlson, 2003): Endogenous Parameter Time Series Estimation of the Ohlson Model: Linear and Nonlinear Analyses, in: JBFA, 30. Jg., S. 1341-1362.

Morel, Mindy (Specification, 1999): Multi-Lagged Specification of the Ohlson-Model, in: JAAF, 14. Jg., S. 147-161.

Moser, Ulrich/Auge-Dickhut, Stephanie (Informationsgehalt, 2003): Unternehmensbewertung: Der Informationsgehalt von Marktpreisabschätzungen auf Basis von Vergleichsverfahren, in: FB, 5. Jg., S. 10-22.

Mossin, Jan (Equilibrium, 1966): Equilibrium in a Capital Asset Market, in: EC, 34. Jg., S. 768-783.

Moxter, Adolf (Rechnungslegung, 2003): Grundsätze ordnungsgemäßer Rechnungslegung, Düsseldorf.

Moxter, Adolf (Mythen, 2000): Rechnungslegungsmythen, in: BB, 55. Jg., S. 2143-2149.

Moxter, Adolf (Bilanzlehre, 1984): Bilanzlehre, Band I: Einführung in die Bilanztheorie, 3. Aufl., Wiesbaden.

Moxter, Adolf (Grundsätze, 1983): Grundsätze ordnungsmäßiger Unternehmensbewertung, 2. Aufl., Wiesbaden.

Münstermann, Hans (Wert, 1970): Wert und Bewertung der Unternehmung, 3. Aufl., Wiesbaden.

Münstermann, Hans (Kongruenzprinzip, 1964): Kongruenzprinzip und Vergleichbarkeitsgrundsatz im Rahmen der dynamischen Bilanzlehre – Bemerkungen zu Gedankengängen von Hasenack, in: BFuP, 16. Jg., S. 426-438.

Mujkanovic, Robin (International, 2002): Fair Value im Financial Statement nach International Accounting Standard, Stuttgart.

Myers, James N. (Discussion, 2000): Discussion: "The Feltham-Ohlson (1995) Model: Empirical Implications", in: JAAF, 15. Jg., S. 332-335.

Myers, James N. (Valuation, 1999): Implementing Residual Income Valuation with Linear Information Dynamics, in: AR, 74. Jg., S. 1-28.

Myers, Stewart C. (Investment, 1974): Interactions of Corporate Financing and Investment Decisions – Implications for Capital Budgeting, in: JoF, 29. Jg., S. 1-25.

Neus, Werner (Markt, 1999): Effizienter Markt, in: Cramer, Jörg E./Dietz, Albrecht/ Thießen, Friedrich (Hrsg.), Enzyklopädisches Lexikon des Geld-, Bank- und Börsenwesens, Band 1: A-I, Frankfurt a.M. 1999, S. 422-426.

O'Brien, Patricia C. (Forecasts, 1988): Analysts' Forecasts as Earnings Expectations, in: JAE, 10. Jg., S. 53-83.

O'Hanlon, John F. (Regressions, 1995): Return/Earnings Regressions and Residual Income: Empirical Evidence, in: JBFA, 22. Jg., S. 53-66.

O'Hanlon, John F./Peasnell, Ken (Link, 2002): Residual Income and Value-Creation: The Missing Link, in: RAS, 7. Jg., S. 229-245.

O'Hanlon, John F./Pope, Peter F. (Value Relevance, 1999): The Value-Relevance of U.K. Dirty Surplus Accounting Flows, in: BAR, 32. Jg., S. 459-482.

Ohlson, James A. (Valuation, 2005): On Accounting-Based Valuation Formulae, in: RAS, 10. Jg., S. 323-347.

Ohlson, James A. (Projects, 2003): Positive (Zero) NPV Projects and the Behavior of Residual Earnings, in: JBFA, 30. Jg., S. 7-15.

Ohlson, James A. (Perspective, 2001): Earnings, Book Values and Dividends in Equity Valuation: An Empirical Perspective, in: CAR, 18. Jg., S. 107-120.

Ohlson, James A. (Discussion, 1999): Discussion of an Analysis of Historical and Future-Orientied Information in Accounting-Based Security Valuation Models, in: CAR, 16. Jg., S. 381-384.

Ohlson, James A. (Earnings, 1999): On Transitory Earnings, in: RAS, 4. Jg., S. 145-162.

Ohlson, James A. (Moral Hazard, 1999): Earnings, Book Values, and Dividends in a Stewardship Setting with Moral Hazard, in: CAR, 16. Jg., S. 525-540.

Ohlson, James A. (Valuation, 1995): Earnings, Book Value, and Dividends in Equity Valuation, in: CAR, 11. Jg., S. 661-687.

Ohlson, James A. (Synthesis, 1990): A Synthesis of Security Valuation Theory and the Role of Dividends, Cash Flows, and Earnings, in: CAR, 6. Jg., S. 648-676.

Ohlson, James A. (Clean Surplus, 1989): Earnings, Book Value, and Dividends: The Theory of the Clean Surplus Equation (Part I), Working Paper, Columbia University, wiederabgedruckt in: Brief, Richard P./Peasnell, K.V. (Hrsg.), Clean Surplus: A Link between Accounting and Finance, New York und London 1996, S. 165-227.

Ohlson, James A./Zhang, Xiao-Jun (Accounting, 1998): Accrual Accounting and Equity Valuation, in: JAR, Supplement 36. Jg., S. 85-111.

Opp, Karl-Dieter (Methodologie, 2005): Methodologie der Sozialwissenschaften: Einführung in Probleme ihrer Theorienbildung und praktischen Anwendung, 6. Aufl., Wiesbaden.

Ordelheide, Dieter (Aktienanalyse, 1998): Rechnungslegung und internationale Aktienanalyse, in: Möller, Hans-Peter/Schmidt, Franz (Hrsg.), Rechnungswesen als Instrument für Führungsentscheidungen, Stuttgart, S. 505-524.

Ordelheide, Dieter (Kongruenzprinzip, 1998): Bedeutung und Wahrung des Kongruenzprinzips („clean surplus") im internationalen Rechnungswesen, in: Matschke, Manfred/Schildbach, Thomas (Hrsg.), Unternehmensberatung und Wirtschaftsprüfung, Festschrift für Günter Sieben zum 65. Geburtstag, Stuttgart, S. 515-530.

Palepu, Krishna G./Healy, Paul M./Bernard, Victor L. (Analysis, 2004): Business Analysis & Valuation – Using Financial Statements, 3. Aufl., Boston.

Peasnell, Kenneth V. (Connections, 1982): Some Formal Connections between Economic Values and Yields and Accounting Numbers, in: JBFA, 9. Jg., S. 361-381.

Pellens, Bernhard/Fülbier, Rolf U./Gassen, Joachim (Rechnungslegung, 2006): Internationale Rechnungslegung, 6. Aufl., Stuttgart.

Penman, Stephen H. (Financial Statement, 2004): Financial Statement Analysis and Security Valuation, International Edition, 2. Aufl., New York u.a.

Penman, Stephen H. (Response, 2001): On Comparing Cash Flow and Accrual Accounting Models for Use in Equity Valuation: A Response to Lundholm and O'Keefe, in: CAR, 18. Jg., S. 681-692.

Penman, Stephen H. (Earnings, 1998): Combining Earnings and Book Value in Equity Valuation, in: CAR, 15. Jg., S. 291-324.

Penman, Stephen H. (Synthesis, 1998): A Synthesis of Equity Valutation Techniques and the Terminal Value Calculation for the Dividend Discount Model, in: RAS, 2. Jg., S. 303-323.

Penman, Stephen H./Sougiannis, Theodore (Valuation, 1998): A Comparison of Dividend, Cash Flow, and Earnings Approaches to Equity Valuation, in: CAR, 15. Jg., S. 343-383.

Perridon, Louis/Steiner, Manfred (Finanzwirtschaft, 2004): Finanzwirtschaft der Unternehmung, 13. Aufl., München.

Philbrick, Donna R./Ricks, William E. (Forecasts, 1991): Using Value Line and IBES Analyst Forecasts in Accounting Research, in: JAR, 29. Jg., S. 397-417.

Plenborg, Thomas (Valuation, 2002): Firm Valuation: Comparing the Residual Income and Discounted Cash Flow Approaches, in: SJM, 18. Jg., S. 303-318.

Poddig, Thorsten/Dichtl, Hubert/Petersmeier, Kerstin (Statistik, 2003): Statistik, Ökonometrie, Optimierung – Methoden und ihre praktischen Anwendungen in Finanzanalyse und Portfoliomanagement, 3. Aufl., Bad Soden.

Pope, Peter F. (Discussion, 2005): Discussion – Accruals, Accounting-Based Valuation Models, and the Prediction of Equity Values, in: JAAF, 20. Jg., S. 347-354.

Pope, Peter/Wang, Pengguo (Relevance, 2000): On the Relevance of Earnings Components: Valuation and Forecasting Links, Working Paper 2000/013, Lancaster University, S. 1-36, [Download unter http://www.lums.lancs. ac.uk/publications/viewpdf/000109/, Stand: 14. Juli 2006].

Pope, Peter F./Wang, Pengguo (Earnings, 2005): Earnings Components, Accounting Bias and Equity Valuation, in: RAS, 10. Jg., S. 387-407.

Porter, Michael E. (Strategy, 2004): Competitive Strategy: Techniques for Analyzing Industries and Competitors, 1. Exportaufl., New York.

Pratt, John W. (Aversion, 1964): Risk Aversion in the Small and in the Large, in: EC, 32. Jg., S. 122-136.

Preinreich, Gabriel A.D. (Valuation, 1937): Valuation and Amortization, in: AR, 12. Jg., S. 209-226.

Prokop, Jörg (Einsatz, 2004): Der Einsatz des Residualgewinnmodells im Rahmen der Unternehmensbewertung nach IDW S 1, in: FB, 6. Jg., S. 188-193.

Prokop, Jörg (Bewertung, 2003): Die Bewertung zukünftiger Unternehmenserfolge: Konzepte – Möglichkeiten – Grenzen, Wiesbaden.

Qi, Daqing D./Wu, Woody Y./Xiang, Bing (Stationarity, 2000): Stationarity and Cointegration Tests of the Ohlson Model, in: JAAF, 15. Jg., S. 141-160.

Rappaport, Alfred (Shareholder, 1998): Creating Shareholder Value: A Guide for Managers and Investors, 2. Aufl., New York.

Reichelstein, Stefan J. (Investment, 1997): Investment Decisions and Managerial Performance Evaluation, in: RAS, 2. Jg., S. 157-180.

Richardson, Gordon/Tinaikar, Surjit (Accounting, 2004): Accounting Based Valuation Models: What Have We Learned?, in: AF, 44. Jg., S. 223-255.

Richter, Frank (Konzeption, 1999): Konzeption eines marktwertorientierten Steuerungs- und Monitoringsystems, 2. Aufl., Frankfurt a. M. u.a.

Richter, Michael (Goodwill, 2004): Die Bewertung des Goodwill nach SFAS No. 141 und SFAS No. 142 – Eine kritische Würdigung des impairment-only-approaches, Düsseldorf.

Roll, Richard (Critique, 1977): Critique of the Asset Pricing Theory's Tests, in: JFE, 4. Jg., S. 129-176.

Ronen, Joshua (Value Relevance, 2001): On R&D Capitalization and Value Relevance: A Commentary, in: JAPP, 20. Jg., S. 241-254.

Rudolph, Bernd (Kapitalmarkt, 1999): Kapitalmarkt: Grundlagen, in: Redaktion der „Zeitschrift für das gesamte Kreditwesen" u.a. (Hrsg.), Enzyklopädisches Lexikon des Geld-, Bank- und Börsenwesens, Band 2: J-Z, Frankfurt a.M., S. 1107-1111.

Rudolph, Bernd (Theorie, 1979), Zur Theorie des Kapitalmarktes, Grundlagen, Erweiterungen und Anwendungsbereiche des 'Capital Asset Pricing Model (CAPM)', in: ZfB, 49. Jg., S. 1034-1067.

Ruhwedel, Franka/Schultze, Wolfgang (Konzeption, 2002): Value Reporting: Theoretische Konzeption und Umsetzung bei den DAX100-Unternehmen, in: zfbf, 54. Jg., S. 602-632.

Ryan, Stephen G. (Discussion, 2000): Discussion on "Accounting Conservatism and the Valuation of Accounting Numbers: Evidence on the Feltham-Ohlson (1996) Model", in: JAAF, 15. Jg., S. 293-299.

Schildbach, Thomas (Ansatz, 2000): Ansatz und Bewertung immaterieller Anlagewerte, in: Ballwieser, Wolfgang (Hrsg.), US-amerikanische Rechnungslegung: Grundlagen und Vergleiche mit deutschem Recht, 4. Aufl., Stuttgart, S. 99-138.

Schildbach, Thomas (US-GAAP, 2000): Reichweite, Eigenschaften und Legitimation der US-GAAP: Vor überzogenen Erwartungen wird gewarnt!, in: Steuern und Bilanzen, 4/2000, S. 192-201.

Schildbach, Thomas (Kongruenz, 1999): Externe Rechnungslegung und Kongruenz – Ursache für die Unterlegenheit deutscher verglichen mit angelsächsischer Bilanzierung?, in: DB, 52. Jg., S. 1813-1820.

Schlittgen, Rainer/Streitberg, Bernd (Zeitreihenanalyse, 2001): Zeitreihenanalyse, 9. Aufl., Wien und München.

Schloemer, Martin (Bedeutung, 2003): Zur Veränderung der Bedeutung der Rechnungslegung deutscher Unternehmen, Frankfurt a.M.u.a.

Schmalenbach, Eugen (Bilanz, 1962): Dynamische Bilanz, 13. Aufl., Köln und Opladen.

Schmalenbach, Eugen (1934): Selbstkostenrechnung und Preispolitik, 6. Aufl., Leipzig.

Schmalenbach, Eugen (1919): Grundlagen dynamischer Bilanzlehre, in: Zeitschrift für handelswissenschaftliche Forschung, 13. Jg., S. 1-60 und S. 65-101.

Schmidt, Johannes G. (Erfolgsfaktoren, 1997): Unternehmensbewertung mit Hilfe strategischer Erfolgsfaktoren, Frankfurt a.M. u.a.

Schmidt, Reinhard (Grundzüge, 1992): Grundzüge der Invesititions- und Finanzierungstheorie, 2. Aufl., Wiesbaden.

Schneider, Dieter (Methoden, 2001): Betriebswirtschaftslehre Band 4. Geschichte und Methoden der Wirtschaftswissenschaft, München u.a.

Schneider, Dieter (Wettbewerb, 2000): Fördern internationale Rechnungslegungsstandards Wettbewerb als Verwertung von Wissen?, in: Schildbach, Thomas/ Wagenhofer, Alfred (Hrsg.), Wettbewerb und Unternehmensrechnung, zfbf-Sonderheft 45, S. 23-40.

Schneider, Dieter (Rechnungswesen, 1997): Betriebswirtschaftslehre Bd. 2. Rechnungswesen, 2. Aufl., München u.a.

Schneider, Dieter (Reform, 1983): Wozu eine Reform des Jahresabschlusses? Oder: Jahresabschlüsse im Lichte der Temperaturmessung, in: Baetge, Jörg (Hrsg.), Der Jahresabschluss im Widerstreit der Interessen, Düsseldorf, S. 131-155.

Schor, Gabriel (Lenkung, 1991): Zur rationalen Lenkung ökonomischer Forschung, Frankfurt a.M.und New York.

Schröder, Michael (Eigenschaften, 2002): Statistische Eigenschaften von Finanzmarkt-Zeitreihen, in: Schröder, Michael (Hrsg.), Finanzmarktökonometrie. Basistechniken, Fortgeschrittene Verfahren, Prognosemodelle, Stuttgart, S. 1-32.

Schulte, Jörn (Rechnungslegung, 1996): Rechnungslegung und Aktienkursentwicklung: Erklärung und Prognose von Aktienrenditen durch Einzel- und Konzernabschlussdaten, Wiesbaden.

Schultze, Wolfgang (Kombinationsverfahren, 2003): Kombinationsverfahren und Residualgewinnmethode in der Unternehmensbewertung: konzeptioneller Zusammenhang, in: KoR, 3. Jg., S. 458-464.

Schultze, Wolfgang (Methoden, 2003): Methoden der Unternehmensbewertung – Gemeinsamkeiten, Unterschiede, Perspektiven, 2. Aufl., Düsseldorf.

Schultze, Wolfgang/Hirsch, Cathrin (Controlling, 2005): Unternehmenswertsteigerung durch wertorientiertes Controlling: Goodwill-Bilanzierung in der Unternehmenssteuerung, München.

Schwetzler, Bernhard (Zinsen, 2002): Zinsen, in: Küpper, Hans-Ulrich/ Wagenhofer, Alfred (Hrsg.), Handwörterbuch Unternehmensrechnung und Controlling, 4. Aufl., Stuttgart, Sp. 2178-2187.

Schwetzler, Bernhard (Unsicherheit, 2000): Unternehmensbewertung unter Unsicherheit – Sicherheitsäquivalent- oder Risikozuschlagsmethode?, in: zfbf, 52. Jg., S. 469-486.

Sharpe, William F. (Theory, 1964): Capital Asset Prices: A Theory of Market Equilibrium under Conditions of Risk, in: JoF, 19. Jg., S. 424-442.

Sieben, Günter (Substanzwert, 1963): Der Substanzwert in der Unternehmensbewertung, Wiesbaden.

Sieben, Günter/Maltry, Helmut (Substanzwert, 2005): Der Substanzwert der Unternehmung, in: Peemöller, Volker H. (Hrsg.), Praxishandbuch der Unternehmensbewertung, S. 377-401.

Sieben, Günter/Schildbach, Thomas (Entscheidungstheorie, 1994): Betriebswirtschaftliche Entscheidungstheorie, 4. Aufl., Düsseldorf.

Soffer, Leonard C./Soffer, Robin J. (Analysis, 2003): Financial Statement Analysis: A Valuation Approach, New Jersey.

Solomons, David (Accounting, 1986): Making Accounting Policy – The Quest for Credibility in Financial Reporting, New York u.a.

Stark, Andrew W. (Relationship, 1997): Linear Information Dynamics, Dividend Irrelevance, Corporate Valuation and the Clean Surplus Relationship, in: ABR, 27. Jg., S. 219-228.

Stark, Andrew W./Thomas, Hardy M. (Residual Income, 1998): On the Empirical Relationship between the Market Value and Residual Income in the U.K., in: MAR, 9. Jg., S. 445-460.

Stellbrink, Jörn (Restwert, 2005): Der Restwert in der Unternehmensbewertung, Düsseldorf.

Stelter, Daniel (Anreizsysteme, 1999): Wertorientierte Anreizsysteme, in: Bühler, Wolfgang/Siegert, Theo (Hrsg.), Unternehmenssteuerung und Anreizsysteme, 52. Deutscher Betriebswirtschafter-Tag 1998, Stuttgart, S. 207-241.

Stober, Thomas L. (Applications, 1999): Empirical Applications of the Ohlson [1995] and Feltham and Ohlson [1995, 1996] Valuation Models, in: MF, 25. Jg., S. 3-16.

Stober, Thomas L. (Tests, 1996): Do Prices Behave as if Accounting is Conservative? Cross-Section Tests of the Feltham-Ohlson (1995)-Model, Working Paper, University of Michigan.

Streim, Hannes (Vermittlung, 2000): Die Vermittlung von entscheidungsnützlicher Information durch Bilanz und GuV – Ein nicht lösbares Versprechen der internationalen Standardsetter, in: BFuP, 52. Jg., S. 108-131.

Streim, Hannes (Stellenwert, 1998): Zum Stellenwert des Lageberichts im System der handelsrechtlichen Rechnungslegung, in: Elschen, Rainer/ Siegel, Theodor/ Wagner, Franz W. (Hrsg.), Unternehmenstheorie und Besteuerung – Festschrift zum 60. Geburtstag von Dieter Schneider, Wiesbaden, S. 703-721.

Streim, Hannes/Bieker, Marcus/Esser, Maik (Vermittlung, 2003): Vermittlung entscheidungsnützlicher Informationen durch Fair Values – Sackgasse oder Licht am Horizont?, in: BFuP, 55. Jg., S. 457-479.

Streim, Hannes/Esser, Maik (Informationsvermittlung, 2003): Rechnungslegung nach IAS/IFRS – Ein geeignetes Instrument zur Informationsvermittlung?, in: SB, 5. Jg., S. 836-840.

Stromann, Hilke (Wertrelevanz, 2003): Wertrelevanz deutscher und US-amerikanischer Rechnungslegungsinformationen, Wiesbaden.

Sunder, Shyam (Discussion, 2000): Discussion: "Analysis of the Impact of Accounting Accruals on Earnings Uncertainty and Response Coefficients", in: JAAF, 15. Jg., S. 221-224.

Timmreck, Christian (Sicherheitsäquivalente, 2006): Kapitalmarktorientierte Sicherheitsäquivalente – Konzeption und Anwendung bei der Unternehmensbewertung, Wiesbaden.

Verrecchia, Robert E. (Discussion, 1998): Discussion of Accrual Accounting and Equity Valuation, in: JAR, Supplement 36. Jg., S. 113-115.

Von Keitz, Isabel (Praxis, 2005): Praxis der IASB-Rechnungslegung – Best practice von 100 IFRS-Anwendern, 2. Aufl., Stuttgart.

Vorstius, Sven (Wertrelevanz, 2004): Wertrelevanz von Jahresabschlussdaten, Wiesbaden.

Wagenhofer, Alfred/Ewert, Ralf (Unternehmensrechnung, 2003): Externe Unternehmensrechnung, Berlin und Heidelberg.

Walker, Martin (Clean Surplus, 1997): Clean Surplus Accounting Models and Market-Based Accounting Research: A Review, in: ABR, 27. Jg., S. 341-355.

Walker, Martin/Wang, Pengguo (Profitability, 2003): Towards an Understanding of Profitability Analysis within the Residual Income Valuation Framework, in: ABR, 33. Jg., S. 235-246.

Wallmeiner, Martin (Aktienrenditen, 2000): Determinanten erwarteter Renditen am deutschen Aktienmarkt – Eine empirische Untersuchung anhand ausgewählter Kennzahlen, in: zfbf, 52. Jg., S. 27-57.

Watts, Ross L. (Explanations, 2003): Conservatism in Accounting Part I: Explanations and Implications, in: AH, 17. Jg., S. 207-221.

Watts, Ross L. (Evidence, 2003): Conservatism in Accounting Part II: Evidence and Research Opportunities, in: AH, 17. Jg., S. 287-301.

Wiese, Jörg (Komponenten, 2006): Komponenten des Zinsfußes in Unternehmensbewertungskalkülen – theoretische Grundlagen und Konsistenz, Frankfurt a. M. u.a.

Wilcoxon, Frank (Ranking Methods, 1945): Individual Comparisons by Ranking Methods, in: Biometrics, 1. Jg., S. 80-83.

Wild, Jürgen (Theorienbildung, 1976): Betriebswirtschaftliche Theorienbildung, in: Grochla, Erwin/Wittmann, Waldemar (Hrsg.), Handwörterbuch der Betriebswirtschaftslehre, 4. Aufl., Stuttgart, Sp. 3889-3900.

Williams, John B. (Theory, 1938): The Theory of Investment Value, Cambridge.

Wöhe, Günter/Döring, Ulrich (Einführung, 2005): Einführung in die Allgemeine Betriebswirtschaftslehre, 22. Aufl., München.

Wollmert, Peter/Achleitner, Ann-K. (Grundlagen, 1997): Konzeptionelle Grundlagen der IAS-Rechnungslegung (Teil I und Teil II), in: WPg, 50. Jg., S. 209-222 und S. 245-255.

Wooldridge, Jeffrey M. (Econometrics, 2003): Introductory Econometrics – A Modern Approach, 2. Aufl., Mason u.a.

Yee, Kenton K. (Opportunities, 2000): Opportunities Knocking: Residual Income Valuation of an Adaptive Firm, in: JAAF, 15. Jg., S. 225-266.

Zhang, Guochang (Investment Decisions, 2000): Accounting Information, Capital Investment Decisions, and Equity Valuation: Theory and Empirical Implications, in: JAR, 38. Jg., S. 271-295.

Zhang, Xiao-Jun (Accounting, 2000): Conservative Accounting and Equity Valuation, in: JAE, 29. Jg., S. 125-149.

Zimmermann, Jerold L. (EVA, 1997): EVA and Divisional Performance Measurement: Capturing Synergies and Other Issues, in: JACF, 10. Jg., S. 98-109.

Zimmermann, Jochen (Unternehmenspublizität, 2002): Ordnungspolitische Fragen zur Unternehmenspublizität nach der Enron-Insolvenz, in: WD, 82. Jg., S. 303-312.

Zimmermann, Jochen/Prokop, Jörg (Unternehmensbewertung, 2003): Rechnungswesenorientierte Unternehmensbewertung und Clean Surplus Accounting, in: KoR, 3. Jg., S. 134-142.

Zimmermann, Jochen/Prokop, Jörg (Unternehmensbewertung, 2002): Unternehmensbewertung aus Sicht des Rechnungswesens: Das Residual Income Model, in: WiSt, 31. Jg., S. 272-277.

Zimmermann, Jochen/Werner, Jörg-Richard (Werturteilsprobleme, 2003): Werturteilsprobleme in der Bilanzforschung: Eine Analyse der Fair-Value-Be, Bremer Diskussionsbeiträge zu Finanzen und Controlling Nr. 17, Universität Bremen, S. 1-23, [Download unter: http://labu.fb7.uni-bremen.de/BDB/17_Fair%20value.pdf, Stand: 14. Juli 2006]

BETRIEBSWIRTSCHAFTLICHE STUDIEN
RECHNUNGS- UND FINANZWESEN, ORGANISATION UND INSTITUTION

Die Herausgeber wollen in dieser Schriftenreihe Forschungsarbeiten aus dem Rechnungswesen, dem Finanzwesen, der Organisation und der institutionellen Betriebswirtschaftslehre zusammenfassen. Über den Kreis der eigenen Schüler hinaus soll originellen betriebswirtschaftlichen Arbeiten auf diesem Gebiet eine größere Verbreitung ermöglicht werden. Jüngere Wissenschaftler werden gebeten, ihre Arbeiten, insbesondere auch Dissertationen, an die Herausgeber einzusenden.

Band 21 Stefan Lange: Die Kompatibilität von Abschlußprüfung und Beratung. Eine ökonomische Analyse. 1994.

Band 22 Hans Klaus: Gesellschafterfremdfinanzierung und Eigenkapitalersatzrecht bei der Aktiengesellschaft und der GmbH. 1994.

Band 23 Vera Marcelle Krisement: Ansätze zur Messung des Harmonisierungs- und Standardisierungsgrades der externen Rechnungslegung. 1994.

Band 24 Helmut Schmid: Leveraged Management Buy-Out. Begriff, Gestaltungen, optimale Kapitalstruktur und ökonomische Bewertung. 1994.

Band 25 Carsten Carstensen: Vermögensverwaltung, Vermögenserhaltung und Rechnungslegung gemeinnütziger Stiftungen. 1994. 2., unveränderte Auflage 1996.

Band 26 Dirk Hachmeister: Der Discounted Cash Flow als Maß der Unternehmenswertsteigerung. 1995. 2., durchgesehene Auflage 1998. 3., korrigierte Auflage 1999. 4., durchgesehene Auflage 2000.

Band 27 Christine E. Lauer: Interdependenzen zwischen Gewinnermittlungsverfahren, Risiken sowie Aktivitätsniveau und Berichtsverhalten des Managers. Eine ökonomische Analyse. 1995.

Band 28 Ulrich Becker: Das Überleben multinationaler Unternehmungen. Generierung und Transfer von Wissen im internationalen Wettbewerb. 1996.

Band 29 Torsten Ganske: Mitbestimmung, Property-Rights-Ansatz und Transaktionskostentheorie. Eine ökonomische Analyse. 1996.

Band 30 Angelika Thies: Rückstellungen als Problem der wirtschaftlichen Betrachtungsweise. 1996.

Band 31 Hans Peter Willert: Das französische Konzernbilanzrecht. Vergleichende Analyse zum deutschen Recht im Hinblick auf die Konzernbilanzzwecke und deren Grundkonzeption. 1996.

Band 32 Christian Leuz: Rechnungslegung und Kreditfinanzierung. Zum Zusammenhang von Ausschüttungsbegrenzung, bilanzieller Gewinnermittlung und vorsichtiger Rechnungslegung. 1996.

Band 33 Gerald Schenk: Konzernbildung, Interessenkonflikte und ökonomische Effizienz. Ansätze zur Theorie des Konzerns und ihre Relevanz für rechtspolitische Schlußfolgerungen. 1997.

Band 34 Johannes G. Schmidt: Unternehmensbewertung mit Hilfe strategischer Erfolgsfaktoren. 1997.

Band 35 Cornelia Ballwießer: Die handelsrechtliche Konzernrechnungslegung als Informationsinstrument. Eine Zweckmäßigkeitsanalyse. 1997.

Band 36 Bert Böttcher: Eigenkapitalausstattung und Rechnungslegung. US-amerikanische und deutsche Unternehmen im Vergleich. 1997.

Band 37 Andreas-Markus Kuhlewind: Grundlagen einer Bilanzrechtstheorie in den USA. 1997.

Band 38 Maximilian Jung: Zum Konzept der Wesentlichkeit bei Jahresabschlußerstellung und -prüfung. Eine theoretische Untersuchung. 1997.

Band 39 Mathias Babel: Ansatz und Bewertung von Nutzungsrechten. 1997.

Band 40 Georg Hax: Informationsintermediation durch Finanzanalysten. Eine ökonomische Analyse. 1998.

Band 41 Georg Schultze: Der spin-off als Konzernspaltungsform. 1998.

Band 42 Christian Aders: Unternehmensbewertung bei Preisinstabilität und Inflation. 1998.

www.peterlang.de

Gösta Jamin

Der Residualgewinnansatz in der fundamentalen Aktienbewertung

Empirische Untersuchungen für den deutschen Aktienmarkt

Frankfurt am Main, Berlin, Bern, Bruxelles, New York, Oxford, Wien, 2006.
357 S., 13 Abb., zahlr. Tab.
Schriften zu Theorie und Praxis der Rechnungslegung und Wirtschaftsprüfung.
Herausgegeben von Hansrudi Lenz. Bd. 5
ISBN 978-3-631-54425-9 · br. € 56.50*

In der Literatur zur empirischen Kapitalmarktforschung gibt es umfangreiche Evidenz für die Existenz von Bewertungsanomalien und der Möglichkeit einer Prognose von Aktienkursen. In dieser Arbeit wird der Frage nachgegangen, ob der auf Basis des Residualgewinnansatzes berechnete innere Wert eines Unternehmens eine geeignete Kenngröße zur Identifikation einer relativen Unter- beziehungsweise Überbewertung von Aktien ist. Da die relevanten Eingangsgrößen öffentlich verfügbare Informationen wie der Buchwert des Eigenkapitals sowie Analystenprognosen über künftige Jahresüberschüsse sind, ist eine auf dem inneren Wert aufbauende Anlagestrategie leicht umsetzbar. Im empirischen Teil der Untersuchung wird auf Basis von vier verschiedenen Residualgewinnspezifikationen untersucht, ob auf Basis des inneren Wertes unterbewertete Aktien eine bessere Wertentwicklung erzielen als fundamental überbewertete. Zudem wird untersucht, ob sich der Residualgewinnansatz auch für den Zweck einer Prognose des Gesamtmarktes eignet. Die empirische Analyse umfasst deutsche börsennotierte Unternehmen über einen Zeitraum von 1990 bis 2002.

Aus dem Inhalt: Theoretische Grundlagen des Residualgewinnansatzes · Vergleich empirische Umsetzung Discounted-Cash-Flow-Modell und Residualgewinnansatz · Anwendungsmöglichkeiten des Residualgewinnansatzes in der fundamentalen Aktienbewertung · u.v.m.

Frankfurt am Main · Berlin · Bern · Bruxelles · New York · Oxford · Wien
Auslieferung: Verlag Peter Lang AG
Moosstr. 1, CH-2542 Pieterlen
Telefax 00 41 (0) 32 / 376 17 27

*inklusive der in Deutschland gültigen Mehrwertsteuer
Preisänderungen vorbehalten
Homepage http://www.peterlang.de

Peter Lang · Internationaler Verlag der Wissenschaften